SAJU SELF STUDY

첨단 이론 전개

새로 쓴 알짜 사주학

실전편

석오 **전광**

동방명리학연구원 대표

보고사
BOGOSA

실전편
새로 쓴 알짜 사주학

2017년 5월 8일 초판 1쇄 펴냄

지은이 전 광
펴낸이 김흥국
펴낸곳 도서출판 보고사

책임편집 손정자
표지디자인 손정자

등록 1990년 12월 13일 제6-0429호
주소 경기도 파주시 회동길 337-15 보고사 2층
전화 031-955-9797(대표)
　　　02-922-5120~1(편집), 922-2246(영업)
팩스 02-922-6990
메일 kanapub3@naver.com / bogosabooks@naver.com
http://www.bogosabooks.co.kr

ISBN 979-11-5516-655-0 04150
　　　979-11-5516-653-6 세트
ⓒ전광, 2017

　　오랜 세월에 걸쳐 사주학의 알짜 이론을 비밀스레 계승해 내려온 색다른 학파가 있다. 이 학파는 학설이 투명하다. 그래서 투파로 불린다.

　　우리나라의 남각 김남용이 이 학파의 계승자이다. 그가 최근에 투파의 진면목을 밝힌 바 있다. 하지만 그 내용이 기존 이론과 아주 달라서 독자가 어리둥절해한다. 그래서인지 어느 날 남각 김남용이 필자에게 권한다. 기존 이론과 투파 이론을 접목한 새로운 사주학을 만들어 보란다. 남각과 석오는 대학교 동기생이다. 필자는 이 기회에 기존 이론과 투파 이론의 장단점을 철저하게 파헤쳐 논리가 통하는 조화로운 이론을 펼쳤다.

　　이 책은 반듯한 사주학의 교과서로서 초심자는 물론 전문가에게도 애독서가 되리라고 본다. 그동안 무척 힘들었지만 이런 결과가 있도록 해 준 친구에게 깊이 감사드린다. 아울러 독자님께 늘 은혜와 사랑이 충만하길 바란다.

2017년 4월 석오 전광

서울대, 동기, 대기업 CEO 출신 엘리트 역학자

김남용·전광 화제 대담

"타고난 팔자와 운명, 극복법에 대해 할 말이 있습니다"

남각 김남용, 석오 전광
이 두 사람은 각각 서울대 공대, 법대를 졸업해 기업의 최고경영자,
임원직을 역임한 엘리트 출신이다.
그러나 각각 정년에 임한 지금 두 사람은 각각 철학연구소 간판을 내걸고
명리학자로서 활동하고 있다.
이들이 노년에 깨달은 운명의 힘, 역학의 신비.

●글·이영래/사진·김세호 〈제공 : 우먼센스〉

44년생 서울대 동기, 기업 임원 등 비슷한 이력의 두 인물

두 사람은 공교롭게도 44년생으로 동갑이다. 남각 김남용 씨는 경기고와 서울대 토목공학과를 졸업한 세칭 'KS출신'이다. 도로공사를 거쳐 대림 엔지니어링에 부장으로 스카우트되었고, 81년엔 벽산 엔지니어링 상무, 92년엔 호산 엔지니어링 사장으로 최고경영자 반열에 이르게 된다. 또 94년엔 기산 엔지니어링 사장, 96년엔 한진그룹 한국종합본부장, 98년부터 최근까지 금호그룹 엔지니어링 기술고문 등의 고위직을 역임했다.

석오 전광 씨는 부산 경남고등학교를 졸업, 서울대 법대에 진학했다. 주류회사인 조선맥주, 지금의 하이트 맥주에 입사해 간부를 거쳐 계열사 대표를 지냈다. 그후 공무원연금관리공단 수안보상록호텔 관리 상무로 근무했다. 두 사람 다 만만치 않은 이력을 과시하는 한국의 최고 엘리트들인 셈. 대학 동기인 두 사람은 대담 전엔 서로 일면식도 없는 사이건만, 서로에 대해 또 익히 알고 있는 사이이기도 했다.

"도반(道伴)을 만났다"고 두 사람은 첫 만남부터 화기애애한 이야기꽃을 피웠다. 입문 동기는 다르지만 비슷한 이력을 가지고 같은 길을 선택했다는 유대감이 두 사람을 평생지기처럼 만든 듯.

"내가 처음 2000년에 철학연구소를 낸다고 했을 때는 고민이 참 많았어요. 사회적인 인식이 역술인, 점쟁이에 머물러 있었단 말야. 그러니 막상 마음은 있어도 실제 사무실을 내기까지는 고민이 많았지. 우리 집사람이 용기를 불어넣어주지 않았더라면 힘들었을 거야. 근데 솔직히 말하면 외로웠어. 혼자 걷는 길이니까. 그런데 이 남각에 관한 기사를 잡지를 통해 접했단 말야. 내 도반(道伴)이 생겼구나, 얼마나 반갑던지…"

전광 씨는 김남용 씨를 잡지 기사를 통해 처음 알았다고 한다. 한편 김남용 씨는 전광 씨의 저서 『내가 보고 내가 바꾸는 DIY 사주』(삼한 간)를 보고 이미 전광 씨에 대해 알고 있는

터였다. 그가 처음 철학연구소를 낸다고 했을 때, 경기고 출신 법대 친구들이 "우리 법대 동기 중에도 그런 친구가 있다"며 자주 언급하기도 했었다고.

비슷한 이력을 가지고 있지만 두 사람이 역학에 입문한 계기는 두 사람의 성향만큼 다르다. 김남용 씨는 인상에서부터 강하고 공격적인 '힘'이 느껴진다. 반면 전광 씨는 포근한 시골 산사 스님의 풍취를 가지고 있다. 김 씨의 입문 계기가 "너무 이른 나이에 최고경영자가 되면서 경쟁자와 이기기 위해, 처세술로서, 또 인간관계학으로서 명리학에 관심을 두게 됐다"는 것이었다면, 전 씨의 그것은 "역시 명리학자였던 부친의 영향으로 자연스레 수신의 학문으로 접하게 된" 것. 이기기 위한 처세술로서의 명리학과 수신학으로서의 명리학. 이 극명한 관점의 차이는 사주와 운명에 대한 서로 다른 해석을 낳는다. 때문에 두 사람의 대담은 역학에 대한 일반인의 관심, 접근 방법에 대한 두 가지의 길을 명확하게 보여 준다.

전광 씨는 수신학으로 명리학을
김남용 씨는 처세술로서 입문

서로 동갑, 대학 동기임을 확인하자 두 사람의 대화는 오랜 죽마고우의 그것마냥 편안하게 흘러갔다.

"난 문경 촌놈인데, 근데 우리 아버님이 명리학으로 이름을 날리셨던 분이란 말야. 관상학의 대가였던 청산 백운학 선생이 우리 아버님 보고 형님, 형님 하며 따랐거든. 우리 아버지가 뭘 아니까 그렇게 따랐겠지. 어린 마음에도 우리 아버님 참 대단하다 싶었어. 독학으로 영어 공부를 하셨는데, 왜 6·25 나니까 미군이 들어왔잖아? 근데 미군을 만나니까 바로 영어회화를 해내시더라고. 부친의 영향으로 나는 자연스럽게 명리학에 젖어들어간 거지."

경북 문경에서 초등학교와 중학교를 졸업한 전 씨는 당시 일류 고등학교에 진학하기 위해 대처로 나갈 가정 형편은 되지 못하였다. 그러나 부모님은 근동의 수재로 소문난 장남을 위해 아낌없는 지원을 해주셨다. 그 정성 덕분에 그는 서울대 법대에 합격할 수 있었다. 하지만 사시와는 인연이 없어 그는 회사원으로의 인생을 선택하게 됐다.

자연스럽게 접해온 명리학이었지만, 그것이 하나의 경지를 이루게 된 것은 공무원연금관리공단에서 일할 때였다. 수안보상록 호텔에 관리 상무로 있으면서 그는 가족과 떨어져 사택에서 살았다. 주말 부부로 서울을 오가며 보낸 10여 년. 그는 홀로 명상 속에 산길을 오르내리며 회사로 출근했고, 방 안에서 조용한 수련의 시간을 가졌다.

당시 그는 심심풀이 삼아 주변 친구들의 사주를 풀어주기 시작했는데, 그때 명리학의 정확성에 감탄을 금치 못했다고 한다. 한번은 친구의 사주를 풀이하면서 "자네의 모친께서는 자네 부친 때문에 상심하여 눈이 멀어지셨겠다"고 풀이해준 바가 있었다. 그 친구는 깜짝 놀라 그런 것도 나오냐고 감탄의 일갈을 토해냈다고. 또 어떤 사람에게 감옥에 가게 될 운세니 조심하라고 일렀더니 얼마 후 그 사람이 정말로 감옥에 가게 된 일도 있었다. 결국 그는 은퇴하면서 명리학자로서 나서보자는 결심을 굳혔다.

공무원연금관리공단 시절의 얘기를 들으며 "부럽다, 부러워"를 연발하던 김 씨는 "내 법대 친구들은 권력욕에 사로잡혀 있는 애들이 많았어. 근데 석오를 보니까 정말 깜짝 놀라게 되는구만. 어떻게 이런 친구가 법대를 갔지? 머리 좋은 게 죄지. 이 친구 법을 안 배우고 예술, 문화적인 걸

이야기가 무르익자 점차 허물없는 대화가 이어졌다. 전 씨가 '역학'을 비하하는 게 문제라며 개탄하자, 김 씨는 "내버려둬. 내가 한번 붙어 싸워볼게"라며 전의를 불태우기도. 사진은 남각 김남용.

했으면 한 시대를 풍미했을 거야. 근데 우리 때는 공부 잘하면 법대 가는 거 빼곤 다른 걸 생각해볼 여지가 없었어."

김 씨의 부친은 서울대 법대의 전신인 경성법전을 졸업, 규슈 상대를 졸업한 역시 당대의 초엘리트. 전 씨의 부친은 스스로 88년 죽음을 예언한 뒤 돌아가셨지만, 김 씨의 부친은 아직 정정하시다고 한다. 그런 부친의 영향을 받아 스스로 엘리트적 삶에 대한 동기 부여가 확실했다는 김 씨는 자신의 삶은 경쟁과 승리로 점철돼 있었다고 고백한다.

부친은 당대 최고의 명문인 경기고에서도 뛰어난 성적을 보였던 그에게 법대나 의대에 진학할 것을 권했지만 그는 이제 "과학의 시대가 열린다. 기술의 발전이 세계를 지배할 것이다"라며 공대를 택했다고 한다. 그러나 한 번 시작한 경쟁은 끝도 없이 이어지는 법이다. 그는 계속 이기기 위해서 무엇인가 자신만의 무기가 필요했고, 그래서 부단한 노력 끝에 얻어낸 것이 명리학적 성취였다고 말한다. 그리고 역시 주변 사람들, 주로 재계 인물들에게 족집게라는 평가를 얻어낸 것을 계기로 사무실까지 내게 된 것.

언젠가는 학문으로 체계화하겠다는 목표 갖춘 도반으로서의 두 사람

"난 석오가 외로웠다고 말하는 거 이해해. 인문학 쪽 사람들은 사람이 제일 중요하거든. 역학한다고 하면서 사람을 많이 잃었을 거야. 그러니 외로웠겠지. 근데 우리는 또 달라. 우리는 사람이 싫으면 그냥 기계 보고 살거든. 그러니 나는 그런 게 좀 덜했지. 근데 부담이란 측면에서 또 달라. 석오하고 달리 난 증명해내지 않으면 안 되거든. 왜? 난 공대 출신이니까. 학술적으로, 과학적으로 증명해내지 못하면 내 주변 친구들을 이해시키는 건 물론이고 나 자신을 납득시킬 수 없으니까. 그래서 나는 이걸 증명해보겠다고, 학술적 체계를 세워보겠다고 도전하고 있는 거지."

강하기만 한 그의 열정에 대해 젊은 시절 그의 부친은 "무섭다"고 했다 한다. 그러나 역학의 체계를 세우겠다며 환갑이 다된 나이에 다시 동분서주하는 아들의 열정을 지켜보며 부친

김남용 씨는 인상에서부터 강하고 공격적인 '힘'이 느껴진다. 반면 전광 씨는 포근한 시골 산사 스님의 풍취를 가지고 있다. 사진은 석오 전광.

은 "귀엽다"는 평가를 내린다고. 오랜 세월 아들을 지켜보면서 부친이 김 씨의 승부욕, 성취욕에 익숙해진 탓이리라. 명리학 또한 김 씨에겐 승부의 세계. 입증해내지 못하면, 과학적 근거를 명확하게 밝혀내지 못하면 지고 마는 세계.

이는 전 씨 또한 마찬가지다. 이미 이화여대 출신 50대 여학생들에게 명리학에 대해 강의를 하고 있고 저술 활동을 오히려 본업으로 생각하고 있다.

"보통 명리학을 배우면 뭐부터 시작하냐면 자기 삶을 가지고 따져보는 거야. 이게 맞나, 틀리나. 난 말이야. 완전히 물에 끌려다닌 사주야. 우리 할머니가 용왕님께 맡겨버렸거든. 그러니 문경 촌놈이 바닷가 부산으로 학교 가고, 맥주회사 들어가고, 온천 가서 살고 그랬지. 철학연구소 내면서 물 피해간다고 갔더니 마포도 결국 강가잖아(웃음)."

전 씨는 자신의 사주를 이렇게 풀이했다. 물이 모든 것을 지배해버린 세계. 그러나 그는 명리학을 통해 자신의 운명을 바꿀 수 있다고 한다. 그의 저서 『내가 보고 내가 바꾸는 DIY 사주』도 그의 운명 바꾸기 연구의 한 결실이다. 그는 운명에 대해 '운칠기삼(運七技三)'이라는 말을 쓴다. 운이 7이라면 자신의 노력으로 3은 바꿀 수 있다는 것. 때문에 그는 수신학이라 말한다. 그리고 그런 이론 때문에 자신의 저서에도 'DIY(Do It Yourself) 사주'라는 말을 썼다고.

그러나 이에 대한 김 씨의 생각은 좀 다르다. 운칠기삼을 인정하지만, 기 또한 결국 상당히 운에 좌우된다는 게 그의 생각. '승부'에 매진해온 공격적 성향의 김 씨의 명리학 해석치곤 다소 의외라는 느낌이 든다. 적극적인 개척을 주장할 듯싶었던 그는 오히려 운명에 역행하기보다는 순응하라고 충고하는 것. 물론 이 순응의 의미는 "어쩔 수 없으니 그냥 살라"는 말과는 다르다. "운이 안 따를 때는 어쩔 수 없다. 복지부동으로 때를 기다리는 수밖에 없다"는 의미이다.

"남각의 '각'이 뭐냐? 난 제갈공명을 정말 좋아하는데, 유비가 찾아왔을 때 제갈공명이 낮잠 자는 척하다가 이런 말을 하지. '대몽수선각(大夢誰先覺)!' 큰 꿈을 누가 먼저 깨달았느냐? 이미 제갈공명은 알고 있었던 거야. 유비가 세 번 찾아오고 나면 다시 안 올 것을…. 또 아직은 천하가 하나 될 때가 아니라는 것을 말이지. 그 모든 것을 알면서도 자기 대에 때가 오지 않을 것이기에 어찌해볼 도리 없이 나서본 것이지. 그 모든 것을 깨닫고 임하는 자세. 그게 나는 존경스러운 거야."

'운칠기삼'의 '기삼'을 놓고
갈리는 두 사람의 사주 해석

이 대목에서 김 씨가 명리학을 '처세술'로 득했다는 말이 와닿는다. 강하게 맞서는 것보다 피해가는 것이 때론 이기는 첩경이 된다. 이는 흥망성쇠가 이어지는, 한치 앞을 내다볼 수 없는 생존싸움의 재계에서 살아온 그가 득한 명리학의 한 경지인 셈.

반면 전 씨의 '기삼론'은 수신의 철학으로 득한 명리학의 견지에서 보면 쉽게 이해가 되는 것. 스스로를 다스림으로써 얻어내는 운명개척의 논리. 그것은 동양학의 전통에서 보면 또 너무나 당연한 것이다. 때문인 듯 김 씨의 제갈공명론에 대해 그는 부처님의 '뜬구름 자체는 본래 실다움 없는 것, 삶과 죽음 오고 감도 이 같으리니(浮雲自體本無實 生死去來亦如然)'라는 게송으로 화답한다.

묘하게 두 사람의 살아온 이력은 이런 해석의 차이에서도 나름의 윤곽을 드러낸다. 전 씨는 '물에 지배된 사주'라 말하지만, 정말 물 흐르듯이 유유자적하며 살아온 여유의 운치를 드러내는 반면, 김 씨에게서는 아직까지도 팽팽한 강철의 긴장이 겉돈다.

공대와 법대 출신의 차이가 있다는 두 사람의 웃음 섞인 말에는 '뼈'가 있다. 공대 출신의 김 씨 입장에서 역학은 어디까지나 통계학이다. 주역의 근원을 보통 하도(河圖)와 낙서(洛書)에서 찾는데, 우임금은 낙수에서 나온 거북의 등을 보고 점을 쳐 치수를 한다.

"거북의 등을 보고 점을 치는데 그걸 다 기록해놓는 거지. 근데 틀리면 그걸로 끝장인 거야. 그러니 그 기록이 점차 신랄해지고 정밀해지는 거지. 그렇게 오랜 세월 내려오면서 나름의 통계적인 체계를 갖추게 되거든. 명리학이 그런 체계라는 것을, 그 구조를 밝혀내고 입증해내는 게 내가 해야 할 일이라는 거지."

'운칠기삼'에 대한 해석과 태도는 달라도 두 사람은 한 부분에서 확실한 의견 일치를 보았다. 운명으로서의 사주를 후천적으로 보완할 수 있는 방법이 두 가지 있다는 것. 그것은 이름과 공간, 즉 '작명'과 '풍수'라는 것이다.

"석오(石梧)는 돌밭에서 자란 오동나무라는 뜻인데, 이게 자랄 때는 힘들어도 나중에 한 그루 나무가 되면 명기가 된다고 내 친구가 지어주더라고. 나는 석오라는 아호가 좋아. 물에 휩쓸리지 않고 이제 뿌리를 내려서 살아야지 싶거든."

김 씨는 전 씨의 이야기를 듣자마자 단호하게 "그건 아니다. 왜 그렇게 계속 안주하려느냐?"며 버럭 화를 낸다. "물이 많으니 큰 호수를 이루고 바다가 되면 되지 않느냐?"는 것. 전 씨는 다시 사람 좋은 웃음으로 화답한다. 이름을 지을 때도 두 사람은 역시 서로의 성향에 따라 다른 이름을 만들지 않을까 싶다. 김 씨는 출세할 이름을, 전 씨는 행복하게 편안히 살 이름을….

"이름을 잘 짓는 것은 백번 강조해도 부족해. 자기에게 부족한 것이 있단 말야. 그런데 항상 누군가가 나를 부를 때 그걸 일깨워주고 암시를 주면 어떻게 될까? 그게 이름이거든. 나는 싸우고 살았기 때문에 남보다는 내 위주로 살았다고. 그래서 '남각'의 '남'자를 붙인 거야. 남을 생각하자고. 이건 음운적인 거지."

두 사람은 한참 작명과 사주에 대한 서로의 의견을 개진하며 갑론을박을 겨뤘지만, 너무 전문적인(?) 용어들이라 지면에 옮기지 않는다. 또 하나 두 사람이 의견일치를 본 부분은 명리학은 '점술'이 아닌데도 '예언적 직관'을 발휘해주길 바라는 사람들에 대한 거부감이다. 두 사람은 역학, 명리학은 분명히 '상담'을 전제로 하고 있음을 강조한다.

"사주를 보러 오는 사람들은 항상 우리가 뭘 맞춰주길 기다리며 가만히 있는데, 그건 아냐. 사주는 숙명과 운명으로 나뉘는데 숙명은 성격이나 습관에 나타나고, 운명은 사건으로 나타나지. 물론 역학은 이 둘 다를 보지만, 보러 오는 사람이나 보는 사람이 같이 호흡을 맞추지 못하면 틀려버리고 말아. 사건 위주로 맞추는 건 '신끼'가 있는 사람들이지. 그게 신기하긴 하겠지만 그건 오락가락한 다구. 역학은 70에서 시작해서 서로가 상담해가며 100, 110의 경지로 끌어올리는 거라고 봐야지."

두 사람, 역학의 정확성을 일깨워주는 만만찮은 일화들을 갖고 있어 그 자랑이 끊임없었지만 다 옮기지는 않는다. 김남용 씨는 반포에서 남각철학연구소를, 전광 씨는 마포에서 동방명리학연구원을 운영하고 있다. W 〈출처 : 우먼센스 2002년 7월호 실린 기사〉

차례_실전편

새로 쓴 알짜 사주학_이론편 차례

새로 쓴 알짜 사주학

실전편

"

사주 간명
　　격국 용신
성격 판단
건강 판단
육친 판단
직업 판단
행운 판단
　　　　허실
　　　　귀성
　　　　조화

❞ 사주 간명

01 『사주첩경』에 실려 있는 이야기

『사주첩경』에 다음과 같은 이야기가 실려 있다.

이석영은 이야기가 더욱 실감이 나도록 그 당시의 평안도 사투리를 그대로 옮겨서 사용한다고 밝힌다.

나의 조부님께서 우리 누님과 신랑 될 사람(1908년 출생)의 궁합을 보시고 나의 아버님께 하신 말씀이,

"얘, 그 청년이 지금은 돈도 있고 명망도 있으며 학교도 중학까지 나왔으니 나

무랄 데가 하나도 없으나 단명(短命)한 게 흠이야. 거기에 혼사하디 말라. 만약 하면 길레(吉女 : 누님의 애명, 1911년 출생)가 30을 못 넘어 과부가 된다. 그러니까 안 하는 것이 좋을 거야"라고 하셨다.

그러나 좋은 사윗감을 놓치고 싶지 않은 것이 나의 아버님과 어머니의 심정이었고 또 누님도 매우 그에게 출가하고 싶어 했기 때문에 결정짓기로 하여 마지막으로 조부님의 승낙을 청하였을 때의 일이다. 조부님께서는,

"허 명(命)은 할 수 없구나, 너희들이 평소에는 내 말을 잘 듣더니 왜 이번에는 그렇게도 안 듣느냐, 재(저 애, 누나를 가리킴)가 팔자에 삼십 전에 과부가 될 팔자다. 그 청년은 서른 셋을 못 넘기는 팔자이고 보니 기어코 팔자를 못 이겨 그러는구나. 이것이 곧 하늘이 정한 배필인가 보다. 이 다음 네(누님을 가리킴)가 일을 당하고 나서 나의 사당 앞에서 울부짖으면서 통곡할 것을 생각하니 참 가엾구나. 하고 안 하는 것은 너희들 마음에 있는 것 아니겠느냐"라고 말씀하셔서 혼인이 성립되었다.

그 후 재산과 부부간의 금슬 면에서는 부러울 것 없이 행복하게 잘 살았는데, 자손에 대해서는 애가 태어나면 죽고, 태어나면 죽고 하여 6남매(4남 2녀)를 낳아 모조리 실패하였다. 그러다가 기묘(己卯, 1939)년 9월 14일에 생남하고(키웠다) 매형은 그해 12월 30일 별세하고 말았다. 조부님은 이미 2년 전인 정축년에 작고하시고 누님은 기묘년에 상부(喪夫)하였다. 누님은 과연 조부님의 사당 앞에 가서 울부짖으며 통곡하였다. 그 상황이 지금도 눈에 훤하고 귀에 쟁쟁한 것 같다. 나의 매형 사주는 무신(戊申)년 정사(丁巳)월 기묘(己卯)일 경오(庚午)시이다. 그런데 또 한 가지 놀랐던 것은 김선영(金善瀯) 선생님이 이 사주를 감정한 데 대해서이다.

기묘(己卯)년 음력 7월 어느 날이었다. 나는 친구 주 씨와 함께 그 당시 사주의 명인이라고 명성이 자자한 김 선생님을 찾아갔다.

가서 보니 장님인지라 내심으로 '눈먼 사람이 보면 얼마나 잘 보겠느냐' 싶었다.

대뜸 친구가,

"나, 사주 한번 보아 주우" 하고 말을 건넸다.

그러니까 김 선생님은,

"사주를 불러 보시오"라고 하였다.

친구가 "병진(丙辰) 신축(辛丑)에 임신(壬申) 임인(壬寅)이외다"라고 하니,

김 선생님은,

"자세히 들어 보시오" 하더니,

"아버지는 절뚝발이이고 부인은 장님이라. 어찌 한집안에 병신이 둘이냐"고 하였다.

친구가,

"아버지는 그렇지만 부인은 그렇지 않수다"고 하니,

김 선생님은,

"신사(辛巳)년에 가 보시오"라고 하였다.

그 후 과연 신사(辛巳)년에 장님이 되고 말았다.

친구가 보고 난 다음 내가 김 선생님께 나의 매형 사주를 불러 주었더니(나의 매형께서는 사주 보는 것을 상당히 좋아했기 때문에),

김 선생님은 대뜸,

"이것 뭐 죽은 사주를 다 볼라구(보려고) 하우"라고 하였다.

그래서 내가,

"죽기는 왜 죽어요, 살아 있는 분인데요" 하니,

김 선생님은,

"허~참, 딱하시군. 지금 살아 있는 것은 나도 알고 있소. 허나 이제 몇 날 안가서 죽는데, 금년 기묘(己卯)년을 못 넘길 꺼니, 하다못해 서웃달(섣달) 그믐날 죽어도 죽을 것이니…. 12월 그믐날 못 넘겨 사는 걸 가지고 사주는 무슨 사주를 본단 말이요" 하고 보아주지를 않았다.

마지막으로 내가 김 선생님께 나의 사주를 불러 주었더니,
김 선생님은,
"이다음 남방(南方)으로 가서 사주 보아 먹을 사주요. 사주 보면 이름이 높이 날 거요"라고 말하여 주었다.

02 사주 간명의 의의

사주는 어느 누구의 것이든 하늘로부터 부여받은 독특한 사명을 지니고 있기 때문에 그 자체가 하나의 훌륭한 인격체이다. 그러므로 이를 '감정(鑑定)'한다는 표현이 적절하지 않아서 '간명(看命)'한다고 말한다. 즉, 사주 간명이란 '하늘이 어느 개인에게 사주를 통해서 부여한 명(命)을 조심스럽게 읽어본다'는 뜻이다.

송나라 소강절(邵康節)은 「청야음(淸夜吟)」이란 시에서 다음과 같이 노래하였다.

월도천심처(月到天心處) 풍래수면시(風來水面時)
일반청의미(一般淸意味) 요득소인지(料得少人知)

달이 하늘의 중심 되는 곳에 이르고 바람이 수면 위에 잔잔할 때, 그 맑고 높은 풍정(風情)을 아는 이 드물다는 뜻이다.

그런데 이 시는 단순히 천지의 청고(淸高)한 풍광을 노래한 것이 아니라 명리(名利)를 떠난 도심(道心)의 청명(淸明)을 풍광에 비유하여 토로한 것으로 볼 수 있다. 청허한 심경과 자연의 아름다움이 잘 어우러져 달인의 경지가 느껴진다.

필자가 「청야음(淸夜吟)」을 언급한 것은 사주 간명자의 자세가 달인의 경지에 올라야 한다고 생각하기 때문이다. 사주학은 자평학(子平學)이라고도 하는데, 바로 이 시가 자평, 즉 명경지수의 경지를 노래하며 사주 간명자가 지녀야 할 자세를 말해주는 듯하다.

사주학 공부를 아무리 많이 해도 다른 사람의 사주를 제대로 간명하기란 정말 어려운 일이다. 왜냐하면 사주학은 정확한 계량이 필요한 수리학(數理學), 그것도 1+1=2가 되는 단순수리학이 아니라 천기(天氣)와 지질(地質)을 종합하여 다루는 입체수리학이므로, 간명하는 사람은 그 마음이 자평처럼 맑고 고요해서 사주에 나타나는 운의 길흉을 잘 가늠할 줄 알아야 하기 때문이다.

사주 간명은 고전 학문을 활용하는 차원 높은 카운슬링(counseling)이다. 참고로 중국은 그 면적이 넓어서 동쪽의 흑룡강(헤이룽장)성과 서쪽의 신강위구르(신장웨이우얼)자치구는 약 4시간 차이가 있다. 더구나 옛날에는 시계가 없었다. 그러니 옛날의 중국 사주는 시주(時柱)가 미덥지 못하고 나아가 일주(日柱)가 의심스러운 경우가 있다.

03 · 사주 간명 시 주의 사항

사주 간명은 조리 있게 이루어져야 한다. 특히 사주 간명자는 간명할 내용을 순서에 맞게 체계화하고, 논리와 표현력을 갖추어 상대방에게 잘 전달할 수 있어야 한다. 총평(總評)·성격·건강·육친·직업·운·주의사항·가능성 검토의 순서로 설명하면서 논리적으로 적절하게 표현해야 한다. 생활에 지쳐 있는 사람들에게는 다가올 좋은 운을 알려주어 희망을 갖게 하고, 자만에 가득 차 있는 사람들에게는 운세란 변화하는 것임을 경고해주며, 판단하기 어려운 부분에 대해서는 운의 양면성을 언급하여 정반대의 경우도 상정해볼 수 있도록 해야 한다.

예를 들어 총평을 할 때는 "봄 난초가 단비를 맞고 따사로운 태양 아래서 향기를 발하고 있는 형상이라" 등의 비유적인 표현을 쓰면 멋스러울 것이다. 또한 주의사항이나 가능성 검토 단계에서는 상대방이 부담스러워 하지 않는 범위 안에서 간명자의 판단 근거를 자유롭게 전달할 수 있다.

그렇다면 자신의 사주를 간명 받는 사람은 어떤 마음자세를 가져야 할까. 고요하고 진지한 태도로 마치 간명자의 「청야음」을 듣듯 간명자와 일심동체가 되어야 한다. "어디 얼마나 잘 알아맞히나 두고 보자" 하는 태도로 비협조적이라면 간명자의 기가 끊어져 좋은 간명을 할 수 없다. 묻는 말에 솔직하게 대답하고, 과거의 일에 대해서도 허심탄회하게 이야기하면 훨씬 정확하게 간명할 수 있다. 이는 마치 우리가 의사 앞에서 병력과 증상을 이야기하면서 앞으로의 대책을 함께 세우는 것과 마찬가지다.

사주 간명은 사주학의 깊이 있는 연구에 바탕을 두어야 하고, 그것을 위해 비상한 노력을 기울여야 한다. 입산하여 홀로 몇십 년 동안 공부해서 높은 경지에 오를 수도 있지만, 그것은 현실적으로 어려울 뿐만 아니라 비상한 노력이라고 보기 어렵다. 비상한 노력이란 우선 단기간이라고 하더라도 정열을 집중시켜야 하고 좋은 스승을 만나야 가능하다. 또한 사주학은 실제로 이론을 적용했을 때 결과가 제대로 맞아야 한다. 이론을 위한 이론은 의미가 없다. 여러 서적들에 실린 이론 중에서 실제로 적용할 때 결과가 잘 맞는 이론을 위주로 정리할 필요가 있다.

사주학은 기후의 주요 바로미터(barometer)인 월지를 어머니로 다루고 있다. 하지만 월지가 단순하지 않다. 인간이 우주의 시각으로 같은 때에 태어났더라도 그 출생지가 지구의 북반구이냐 남반구이냐에 따라서 월지가 정반대이다. 예를 들어 북반구의 자(子)는 남반구의 오(午)이다. 때문에 사주를 볼 때 이를 잘 헤아려야 한다.

사주 간명에는 간명자의 폭넓은 지식과 연륜 그리고 사주를 꿰뚫어보는 직관력이 필요하다.

04 사주 간명과 화두 참구

화두(話頭)란 선원에서 참선 수행을 위한 실마리를 이르는 말이고 참구(參究)란 참선하며 진리를 탐구함을 이르는 말이다. 불교 선종(禪宗)의 조사들이 만들어 낸 화두의 종류로는 1,700여 가지가 있다. '구자무불성(拘子無佛性)'은 무자(無字)화두라고도 하는데, 우리나라의 고승들이 이 화두를 참구하고 가장 많이 도를 깨달았다고 한다. 한 승려가 조주(趙州) 스님을 찾아가서 "개에게도 불성이 있는가?"를 물었을 때 "무(無)"라고 답하여 이 화두가 생겨났다. 부처님은 일체중생에게 틀림없이 불성이 있다고 하였는데, 조주 스님은 왜 없다고 하였을까? 성철(性徹) 스님도 이 화두를 들고 수행한 지 4년 만에 다음과 같은 오도송(悟道頌)을 남겼다.

황하수가 곤륜산 정상으로 거꾸로 흐르니
해와 달은 빛을 잃고 땅은 꺼지는도다
문득 한번 웃고 머리를 돌려 서니
청산은 예대로 흰 구름 속에 섰네

황하서류곤륜정(黃河西流崑崙頂)
일월무광대지침(日月無光大地沈)
거연일소회수립(遽然一笑回首立)
청산의구백운중(靑山依舊白雲中)

'이 무엇고?' 화두는 이 몸을 움직이게 하는 참된 주인공이 무엇인가를 의심하는 것으로, 무자화두 다음으로 널리 채택되었다.

전통적으로 화두를 가지고 공부를 할 때는 간절한 마음으로 공부하기를 마치 닭이 알을 품은 것과 같이하며, 고양이가 쥐를 잡을 때와 같이하며, 어린아이가 엄마를 생각하듯 하면 반드시 화두에 대한 의심을 풀어 깨달음을 얻을 수 있게 된다고 보고 있다.

필자는 사주학을 수신학(修身學)으로 이해하므로 사주 간명과 화두 참구는 상통할 수 있다고 본다.

01 의의

　격국(格局)이란 격(格)과 국(局)을 합친 말로 사주의 구조적 특징을 나타내기 위한 용어이다. 격은 성격(性格)·규격(規格)·품격(品格) 등을 의미하는데 사주의 어느 한 특징을 나타내기 위해서 사용한다. 사주에는 여러 가지 특징이 있으므로 그에 따라 많은 격이 등장할 수 있고, 심지어 한 사주가 여러 개의 격을 가질 수 있는 것이다. 국은 국세(局勢)·국면(局面)·형국(形局) 등을 의미하는데 사주의 중요한 형상을 나타내기 위해서 사용한다. 국은 격에 비해 좀 더 큰 상황이라고 이해하면 된다. 예를 들어 사주에서 상관이 강하면 상관격(傷官格)이라고

하고, 그 정도가 좀 더 큰 상황이면 상관국(傷官局)이라고 한다. 삼합과 방합은 국에 포함시킬 수 있다.

　사주에서 격국을 논하는 이유는 격국이 용신(用神)을 잡는 데 하나의 기준이 될 수 있고, 또 격국이 사주의 품위를 다르게 할 수 있다고 보기 때문이다. 상관격에 일간이 약하면서 관살이 많으면 용신은 인성이 된다. 인성은 상관을 제어하고 관살의 기운을 흡수하여 일간을 도와주는 역할을 하기 때문이다. 만일 위의 경우에서 천간이 모두 똑같은 글자라면 사주의 모양새가 돋보이는 것이므로 사주의 주인공은 한결 더 고귀한 삶을 누릴 수 있다고 본다. 참고로 정통 이론에서는 격국과 용신을 별개로 다루고 있다. 따라서 예를 들어 사주가 ㉮ 종아격인 경우 재성을 용신으로 삼을 수 있고 ㉯ 종재격인 경우 관살을 용신으로 삼을 수 있다. 격국론은 사주의 틀을 논하는 것이고, 용신론은 사주의 핵을 논하는 것이다. 사주학을 깊이 있게 공부하려면 틀과 핵, 즉 모습과 정신을 모두 파악해야 한다.

02 종류

　고전 격국론은 격국을 크게 일반격과 특수격으로 구분하고 다시 일반격과 특수격을 각각 여러 가지로 세분한다. 그 구체적인 내용은 학파에 따라 다소 다르나 이를 체계적으로 정리하면 다음과 같다.

1) 일반격-내격(内格) 또는 정격(正格)이라고도 한다.

　① 기준 : 월지를 따라 격을 정한다. 예를 들어 월지가 식신이면 식신격이다.

② 종류 : 월지가 비견이나 겁재인 경우를 제외하고 나머지 8개의 통변성을 따라 8격으로 한다. 식신격 · 상관격 · 정재격 · 편재격 · 정관격 · 편관격 · 인수격 · 편인격이 있다.

③ 용신 : 오행의 중화, 즉 상리(常理)를 기준으로 용신을 잡는다.

2) 특수격–외격(外格) 또는 변격(變格)이라고도 한다.

① 기준 : 거역할 수 없는 세력을 따라 격을 정한다.

② 종류 : 크게 여섯 가지로 나눈다.

- **종격(從格)**
  - 종왕격(從旺格)
  - 종강격(從强格)
  - 강왕격(强旺格)
  - 종아격(從兒格)
  - 종재격(從財格)
  - 종살격(從殺格)
  - 종세격(從勢格)
  - 가종격(假從格)

- **화격(化格)–화기격(化氣格)이라고도 한다.**
  - 화목격(化木格)
  - 화화격(化火格)
  - 화토격(化土格)
  - 화금격(化金格)
  - 화수격(化水格)
  - 가화격(假化格)

- 일행득기격(一行得氣格)
  - 곡직격(曲直格)
  - 염상격(炎上格)
  - 가색격(稼穡格)
  - 종혁격(從革格)
  - 윤하격(潤下格)
- 양신성상격(兩神成象格)
- 건록격(建祿格)
- 양인격(羊刃格)

③ 용신 : 오행의 기세를 따라 용신을 잡는다.

　　고전 격국론은 위의 특수격에 속하지 않는 그 밖의 여러 가지 특수격을 나열하고 있으나 이들은 체계적으로 정리되지 아니한 잡격으로서 그저 자그마한 참고 자료로 이용될 수 있다.

　　고전 격국론은 일반격을 월지를 따라 8격으로 세분한다. 그 구체적 방법론은 다음과 같다.

① 월지의 정기가 투출해 있으면 그것으로 격을 정한다.
② 월지의 정기가 아닌 다른 지장간이 투출해 있으면 그것을 가지고 격을 정한다. 이 경우 정기가 아닌 두 지장간이 동시에 투출하였으면 둘 중에서 사주 전체의 상황을 따져볼 때 역량이 강한 것으로 격을 정한다.
③ 월지의 지장간 중 어느 것도 투출하지 않은 경우는 월지 속의 지장간들과 사주 전체의 관계를 살펴 강약성쇠를 분간하고, 그 중에서 가장 역량이 강한 것으로 격을 정한다.

고전 격국론은 일반격을 월지를 따라 8격으로 세분한다. 사주에서 월지의 중요성을 강조하는 것은 당연하다. 왜냐하면 월지는 월령을 품고 있기 때문이다. 그런데 고전 격국론은 일반격을 월지를 따라 8격으로 세분하면서 그 구체적 방법론으로 월령을 다루지 않고 지장간의 투출 여부를 따진다. 때문에 ③의 두루뭉술한 결과를 빚어낸다. 이런 결과를 피하려면 일반격을 월령을 따라 그 종류대로 세분하면서 월령의 투출 여부는 이를 가리지 않으면 되겠다. 투파는 일반격의 결정법에 대해 다음과 같이 설명한다.

① 특수격이 되지 않는 격을 일반격으로 한다.
② 일반격을 월령을 따라 여러 가지의 격으로 세분한다.
③ ②의 경우 월령의 투출 여부는 이를 가리지 않는다.

고전 격국론에서는 비견격이나 겁재격을 인정하지 않는다. 그 까닭은 비견이나 겁재가 일간과 같이 체(體)이고 용(用)이 아니라고 보기 때문이다. 고전 격국론에서는 건록격이나 양인격을 일반격이 아닌 특수격으로 다룬다. 그 이유를 살펴보면 "월지가 일간의 건록이나 양인인 경우에는 신약하지 않으므로 용신을 정하고 희기(喜忌)를 밝히는 원칙이 일반법칙과 다르다"라는 논리다. 한마디로 전이불항(戰而不降)이란 이야기이다. 전이불항이란 싸움에 나서서 절대로 항복하지 않는다는 말이다. 이는 일간이 관살과 대립되는 형국에서도 주체성이 있으므로 당당하게 버티는 것을 의미한다. 전이불항이면 비겁운과 식상운과 인성운을 모두 기뻐한다.

생각하건대 고전 격국론이 일반격을 월지를 따라 세분하면서 비견격과 겁재격을 제외시킨 것은 타당하지 않다. 왜냐하면 비견이나 겁재는 일간과의 관계에서 이루어지는 통변성 즉 용(用)이지 일간 그 자체 즉 체(體)는 아니기 때문이다. 고전 격국론에서는 건록격이나 양인격을 일반격이 아닌 특수격으로 다룬다. 그렇다면 건록은 비견과 다르고 양인은 겁재와 다른가. 그렇지는 않다. 왜냐하면 본질적으로 건록은 비견이고 양인은 겁재이기 때문이다. 투파는 일반격을 월령을 따라 여러 가지의 격으로 세분하면서 월령이 비견이 되는 사주명식을 건록격이라 하고 월령이 겁재가 되는 사주명식을 양인격이라 한다. 그러니까 투파는 고전 격국론과 달리 건록격이나 양인격을 특수격이 아닌 일반격으로 다룬다.

건록격이나 양인격을 특수격으로 다루는 이유에 대한 고전 격국론의 설명은, 신약하지 않기 때문에 용신을 정하고 희기를 밝히는 원칙이 일반격의 경우와는 다르다는 것이다. 무엇이 얼마만큼 다르다는 것인가. 건록격이나 양인격도 다른 간지가 월지에 동조해주지 않으면 신약한 것은 마찬가지다.

건록격이나 양인격의 경우에는 비겁운과 식상운과 인성운을 모두 기뻐하는 사례가 잦은데, 일반격에서도 이러한 사례는 흔하다. 예를 들어 일간이 주체성이 있으므로 당당하게 버티는 편관격에서 식신으로 제살하는 경우이다. 이 경우 비겁과 식상의 관계에서 억부와 조후의 무분별한 혼용을 문제삼기도 하지만 깊게 보면 억부와 조후는 별개의 것이 아니다. 또한 이 경우 비겁과 식상의 관계를 파악하는 관점 역시 문제이다. 식상은 비겁의 기운을 누출시키기만 하는 존재는 아니다. 식상은 비겁의 자식으로서 관살을 제어하여 어버이 되는 비겁을 보호한다. 그러므로 비겁과 식상은 그야말로 '상생(相生)'의 관계이다. 때로는 식상이 조후의 역할까지 한다.

고전 격국론에서는 종격과 화격을 특수격으로 다룬다. 왜냐하면 종격과 화격에서는 오행의 중화를 포기하고 오행의 기세를 따라야 하기 때문이다. 『적천수』는 정(正)의 논리와 함께 종(從)과 화(化)를 따라 변(變)의 논리를 펼친다. 하지만 인류는 시대의 흐름을 따라 마음자세를 달리해 나간다. 필자의 생각으로『적천수』는 당시의 사상을 많이 반영하고 있다고 본다. 당시에는 종과 화가 절대적으로 필요했을 것이다. 그러나 오늘날 인류는 워낙 개성이 강해서 종과 화를 거부하는 경향이 강하다. 이러한 마음자세의 변화는 사주학 이론에서도 그대로 이어진다. 오늘날은 옛날과 달리 종격과 화격의 적용을 축소시켜 예외적인 현상으로 다루어야 한다. 따라서 종격과 화격은 먼저 일반격으로 간명하고, 어긋나면 특수격으로 간명한다.

고전 격국론에서는 일행득기격과 양신성상격을 특수격으로 다룬다. 왜냐하면 일행득기격은 종격 이상으로 오행의 강도가 치우친 사주명식이고 양신성상격은 양분적(兩分的) 종격으로서 오행의 강도가 둘로 나뉘어 있는 사주명식이기 때문이다. 일행득기격과 양신성상격은 그 사주의 특징이 분명하다. 특별법은 일반법에 앞서 우선 적용된다. 따라서 일행득기격과 양신성상격은 먼저 특수격으로 간명하고, 어긋나면 일반격으로 간명한다.

정통 이론은 격국과 용신을 별개로 다룬다. 격과 용신은 별개이다. 그러므로 격을 통해 바로 용신을 잡으려 하면 안 된다. 격국은 사주 풀이에서 그저 방향타의 역할만 할 뿐 구체적인 해결책을 일러주지 않는다.

새로운 격국론의 구체적인 내용을 체계적으로 정리하면 다음과 같다.

1) 일반격-내격(內格) 또는 정격(正格)이라고도 한다.

　① 기준 : 월령을 따라 여러 가지의 격으로 세분한다. 예를 들어 월령이 식신이면 식신격이다. 이 경우 월령의 투출 여부는 이를 가리지 않는다.

　② 종류 : 월령의 통변성을 따라 10격으로 한다. 비견격·겁재격·식신격·상관격·정재격·편재격·정관격·편관격·인수격·편인격이 있다.

　③ 용신 : 오행의 중화, 즉 상리(常理)를 기준으로 용신을 잡는다.

2) 특수격-외격(外格) 또는 변격(變格)이라고도 한다.

　① 기준 : 거역할 수 없는 세력을 따라 격을 정한다.

　② 종류 : 크게 네 가지로 나눈다.

　　• 종격(從格)
　　　- 종왕격(從旺格)
　　　- 종강격(從强格)
　　　- 강왕격(强旺格)
　　　- 종아격(從兒格)
　　　- 종재격(從財格)
　　　- 종살격(從殺格)
　　　- 종세격(從勢格)
　　　- 가종격(假從格)

　　• 화격(化格)-화기격(化氣格)이라고도 한다.
　　　- 화목격(化木格)
　　　- 화화격(化火格)

- 화토격(化土格)

- 화금격(化金格)

- 화수격(化水格)

- 가화격(假化格)

• 일행득기격(一行得氣格)

- 곡직격(曲直格)

- 염상격(炎上格)

- 가색격(稼穡格)

- 종혁격(從革格)

- 윤하격(潤下格)

• 양신성상격(兩神成象格)

③ 용신 : 오행의 기세를 따라 용신을 잡는다.

03 종격

종격은 일간이 특정 오행의 세력을 거스를 수 없어서 그 세력을 따르는 경우에 이루어진다.

종격에는 종왕격·종강격·강왕격·종아격·종재격·종살격·종세격·가종격이 있다.

1) 종왕격

종왕격이란 일간이 비겁 위주로 지나치게 왕한 격이다. 이 격은 왕한 세력을 따르는 것이 순리다.

종왕격은 부귀를 누릴 수 있지만 극과 극의 현상이 나타날 수 있다. 그래서 하루아침에 정상에서 밑바닥으로 굴러 떨어지는 등 운로(運路)가 계속 양호하게 이어지는 경우가 매우 드물고, 육친 관계에서 문제가 많다.

2) 종강격

종강격이란 일간이 인성 위주로 지나치게 강한 격이다. 이 격은 강한 세력을 따르는 것이 순리다.

종강격은 부귀를 누릴 수 있지만 극과 극의 현상이 나타날 수 있다. 그래서 하루아침에 정상에서 밑바닥으로 굴러 떨어지는 등 운로(運路)가 계속 양호하게 이어지는 경우가 매우 드물고, 육친 관계에서 문제가 많다.

3) 강왕격

강왕격이란 일간이 인성과 비겁 위주로 지나치게 강왕한 격이다. 이 격은 강왕한 세력을 따르는 것이 순리다.

강왕격은 부귀를 누릴 수 있지만 극과 극의 현상이 나타날 수 있다. 그래서 하루아침에 정상에서 밑바닥으로 굴러 떨어지는 등 운로(運路)가 계속 양호하게 이어지는 경우가 매우 드물고, 육친 관계에서 문제가 많다.

4) 종아격

종아격이란 식상이 지나치게 왕해서 일간이 버틸 능력이 없을 정도로 약한 격이다. 이 격은 자식성인 식상을 따르는 것이 순리다.

종아격은 재성운도 좋다. 그러나 강한 인성운은 매우 좋지 못하여 심지어는 죽을 수도 있다. 종아격이 잘 이루어지면 재물이 많다. 그러나 남성은 자식복이 박하고 여성은 남편복이 박하다.

5) 종재격

종재격이란 재성이 지나치게 왕해서 일간이 버틸 능력이 없을 정도로 약한 격이다. 이 격은 재성을 따르는 것이 순리다.

종재격은 식상운도 좋고 관살운도 좋다. 그러나 인성운과 비겁운을 꺼린다. 종재격이 잘 이루어지면 큰 부자가 될 수 있다.

6) 종살격

종살격이란 관살이 지나치게 왕해서 일간이 버틸 능력이 없을 정도로 약한 격이다. 이 격은 관살을 따르는 것이 순리다.

종살격은 재성운도 좋다. 그러나 일간을 강하게 해주는 운은 최대의 흉운이고, 식상운도 매우 흉하다. 종살격이 잘 이루어지면 대귀(大貴)의 명이다.

7) 종세격

종세격이란 식상과 재성과 관살의 세력이 모두 엇비슷하게 왕해서 일간이 버틸 능력이 없을 정도로 약한 격이다. 이 격은 식상과 재성과 관살을 따르는 것이 순리다.

종세격은 이를 종살격의 형태로 볼 수 있다. 왜냐하면 종세격의 경우 대부분 기운이 모이는 곳은 관살이기 때문이다. 종세격을 종살격의 형태로 볼 수 있다고 해서 두 격을 똑같이 다룰 수 없다. 왜냐하면 종세격은 식상과 재성과 관살이 사이가 좋아서 식상운을 반기지만 종살격은 관살을 극하는 식상운을 꺼리기 때문이다. 종세격이 잘 이루어지면 부귀를 누릴 수 있다.

8) 가종격

가종격이란 종격과 흡사하지만 일간이 종격만큼 사주의 주도 세력을 따르지 않는 격이다. 이 격도 종격처럼 사주의 주도 세력을 따르는 것이 순리다.

가종격은 종격에 준해서 판단하지만 그보다 격이 떨어진다.

케이프혼(Cape Horn)이란 남미 대륙 최남단에 있는 곳의 이름이다. 이 케이프혼은 오랫동안 세계를 돌며 무역을 행했던 범선들이 이용하던 클리퍼 루트(clipper route)의 이정표이었다. 하지만 이 케이프혼 주변의 바다는 강풍과 큰 파도, 빠른 해류와 유빙 때문에 극히 위험하며, 이로 인한 위험 때문에 선원들의 무덤으로 알려지게 되었다. 때문에 대항해시대에는 선원들 사이에 이 케이프혼을 둘러싼 괴담이 나돌았는데, 조타수들이 파도를 살피려고 뒤를 돌아볼 때 흰옷 입은 노인이 지팡이를 질질 끌며 바다 위를 걸어 배를 쫓아온다는 것이다. 어느 사주가 확실한 종격이라고 단정하기가 쉽지 않다. 종격은 사주학의 케이프혼이다. 종격이 확실하다고 단정해서 어긋나는 경우가 흔하다. 투파도 이에 동감하면서 그래도 나름대로 다음과 같은 기준을 제시한다.

◎ 일간이 양간인 경우

① 종왕격 · 종강격

천간의 정관이나 편관이 지지에 뿌리를 내리고 있으면 종왕격 · 종강격은 이루어지지 않는다.

② 종아격 · 종재격 · 종살격

- 일간이 월령을 얻고 있으면 종아격 · 종재격 · 종살격은 이루어지지 않는다.
- 천간에 인수나 편인이 있으면 이 인수나 편인이 지지에 뿌리를 내리고 있지 않아도 종아격 · 종재격 · 종살격은 이루어지지 않는다.

① 종왕격·종강격

천간의 정관이나 편관이 지지에 뿌리를 내리고 있으며, 더구나 다른 곳에

정재나 편재가 있으면 종왕격·종강격은 이루어지지 않는다.

② 종아격·종재격·종살격

천간의 인수나 편인이 지지에 뿌리를 내리고 있으면 종아격·종재격·종살

격은 이루어지지 않는다.

종격 여부는 사주의 주인공의 마음 자세와 연관되지 않을까. 열 길 물속은 알

아도 한 길 사람의 속은 모른다.

04 화격

화격은 일간이 월간 또는 시간과 간합하고, 그 간합 화기(化氣) 오행과 같은

오행이 월지에 있거나, 지지에 삼합 오행이 있어서 그것이 화기 오행과 같은 경우

에 이루어진다. 다만 이 격은 일간이 투합 또는 쟁합이 되거나 화기 오행을 극하

는 오행이 있으면 이루어지지 않는다. 화격은 합화(合化)라는 절차를 거쳐 이루

어진다. 이 격을 이루는 요건은 다음과 같다.

• 일간이 바로 인접해 있는 월간이나 시간과 간합할 것,

• 간합하여 형성하는 화기(化氣)를 다른 천간과 지지가 어우러져 적극 동조해

  줄 것,

- 일간이 투합되거나 쟁합되지 않고 화기를 극하는 오행이 없을 것 등이다.

화격에는 화목격 · 화화격 · 화토격 · 화금격 · 화수격 · 가화격이 있다.

1) 화목격

화목격이란 일간은 정(丁)이나 임(壬)이고, 월지는 인(寅) 또는 묘(卯)이거나 지지에 삼합 목국(木局)이 있으면서, 목(木)을 극하는 금(金)이 없는 격이다.

①					②			
시	일	월	연		시	일	월	연
○	丁	壬	○		壬	丁	○	○
○	○	寅	○		○	未	卯	亥

2) 화화격

화화격이란 일간은 무(戊)나 계(癸)이고, 월지는 사(巳) 또는 오(午)이거나 지지에 삼합 화국(火局)이 있으면서, 화(火)를 극하는 수(水)가 없는 격이다.

①					②			
시	일	월	연		시	일	월	연
戊	癸	○	○		癸	戊	○	○
○	○	巳	○		○	寅	午	戌

3) 화토격

화토격이란 일간은 갑(甲)이나 기(己)이고, 월지는 진술축미(辰戌丑未) 중 어느 하나이면서, 토(土)를 극하는 목(木)이 없는 격이다.

	①					②		
시	일	월	연		시	일	월	연
己	甲	○	○		○	己	甲	○
○	○	未	○		○	○	戌	○

4) 화금격

화금격이란 일간은 을(乙)이나 경(庚)이고, 월지는 신(申) 또는 유(酉)이거나 지지에 삼합 금국(金局)이 있으면서, 금(金)을 극하는 화(火)가 없는 격이다.

	①					②		
시	일	월	연		시	일	월	연
乙	庚	○	○		庚	乙	○	○
○	○	申	○		○	丑	酉	巳

5) 화수격

화수격이란 일간은 병(丙)이나 신(辛)이고, 월지는 해(亥) 또는 자(子)이거나 지지에 삼합 수국(水局)이 있으면서, 수(水)를 극하는 토(土)가 없는 격이다.

	①					②		
시	일	월	연		시	일	월	연
○	丙	辛	○		辛	丙	○	○
○	○	亥	○		○	申	子	辰

6) 가화격

가화격이란 화격과 흡사하지만 일간이 화격만큼 사주의 화기 오행을 따르지 않는 격이다. 이 격도 화격처럼 사주의 화기 오행을 따르는 것이 순리다.

가화격은 화격에 준해서 판단하지만 그보다 격이 떨어진다.

화격이 잘 구성되고 운로(運路) 또한 좋으면 대부대귀(大富大貴)를 누릴 수 있다. 화기(化氣)가 지나치게 왕하면 이를 적당히 설(洩)해주는 운이 기쁘고, 화기가 좀 모자라면 이를 적당히 생조해주는 운이 반갑다. 아울러 화기가 너무 건조하면 이를 적당히 윤택하게 해주는 운이 기쁘고, 화기가 냉한하면 이를 온난하게 해주는 운이 반갑다. 화기를 극하거나 화기가 극하는 운은 흉운이다.

어느 사주가 화격인가의 여부를 가릴 때 천간합과 월지와 지지삼합이 중요한 판단 기준이다. 그러나 이 경우의 월지는 월지 그 자체가 아닌 월령을 가리킨다. 예를 들어 어느 사주가 화수격인가의 여부를 가릴 때 월지가 축(丑)이고 월령이 계(癸)이면 이 계(癸)가 중요한 판단 기준이다. 투파는 화격에 대해 다음과 같이 설명한다.

① 화목격

화목격은 정(丁)과 임(壬)이 간합하여 목(木)으로 화(化)하는 명식(命式)이다.

정(丁)일 임(壬)시, 정(丁)일 임(壬)월, 임(壬)일 정(丁)시, 임(壬)일 정(丁)월의 출생으로 그 월이 인(寅)월, 묘(卯)월, 진(辰)월의 절입 이후 12일까지의 명식을 화목격이라 한다.

화목격을 이루면 간합하는 천간을 화하는 오행의 천간으로 고쳐 써야 한다. 즉 정(丁)을 을(乙)로, 임(壬)을 갑(甲)으로 바꾸어 써야 한다.

화목격은 목(木)운과 수(水)운을 반기고 금(金)운을 꺼린다.

② 화화격

화화격은 무(戊)와 계(癸)가 간합하여 화(火)로 화(化)하는 명식이다.

무(戊)일 계(癸)시, 무(戊)일 계(癸)월, 계(癸)일 무(戊)시, 계(癸)일 무(戊)월의 출생으로 그 월이 사(巳)월, 오(午)월, 미(未)월의 절입 이후 12일까지의 명식을 화화격이라 한다.

화화격을 이루면 간합하는 천간을 화하는 오행의 천간으로 고쳐 써야 한다. 즉 무(戊)를 병(丙)으로, 계(癸)를 정(丁)으로 바꾸어 써야 한다.

화화격은 화(火)운과 목(木)운을 반기고 수(水)운을 꺼린다.

③ 화토격

화토격은 갑(甲)과 기(己)가 간합하여 토(土)로 화(化)하는 명식(命式)이다.

갑(甲)일 기(己)시, 갑(甲)일 기(己)월, 기(己)일 갑(甲)시, 기(己)일 갑(甲)월의 출생으로 그 월이 진술축미(辰戌丑未)월의 절입 이후 13일부터의 명식을 화토격이라 한다.

화토격을 이루면 간합하는 천간을 화하는 오행의 천간으로 고쳐 써야 한다. 즉 갑(甲)을 무(戊)로 바꾸어 써야 하고, 기(己)는 이를 그대로 둔다.

화토격은 토(土)운과 화(火)운을 반기고 목(木)운을 꺼린다.

④ 화금격

화금격은 을(乙)과 경(庚)이 간합하여 금(金)으로 화(化)하는 명식(命式)이다.

을(乙)일 경(庚)시, 을(乙)일 경(庚)월, 경(庚)일 을(乙)시, 경(庚)일 을(乙)월의 출생으로 그 월이 신(申)월, 유(酉)월, 술(戌)월의 절입 이후 12일까지의 명식을 화금격이라 한다.

화금격을 이루면 간합하는 천간을 화하는 오행의 천간으로 고쳐 써야 한다. 즉 을(乙)을 신(辛)으로 바꾸어 써야 하고, 경(庚)은 이를 그대로 둔다.

화금격은 금(金)운과 토(土)운을 반기고 화(火)운을 꺼린다.

⑤ 화수격

화수격은 병(丙)과 신(辛)이 간합하여 수(水)로 화(化)하는 명식(命式)이다. 병(丙)일 신(辛)시, 병(丙)일 신(辛)월, 신(辛)일 병(丙)시, 신(辛)일 병(丙)월의 출생으로 그 월이 해(亥)월, 자(子)월, 축(丑)월의 절입 이후 12일까지의 명식을 화수격이라 한다.

화수격을 이루면 간합하는 천간을 화하는 오행의 천간으로 고쳐 써야 한다. 즉 병(丙)을 임(壬)으로, 신(辛)을 계(癸)로 바꾸어 써야 한다.

화수격은 수(水)운과 금(金)운을 반기고 토(土)운을 꺼린다.

투파는 천간합과 월령의 두 가지 판단 기준만으로 어느 사주가 화격인가의 여부를 가린다. 이를 따라 화격의 범위를 확장하면 그만큼 일반격의 범위는 축소된다.

05 일행득기격

일행득기격은 일간이 종왕격보다 비겁 위주로 지나치게 왕해서 독상(獨象)인 경우에 이루어진다.

일행득기격에는 곡직격 · 염상격 · 가색격 · 종혁격 · 윤하격이 있다.

1) 곡직격

곡직격이란 일간과 월령이 목(木)이고, 지지에 삼합 목국(木局)이나 동방합이 있으면서, 목(木)을 극하는 금(金)이 없는 격이다.

천성이 인자하고 문화 및 교육 계통·사회사업·목(木)업 분야로 진출하면 큰 명성을 얻을 수 있다.

곡직격은 수(水)운과 목(木)운과 화(火)운을 반기고 금(金)운을 꺼린다. 이는 목(木)을 따르는 것이 순리(順理)이고 목(木)을 거스르는 것은 역리(逆理)이기 때문이다.

①

시	일	월	연
○	甲	○	○
未	○	卯	亥

〈월령 : 木〉

②

시	일	월	연
○	乙	○	○
○	卯	寅	辰

〈월령 : 木〉

2) 염상격

염상격이란 일간과 월령이 화(火)이고, 지지에 삼합 화국(火局)이나 남방합이 있으면서, 화(火)를 극하는 수(水)가 없는 격이다.

성격이 급한 편이면서도 예의가 바르다. 정신문화·법무 계통·화(火)업 분야로 진출하면 큰 명성을 얻을 수 있다.

염상격은 목(木)운과 화(火)운과 토(土)운을 반기고 수(水)운을 꺼린다. 이는 화(火)을 따르는 것이 순리이고 화(火)를 거스르는 것은 역리이기 때문이다.

①

시	일	월	연
○	丙	○	○
○	戌	午	寅

〈월령 : 火〉

②

시	일	월	연
○	丁	○	○
未	○	巳	午

〈월령 : 火〉

3) 가색격

가색격이란 일간과 월령이 토(土)이고, 지지에 축(丑)·진(辰)·미(未)·술(戌)의 사계(四季)가 갖추어져 있으면서, 토(土)를 극하는 목(木)이 없는 격이다.

체격이 풍만하고 행동 역시 매우 무게가 있다. 종교가·법학자·부동산업 등으로 큰 명성을 얻을 수 있다.

가색격은 화(火)운과 토(土)운과 금(金)운을 반기고 목(木)운을 꺼린다. 이는 토(土)를 따르는 것이 순리이고 토(土)를 거스르는 것은 역리이기 때문이다.

	①				②		
시	일	월	연	시	일	월	연
○	戊	○	○	○	己	○	○
丑	辰	未	戌	辰	未	未	辰

〈월령 : 土〉　　　　　　　　〈월령 : 土〉

4) 종혁격

종혁격이란 일간과 월령이 금(金)이고, 지지에 삼합 금국(金局)이나 서방합이 있으면서, 금(金)을 극하는 화(火)가 없는 격이다.

통이 크고 의리를 중요하게 생각한다. 검찰·법관·군인·금(金)업 분야로 진출하면 큰 명성을 얻을 수 있다.

종혁격은 토(土)운과 금(金)운과 수(水)운을 반기고 화(火)운을 꺼린다. 이는 금(金)을 따르는 것이 순리이고 금(金)을 거스르는 것은 역리이기 때문이다.

①				②			
시	일	월	연	시	일	월	연
○	庚	○	○	○	辛	○	○
丑	○	酉	巳	戌	酉	申	○

〈월령 : 金〉　　　　　　　　　　　　　〈월령 : 金〉

5) 윤하격

　　윤하격이란 일간과 월령이 수(水)이고, 지지에 삼합 수국(水局)이나 북방합이 있으면서, 수(水)를 극하는 토(土)가 없는 격이다.

　　지혜롭고 영리하다. 사람들에게 봉사하는 직업·농림수산업·수(水)업 분야로 진출하면 큰 명성을 얻을 수 있다.

　　윤하격은 금(金)운과 수(水)운과 목(木)운을 반기고 토(土)운을 꺼린다. 이는 수(水)을 따르는 것이 순리이고 수(水)를 거스르는 것은 역리이기 때문이다.

①				②			
시	일	월	연	시	일	월	연
○	壬	○	○	○	癸	○	○
○	辰	子	申	○	丑	亥	子

〈월령 : 水〉　　　　　　　　　　　　　〈월령 : 水〉

06 양신성상격

양신성상격은 사주명식이 두 가지의 오행으로 나뉘어져 있고 그 밖의 다른 오행은 전혀 섞이지 않은 경우에 이루어진다.

양신성상격에는 양신상생격(兩神相生格)과 양신상극격(兩神相剋格)이 있다.

1) 양신상생격

양신상생격이란 두 가지의 오행이 각각 네 개씩 나뉘어 있으면서 상생관계인 격이다.

- 수목(水木)상생격은 양신상생격 중 수(水)가 4개, 목(木)이 4개로 구성된 격이다. 수(水)운과 목(木)운은 길운이고 토(土)운과 금(金)운은 흉운이다.
- 목화(木火)상생격은 양신상생격 중 목(木)이 4개, 화(火)가 4개로 구성된 격이다. 목(木)운과 화(火)운은 길운이고 금(金)운과 수(水)운은 흉운이다.
- 화토(火土)상생격은 양신상생격 중 화(火)가 4개, 토(土)가 4개로 구성된 격이다. 화(火)운과 토(土)운은 길운이고 수(水)운과 목(木)운은 흉운이다.
- 토금(土金)상생격은 양신상생격 중 토(土)가 4개, 금(金)이 4개로 구성된 격이다. 토(土)운과 금(金)운은 길운이고 목(木)운과 화(火)운은 흉운이다.
- 금수(金水)상생격은 양신상생격 중 금(金)이 4개, 수(水)가 4개로 구성된 격이다. 금(金)운과 수(水)운은 길운이고 화(火)운과 토(土)운은 흉운이다.

양신상생격은 일간에서 보아 비겁과 인성 또는 비겁과 식상만으로 구성된 사주이다.

비겁과 인성만으로 구성된 사주는 탐구성취(探究成就)가 비상하고 전통을 정성스레 수호하므로 전래의 학문·예술·기술 방면에 우수한 재능이 있다.

비겁과 식상만으로 구성된 사주는 수기발로(秀氣發露)가 비상하고 구상이 샘물처럼 솟아나므로 새로운 학문·예술·기술 방면에 우수한 재능이 있다.

양신상생격은 오행의 강약을 떠나서 여덟 개 간지의 배합과 흐름을 따라서 이루어진다. 그러나 이 배합과 흐름은 월령의 지지를 받아야 그 뜻을 펼칠 수 있다. 그렇지 않고 월령이 이 배합과 흐름을 방해하면 양신상생격이 이루어지지 않는다. 고전 이론에서는 양신상생격을 다루면서 월령을 밝히지 않았다.

📖 사주 풀이 : 청나라 임철초는 이 사주를 다음과 같이 풀이했다.

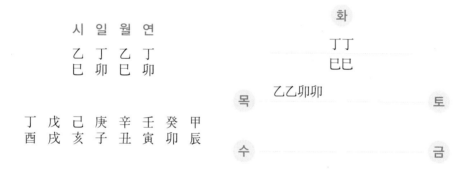

시 일 월 연
乙 丁 乙 丁
巳 卯 巳 卯

丁 戊 己 庚 辛 壬 癸 甲
酉 戌 亥 子 丑 寅 卯 辰

• 용신 : 화(火)이다.

• 이론 전개

이 사주는 목화(木火)가 반반인 양기성상격(兩氣成象格)이다. 일간이 화(火)이면서 여름에 태어났으니 목(木)은 화(火)의 세력을 따르는 형상이어서 오히려 염상격(炎上格)이 되는 구조이다.

• 길흉 판단

- 인(寅)운에는 화(火)가 생조를 만나 절강성의 순무(巡撫)가 되었다.

- 신(辛)운의 수(水)년에는 목화(木火)가 모두 손상되어 화(禍)를 면하기 어려웠다. 이인동심(二人同心, 두 사람의 마음이 하나로 통함)이면 이를 따라야지 이를 거역함은 불가하다.

※ 이 사주는 월령이 토(土)가 아니고 화(火)라고 추정한다.

📖 사주 풀이 : 청나라 임철초는 이 사주를 다음과 같이 풀이했다.

시 일 월 연
辛 戊 辛 戊
酉 戌 酉 戌

己 戊 丁 丙 乙 甲 癸 壬
巳 辰 卯 寅 丑 子 亥 戌

토
戊戊戊戊

화   금
　　辛辛酉酉

목   수

• 용신 : 신(辛)금이다.

• 이론 전개

토(土)와 금(金)이 반반이다. 이 사주는 양기성상격(兩氣成象格)이다. 상관인 신(辛)금을 용신으로 삼는다.

• 길흉 판단

- 기쁘게도 곧장 북방운이 펼쳐진다. 수기(秀氣)가 흐르니 소년의 몸으로 과거에 급제해서 벼슬이 황당(黃堂)에 이르렀다.

- 병(丙)운에 병(丙)화가 용신인 신(辛)금을 파(破)하여 불록(不祿, 더 이상 녹을 받지 못함)이 되었다. 대체로 보아서 양기성상격(兩氣成象格)은 일간이 생해 주는 대상 즉 식상이 빼어난 기상을 펼쳐서 부귀를 누린다. 그러므로 운이 일간과 식상의 이러한 흐름을 깨뜨리면 재앙을 면하기가 어렵다.

※ 이 사주는 월령이 금(金)이다. 양기성상격(兩氣成象格)이란 양신성상격(兩神成象格)과 같은 말이다.

📖 사주 풀이 : 청나라 임철초는 이 사주를 다음과 같이 풀이했다.

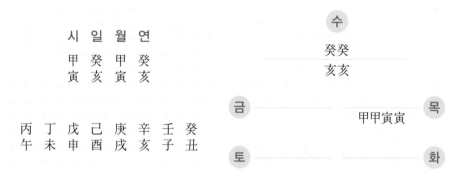

시	일	월	연
甲	癸	甲	癸
寅	亥	寅	亥

丙	丁	戊	己	庚	辛	壬	癸
午	未	申	酉	戌	亥	子	丑

• 용신 : 겁재이다.

• 이론 전개

수목상관(水木傷官)으로 기쁘게도 재성이 없다. 그래서 공부를 계속하였다. 싫게도 지지의 인해(寅亥)가 목(木)으로 화(化)하여 상관이 태중(太重)하니 청운의 뜻을 이루기 어려웠다.

• 길흉 판단

- 신(辛)운에는 최고 명문 대학에서 공부를 하였다.

- 해(亥)운에는 창고를 넓혔다.

- 경술(庚戌)대운에는 돈을 내고 벼슬에 나아갔다.

- 기유(己酉)대운과 무신(戊申)대운의 20년 동안에는 토금(土金)이 생화(生化)하여 어그러지지 않았으니 벼슬이 별가(別駕)에 이르렀고 벼슬로 인한 수입이 풍성하였다.

※ 이 사주는 월령이 목(木)이 아니고 토(土)라고 추정한다. 그렇다면 이 사주는 설(洩)이 많고 극(剋)도 있어서 신약하므로 인성운과 비겁운을 필요로 한다.

투파는 상생하는 2행(行)의 경우는 종격의 일종이 되기 쉬우므로 이를 양신성상격으로 다루지 않고 상극하는 2행(行)의 경우만을 양신성상격으로 다룬다.

2) 양신상극격

양신상극격이란 두 가지의 오행이 각각 네 개씩 나뉘어 있으면서 상극관계인 격이다.

• 목토(木土)상극격은 양신상극격 중 목(木)이 4개, 토(土)가 4개로 구성된 격이다.
• 토수(土水)상극격은 양신상극격 중 토(土)가 4개, 수(水)가 4개로 구성된 격이다.
• 수화(水火)상극격은 양신상극격 중 수(水)가 4개, 화(火)가 4개로 구성된 격이다.
• 화금(火金)상극격은 양신상극격 중 화(火)가 4개, 금(金)이 4개로 구성된 격이다.
• 금목(金木)상극격은 양신상극격 중 금(金)이 4개, 목(木)이 4개로 구성된 격이다.

양신상극격에서는 획일적으로 길운과 흉운을 가를 수 없다. 왜냐하면 양신상극격은 배합과 흐름이 대립과 다툼이므로 오행의 강약을 가려야 하기 때문이다. 고전 이론에서는 양신상극격을 케이스 바이 케이스(case by case)로 오행의 강약을 가려서 다루었다.

📖 **사주 풀이** : 청나라 임철초는 이 사주를 다음과 같이 풀이했다.

- **용신** : 비견이다.
- **이론 전개**

  네 개의 목(木)은 당권(當權)하고 있으나 네 개의 금(金)은 절지(絶地)에 임했다. 말로는 천간이 지지를 누른다고 하지만 실제로는 그럴 능력이 없는 상태이다. 만약 천간이 지지를 누를 수 있다면 재성을 쓸 수 있고 재성을 용신으로 삼으면 어찌 성공하지 못하겠는가.
- **길흉 판단**

  - 태어난 후 몇 년 만에 부모가 모두 죽자 도사와 함께 지냈다.
  - 기축(己丑)대운과 무자(戊子)대운에는 인수(印綬)의 도움으로 의식(衣食)에 모자람이 없었다.

- 정해(丁亥)대운에 목(木)을 생하고 금(金)을 극하여 그 도사가 죽고 자신도 조금 남아 있던 재물을 주색과 도박으로 다 날려 버리고 죽었다.

📖 **사주 풀이 :** 청나라 임철초는 이 사주를 다음과 같이 풀이했다.

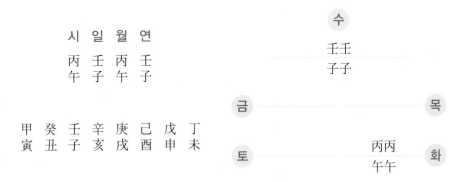

시	일	월	연
丙	壬	丙	壬
午	子	午	子

甲	癸	壬	辛	庚	己	戊	丁
寅	丑	子	亥	戌	酉	申	未

- **용신 :** 구체적인 언급이 없다.

- **이론 전개**

  이 사주는 간지에서 수(水)와 화(火)가 서로 싸우고 있다. 화(火)가 당령하고 수(水)가 휴수(休囚)되었다. 기쁜 것은 토(土)가 없어서 일주(日主)를 극하지 않는다는 것이다.

- **길흉 판단**

  - 정미(丁未)대운의 무오(戊午)년에는 천극지충(天剋地沖)하고 재(財)와 살(殺)이 둘 다 왕하여 부모가 함께 돌아가시고 거지가 되어 떠돌아다녔다.
  - 신(申)운에는 좋은 인연을 만났다.
  - 기유(己酉)대운에는 큰돈을 벌어서 결혼하여 자식을 낳아 가정을 이루었다.

※ 이 사주는 비겁을 용신으로 삼아야 한다.

양신상극격은 일간에서 보아 비겁과 재성 또는 비겁과 관살만으로 구성된 사주이다.

비겁과 재성만으로 구성된 사주는 재성과 관련된 문제로 기복이 심하다.

비겁과 관살만으로 구성된 사주는 관살과 관련된 문제로 기복이 심하다.

투파는 양신성상격을 상극하는 2행(行)의 경우로 축소시켜서 다루면서 이에 대해 다음과 같이 설명한다.

양신성상격이란 명식 중 상극하는 2행(行)이 서로 그 강도가 엇비슷한 경우에 이루어지는 격을 말한다. 상생하는 2행(行)의 경우는 종격의 일종이 되기 쉬우므로 이를 양신성상격으로 다루지 않는다. 양신성상격과 관련하여 다음과 같은 점에 유의해야 한다.

① 상극하는 2행(行)이 서로 그 강도가 엇비슷한 경우라 함은 상극하는 간(干)과 지(支)의 수(數)가 같다는 의미가 아니다. 이는 매우 틀리기 쉬운 점인데, 오행의 강약과 간지(干支)의 수는 반드시 일치하는 것은 아니며 완전히 별개의 것이다. 간지(干支)의 수가 같은 것이 아니라 오행의 강도가 같다는 것이 이 격의 결정적 요소이다.

② 상극하는 2행(行)이 서로 그 강도가 엇비슷한 경우라 함은 그 강도가 대체로 같은 강도이지만 그 비례는 3:2 이상에 근접하는 정도를 말한다.

통관용신법이란 상극하는 2행(行)이 서로 그 강도가 엇비슷한 경우에 그 어느 쪽에나 작용하는 것을 용신으로 잡는 법이다. 이 통관용신법은 격에서는 양신성상격에만 적용된다. 통관용신법에서 희신과 기신을 가리기 위해서는 다음과 같이 두 가지로 나누어 살펴볼 필요가 있다.

① 한쪽의 오행을 극하고 다른 한쪽의 오행을 설하는 것.
② 한쪽의 오행을 생하고 다른 한쪽의 오행을 설하는 것.

위의 ①과 ②에서 ①은 희신이지만 ②는 희신이도 하고 때로는 기신이기도 하다.

한쪽의 오행을 극하고 다른 한쪽의 오행을 설하는 것은 희신이다.
한쪽의 약한 오행을 생하고 다른 한쪽의 강한 오행을 설하는 것은 희신이다.
한쪽의 강한 오행을 생하고 다른 한쪽의 약한 오행을 설하는 것은 기신이다.

양신성상격은 어느 2행(行)이 같은 강도일 경우에 이루어지는데 이 2행(行)이 완전히 같은 강도인 경우는 없다.

투파의 양신성상격은 이를 적극 참고할 필요가 있다. 그러나 투파는 오행의 강약을 판단하면서 지지의 오행의 강약을 제외시키는 한계를 지니고 있음을 유의해야 한다.

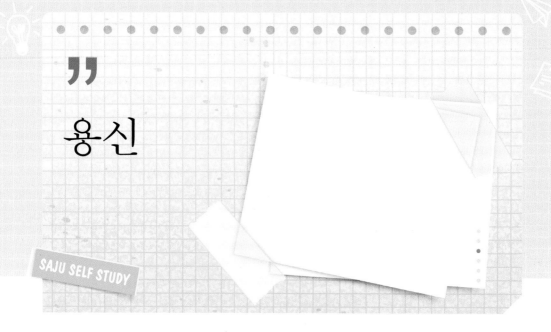

"
용신

SAJU SELF STUDY

01 의의

    용신(用神)이란 일간 이외의 것으로서 그 사주를 꽃 피울 수 있는 핵이 되는 글자(천간·지지·지장간)를 이르는 말이다. 이때 그 글자(천간·지지·지장간)에 해당하는 통변성 또는 오행을 용신으로 부를 수도 있다. 용신이란 용어는 '체(體)인 일간이 반드시 필요로 해서 용(用)하는 신(神)'이란 뜻에서 비롯되었다.

    투파는 "용신이란 격국을 파악한 후 구체적으로 길흉을 판단하는 주안점이다"라고 한다. 그래서 투파는 예를 들어 "억부용신이란 ㉮ 월령이 투간(透干)한 경우에는 월령이 억부용신으로서 억부의 대상이고 ㉯ 월령이 투간하지 않은 경우에는 월령을 억부용신이라 하지만 일간이 억부의 대상이다"라고 한다. 따라서 투파는 용신을 기준으로 희신과 기신을 가려낸다. 그러니까 투파의 용신은 그 자체가 길흉과는 관계가 없는 색다른 개념으로서 일반적으로 쓰이지 않는다.

투파는 "용신이 사주명식에 대해 바람직한 오행이라면 용신을 돕는 오행이 희신이고, 용신이 사주명식에 대해 바람직하지 않은 오행이라면 용신을 극설하는 오행이 희신이다"라고 한다. 한편 투파는 "용신이 사주명식에 대해 바람직한 오행이라면 용신을 극설하는 오행이 기신이고, 용신이 사주명식에 대해 바람직하지 않은 오행이라면 용신을 돕는 오행이 기신이다"라고 한다. 이처럼 투파는 용신을 기준으로 희신과 기신을 가려내지만 한마디로 투파의 희신은 사주명식에 대해 바람직한 오행이고 투파의 기신은 사주명식에 대해 바람직하지 않은 오행이다.

용신이 훌륭하면 좋은 운을 만나서 멋진 꽃을 피울 수 있다. 그러나 용신이 약하거나 깨어져 있는 경우, 그리고 흠이 있는 경우에는 좋은 운을 만나도 보잘 것 없는 꽃이 핀다. 이와 관련하여 합이나 충을 이루는 글자(천간·지지·지장간)를 용신으로 삼을 수 있느냐가 문제 될 수 있다. 종래의 사주 풀이를 보면 합이나 충을 이루는 글자(천간·지지·지장간)도 필요하면 이를 용신으로 삼는다. 다음 예들을 살펴보자.

예❶　　　　　　　천간합인 글자가 용신－1

시 일 월 연
庚 己 丙 辛
午 丑 申 丑

甲 癸 壬 辛 庚 己 戊 丁
辰 卯 寅 丑 子 亥 戌 酉

• 용신 : 월간의 병(丙)화이다.

• 이론 전개

이 사주는 신약해서 인수인 병(丙)화가 용신이고 금(金)이 병이다.

※ 우리나라의 이석영이 이 사주를 풀이했다.

예❷　　　　　　　천간합인 글자가 용신－2

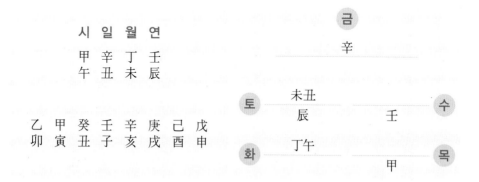

시 일 월 연
甲 辛 丁 壬
午 丑 未 辰

乙 甲 癸 壬 辛 庚 己 戊
卯 寅 丑 子 亥 戌 酉 申

• 용신 : 연간의 임(壬)수이다.

・이론 전개

이 사주는 화(火)가 일주(日主)의 병(病)이고 화(火)를 제합(制合)하는 임(壬)수가 약(藥)이다.

※ 우리나라의 이석영이 이 사주를 풀이했다.

예❸   육합인 글자가 용신

시 일 월 연
辛 丁 癸 戊
亥 未 亥 寅

辛 庚 己 戊 丁 丙 乙 甲
未 午 巳 辰 卯 寅 丑 子

・용신 : 연지의 인(寅)목이다.

・이론 전개

계(癸)수가 왕(旺)에 임하여 일간을 바로 극하나 무(戊)토가 계(癸)수와 합을 이루어 이를 막으니 무(戊)토가 도리어 일간을 돕는다. 월지인 해(亥)수는 본래 살이지만 연지인 인(寅)과 인해(寅亥)합을 이루어 오히려 일간을 생한다. 연지인 인(寅)목이 처음에는 멀리 떨어져 있다가 인해(寅亥)합으로 말미암아 나중에는 가까이 다가왔다.

※ 청나라 임철초가 이 사주를 풀이했다.

시 일 월 연
庚 甲 乙 辛
午 子 未 卯

丁 戊 己 庚 辛 壬 癸 甲
亥 子 丑 寅 卯 辰 巳 午

• 용신 : 일지의 자(子)수이다.

• 이론 전개

일주가 갑자(甲子)이면서 미(未)월의 오(午)시에 태어났으니 여름철의 한낮의
나무가 자(子)수를 만나 상관패인격(傷官佩印格)이다. 다행히 묘(卯)목이 미(未)토
를 극하여 미(未)토가 자(子)수를 극하지 않는다. 따라서 자(子)수가 오(午)화를
충한다. 이 사주는 오(午)화가 병이고 자(子)수가 약이다. 이 사주는 목(木)과 금
(金)이 희신이다. 목(木)은 토(土)를 극하여 수(水)를 돕고 금(金)은 수(水)를 생하
여 수(水)를 돕는다.

※ 청나라 임철초가 이 사주를 풀이했다.

📖 예❺   지충인 글자가 용신-2

```
시 일 월 연
癸 丁 乙 丁
卯 酉 巳 未


丁 戊 己 庚 辛 壬 癸 甲
酉 戌 亥 子 丑 寅 卯 辰
```

• **용신** : 일지의 유(酉)금이다.

• **이론 전개**

일간인 정(丁)화가 사(巳)월생이고 인성과 비겁이 여럿이니 한 점의 계(癸)수로 신왕을 다스릴 수 없다. 그러나 일지의 유(酉)금이 시지의 묘(卯)목을 충으로 제거하고 계(癸)수를 살려 주니 무엇보다 기쁘다.

※ 청나라 임철초가 이 사주를 풀이했다.

용신은 객관적인 방법으로 주의해서 찾아내야 하므로 사주 간명자가 주관적으로 함부로 결정하면 안 된다. 전해 내려오는 용신 찾는 방법에 다음 다섯 가지가 있다.

1) 억부용신(抑扶用神)

사주에서 강한 자는 억압을 해주고, 약한 자는 도와주어야 한다. 이렇게 조정해줄 수 있는 글자(천간·지지·지장간)가 용신이 되는데 이것이 곧 억부용신으로, '강자의억 약자의부(强者宜抑 弱者宜扶)'에서 비롯되었다.

2) 조후용신(調候用神)

사주는 조화를 이루어야 한다. 추우면 따뜻함이 필요하고 더우면 서늘함이 필요하다. 건조하면 윤택함이 필요하고 습하면 밝음이 필요하다. 나아가 각 별들이 서로 귀성(貴星)으로 이루어지면 좋다. 이렇게 조정해줄 수 있는 글자(천간·지지·지장간)가 바로 조후용신이다.

3) 종용신(從用神)

사주에 특정 오행의 기운이 지나치게 강해서 도저히 다스릴 수 없는 경우에는 그대로 그 오행에 따르는 것이 좋다. 그 오행이 바로 종용신이다.

4) 통관용신(通關用神)

사주에서 두 세력이 서로 치고받고 다툴 때에는 이를 소통시켜줄 필요가 있다. 이렇게 해줄 수 있는 글자(천간·지지·지장간)가 통관용신이다.

5) 병약용신(病藥用神)

병(病)이란 사주를 길격(吉格)으로 구성하는 데 방해되는 자 또는 용신에 해를 끼치는 자로 전자를 사주의 병, 후자를 용신의 병이라고 한다. 반면 병을 다스릴 수 있는 자를 약(藥)이라고 한다. 약은 약신(藥神)으로서 이것이 병약용신이다.

용신은 사주를 판단하는 기준이 된다. 그래서 남성의 경우에 용신이 인수이면 정재는 좋은 역할을 하지 못하기 때문에 아내로 인해 화를 당할 수 있다고 추리하고, 반대로 용신이 정재이면 아내의 큰 도움을 기대할 수 있다고 판단한다.

용신이 사주의 화평(和平)을 주관한다. 왜냐하면 용신으로 말미암아 사주의 글자(천간·지지·지장간) 사이가 화목하고 평화스럽게 되기 때문이다.

구도자(求道者)는 마음의 화평을 추구한다. 물질적으로는 가난하더라도 마음의 화평은 얼마든지 있을 수 있다. 이와 관련하여 전해 내려오는 선시(禪詩)가 있다.

달마가 서쪽에서 온 뜻 누가 알손가
곳곳에 보이는 이 모든 것이 그것이네
봄 깊은 작은 집에 취해서 누웠나니
온 산에는 꽃이요 두견새 우는 소리네

서래밀지숙능지(西來密旨孰能知)
처처명명물물제(處處明明物物齊)
소원춘심인취와(小院春深人醉臥)
만산도리자규제(滿山桃李子規啼)

달마는 중국 선종(禪宗)의 창시자이다. 범어(梵語)로는 보디다르마이며 보리달마(菩提達磨)로 음사(音寫)하는데, 달마는 그 약칭이다. 남인도(일설에는 페르시아) 향지국(香至國)의 셋째 왕자로, 후에 대승불교의 승려가 되어 선(禪)에 통달하였다. 520년경 중국에 들어와 북위(北魏)의 뤄양[洛陽]에 이르러 동쪽의 쑹

산[嵩山] 소림사(少林寺)에서 9년간 면벽좌선(面壁坐禪)하고 나서, 사람의 마음은 본래 청정하다는 이(理)를 깨달아야 한다고 주장하고, 이 선법(禪法)을 제자 혜가(慧可)에게 전수하였다.

용신을 찾는 일은 결코 쉽지 않다. 사주에 용신이 없는 것처럼 보이는 경우가 있는가 하면, 용신이 2개 이상 있는 것처럼 보이는 경우도 나타나기 때문이다. 그러므로 용신이 확실하지 않을 경우에는 과거를 살펴보고, 이것이 어려울 경우에는 사주 전체의 구성과 운로를 보아 가며 몇 가지의 가능성을 상정하여 판단하는 것이 그릇된 판단을 줄이는 지름길이다.

그러면 지금까지 설명한 용신 찾는 방법 다섯 가지를 좀 더 자세히 예를 들어 가며 살펴보자. 소개하는 예들은 고금의 서적 중에서 가려낸 것들로 월령이 확실하지 않기 때문에 일반적인 방법으로 설명한다.

02 억부용신

억부용신은 일간의 강약에 따라 달라진다. 일간이 강하면 극설(剋洩)해주는 방법을 택하고, 약하면 생조(生助)해주는 방법을 택한다. 일간이 비겁 위주로 강할 경우에는 신왕(身旺)이라 하고, 인성 위주로 강할 경우에는 신강(身强)이라고 하는데 넓은 의미로 둘을 합쳐 신왕 또는 신강이라고 한다.

1) 일간이 비겁 위주로 신왕한 경우

이 경우에는 관살 → 재성 → 식상의 순으로 용신을 찾는다. 왜냐하면 비겁이 강해서 이를 극해주는 관살이 가장 빠른 방법이고, 약한 관살을 도와주는 재성은 그 다음 방법이며, 비겁의 기운을 설해주는 식상은 마지막 방법이기 때문이다.

① 관살이 용신인 경우

위에서 오른쪽 그림은 약식법륜도이다. 각각의 오행마다 선을 그어서 음양을 구분하여 표기하였다. 일간과 비견이 가장 위에 배치되어 있다.

일간이 비겁 위주로 신왕하다. 술(戌)토가 힘이 있으므로 관살인 술(戌)토가 용신이다.

② 재성이 용신인 경우

시	일	월	연
癸	丁	乙	丁
卯	酉	巳	未

일간이 비겁 위주로 신왕하다. 관살인 계(癸)수는 힘이 없다. 유(酉)금이 묘
(卯)목을 충으로 제거하고 계(癸)수를 도와주니 재성인 유(酉)금이 용신이다.

③ 식상이 용신인 경우

시	일	월	연
庚	壬	壬	壬
子	辰	子	寅

일간이 비겁 위주로 신왕하다. 관살인 진(辰)토는 습토이기 때문에 거센 물살
을 극할 능력이 없다. 인(寅)목으로 설하는 것이 순리이므로 식상인 인(寅)목이
용신이다.

2) 일간이 인성 위주로 신강한 경우

이 경우에는 재성 → 식상 → 비겁의 순으로 용신을 찾는다. 왜냐하면 인성이 강해서 이를 극해주는 재성이 가장 빠른 방법이고, 약한 재성을 도와주는 식상이 그 다음 방법이며, 인성의 기운을 설해주는 비겁이 마지막 방법이기 때문이다.

① 재성이 용신인 경우

일간이 인성 위주로 신강하다. 수(水)의 세력이 너무 강하여 토(土)로 수(水)를 극해주어야 하므로 재성인 술(戌)토가 용신이다.

② 식상이 용신인 경우

일간이 인성 위주로 신강하다. 직접 경(庚)금으로 목(木)을 극할 수 있으면 좋지만 그 자체로서는 힘이 약하다. 다행히 무(戊)토가 경(庚)금을 도와주고 있으니 식상인 무(戊)토가 용신이다. 용신과 희신을 명확하게 구별할 수 없는 경우가 있다. 희신이란 용신한테 길(吉) 작용을 하는 것이다. 용신과 희신을 명확하게 구별할 수 없는 경우에는 '희용신'이란 용어를 사용할 수 있다. 예를 들어 어느 사주가 무(戊)토와 경(庚)금을 모두 기뻐하지만 어느 것이 용신이고 어느 것이 희신이라고 명확하게 구별할 수 없으면 '무(戊)토·경(庚)금이 희용신이다'라고 표현할 수 있다. 엄밀히 말하면 이 사주가 그렇다.

③ 비겁이 용신인 경우

일간이 인성 위주로 신강하다. 관성인 병(丙)화는 토(土)에 둘러싸여 화생토(火生土)하므로 용신이 아니다. 그러므로 인성인 토(土)의 강한 세력을 설해주는 비겁인 금(金)이 용신이다. 이 사주에는 금(金)이 지장간에 간직되어 있다. 격과 용신은 별개이다. 이 사주는 종강격이면서 용신은 비겁이다.

3) 재성이 강해 일간이 신약한 경우

이 경우에는 비겁 → 인성 → 관살의 순으로 용신을 찾는다. 왜냐하면 재성이 강하므로 이 강한 재성을 극해주면서 일간을 도와주는 비겁이 가장 빠른 방법이고, 약한 일간을 도와주는 인성은 그 다음 방법이며, 재성의 기운을 설해주는 관살은 마지막 방법이기 때문이다.

① 비겁이 용신인 경우

재성이 강해 일간이 신약하다. 연간과 월간이 천간합이다. 오(午)화가 재성을 극해주면서 일간을 도와주므로 비겁인 오(午)화가 용신이다. 특히 오(午)화가 일지에 있어 반갑다.

② 인성이 용신인 경우

시 일 월 연
壬 戊 己 丙
子 子 亥 午

○ ○ ○ ○ ○ ○ ○ ○
○ ○ ○ ○ ○ ○ ○ ○

재성이 강해 일간이 신약하다. 병(丙)화가 힘이 있으므로 인성인 병(丙)화가 용신이다. 이 사주는 기(己)토가 오(午)화에 녹근(祿根)하였으므로 이 기(己)토가 용신이라고 논할 가능성이 많다. 그러나 기(己)토는 임(壬)수를 극하지 못하고 기토탁임(己土濁壬)으로 그친다. 따라서 비겁인 기(己)토는 용신이 아니다. 갑목맹아(甲木萌芽)란 해(亥)월은 갑(甲)목이 싹이 트기 시작하여 갑(甲)목의 기(氣)가 있다는 말이다. 이 사주는 갑목맹아로서, 해(亥) 중 갑(甲)목이 수(水)와 화(火)의 통관 역할을 하여, 수화상극(水火相剋)이 아니다. 따라서 갑목맹아를 모르고, 이 사주는 수화상극이므로 인성이 용신이 아니고 비겁인 기(己)토가 용신이라고 논하면 안 된다.

③ 관살이 용신인 경우

재성이 강해 일간이 신약하다. 을(乙)목이 해(亥)의 지장간 갑(甲)목의 도움으로 힘을 얻어 왕한 재성의 기운을 설해준다. 그래서 관살인 을(乙)목이 용신이다. 격과 용신은 별개이다. 이 사주는 종재격이면서 용신은 관살이다.

4) 관살이 강해 일간이 신약한 경우

이 경우에는 인성 → 비겁 → 식상의 순으로 용신을 찾는다. 왜냐하면 관살이 강해 이를 설해주면서 일간을 도와주는 인성이 가장 부드럽고 좋은 방법이고, 약한 일간을 보강하는 비겁은 그 다음 방법이며, 강한 관살과 맞서 극하는 식상은 모험적인 방법이기 때문이다.

① 인성이 용신인 경우

시	일	월	연
丙	癸	戊	己
辰	酉	辰	酉

수
癸

금 　酉酉　 목

己

토 　戊辰辰　 丙 　화

관살이 강해 일간이 신약하다. 그러나 관살인 토(土)의 강한 기세가 일지의 유(酉)금으로 집결되어 일간을 도와주므로 살인상생(殺印相生)이 되어 아름답다. 그래서 인성인 일지의 유(酉)금이 용신이다.

② 비겁이 용신인 경우

시	일	월	연
壬	丙	壬	庚
辰	子	午	戌

화
丙
午

목 　戌辰　 토

수 　壬壬　 庚 　금
　子

관살이 강해 일간이 신약하다. 병자(丙子)일주가 월과 시에 임(壬)수가 투출해서 일간은 적의 삼면 공격을 받고 있다. 그러나 사주에 목(木)이 없으니 수(水)를 설하여 화(火)를 생할 수 없다. 하지만 다행히도 일간인 병(丙)화가 양인인 오(午)월에 태어나서 오(午)화를 의지할 수 있다. 그래서 비겁인 오(午)화가 용신이다.

③ 식상이 용신인 경우

시	일	월	연
乙	乙	丁	辛
酉	卯	酉	酉

관살이 강해 일간이 신약하다. 이 사주에서는 정(丁)화가 핵이 된다. 왜냐하면 목(木)의 도움을 받을 수 있어 힘이 있고, 일간 가까이 있으면서 여러 관살을 다스려줄 수 있기 때문이다. 그래서 식상인 정(丁)화가 용신이다. 이 사주는 관살의 공격에 비겁으로 일간을 보강만 하고 있을 입장은 아니고, 식상으로 한바탕 모험을 해볼 수 있는 경우이다.

5) 식상이 강해 일간이 신약한 경우

이 경우에는 인성 → 비겁 → 재성의 순으로 용신을 찾는다. 왜냐하면 약한 일간을 도우면서 동시에 식상을 극해주는 인성이 가장 좋은 방법이고, 단순히 약한 일간을 보강해주는 비겁은 그 다음 방법이며, 식상의 많은 기운을 설해주는 재성은 마지막 방법이기 때문이다.

① 인성이 용신인 경우

시	일	월	연
辛	戊	丁	辛
酉	寅	酉	酉

식상이 강해 일간이 신약하다. 정(丁)화가 인(寅)목에 뿌리를 두고 일간을 도우면서 동시에 식상인 금(金)을 극해주고 있다. 더구나 일간 가까이 있으면서 여러 식상을 직접 다스려주니 아름답다. 그래서 인성인 정(丁)화가 용신이다.

② 비겁이 용신인 경우

시	일	월	연
己	戊	辛	癸
未	申	酉	亥

식상이 강해 일간이 신약하다. 인성이 있으면 가장 바람직한데 없다. 그러나 기(己)토가 힘이 있으므로 비겁인 기(己)토가 용신이다.

③ 재성이 용신인 경우

시 일 월 연
丙 癸 壬 丁
辰 卯 寅 卯

○ ○ ○ ○ ○ ○ ○ ○
○ ○ ○ ○ ○ ○ ○ ○

식상이 강해 일간이 신약하다. 지지는 인묘진(寅卯辰) 동방 목국(木局)을 이루어 진(辰)토는 목(木)의 역할을 하게 되고, 천간의 정(丁)화와 임(壬)수도 합하여 지지와 어우러져 목(木)으로 화하였다. 이렇게 태왕한 목(木)의 기운을 정체시키지 않고 설하여 병(丙)화로 꽃 피우니 아름답다. 그래서 재성인 병(丙)화가 용신이다. 격과 용신은 별개이다. 이 사주는 종아격이면서 용신은 재성이다.

6) 기타의 경우

이 밖에 복합적인 몇 가지 경우를 더 살펴보자.

① 인성과 비겁이 섞여 있어서 일간이 강한 경우에는 식상을 용신으로 삼는 것이 좋다.
② 식상 · 재성이 많아서 일간이 신약한 경우에는 인성 · 비겁을 희용신으로 삼는 것이 좋다.
③ 재성 · 관살이 많아서 일간이 신약한 경우에는 비겁 · 인성을 희용신으로 삼는 것이 좋다.

④ 식상·재성·관살이 많아서 일간이 신약한 경우에는 인성·비겁을 희용신으로 삼는 것이 좋다.

⑤ 일간이 강하지도 약하지도 않은 경우에는 조후의 관점에서 용신을 찾는다.

⑥ 겨울철에 태어난 경신(庚辛) 일간은 약간 신약하더라도 조후의 관점에서 관살인 화(火)를 용신으로 삼는 것이 좋다. 금수상관(金水傷官)이 되어 한랭하기 때문이다. 물론 겨울 금(金)이라도 사주에 이미 화(火)가 강하게 나타나 있으면 그렇지 않다.

⑦ 여름철에 태어난 갑을(甲乙) 일간은 별로 약하지 않음에도 불구하고 조후의 관점에서 인성인 수(水)를 용신으로 삼는 것이 좋다. 목화상관(木火傷官)이 되어 조열(燥熱)하기 때문이다.

10개의 천간은 나름대로의 독특한 특성을 지니고 있다. 따라서 이에 대한 연구를 깊이 있게 하여 살아서 움직이는 용신을 찾을 수 있도록 해야 한다.

투파는 억부용신의 경우 희신과 기신에 대해 다음과 같이 구체적으로 설명한다.

◎ 용신이 너무 강한 경우

① 용신인 비겁이 너무 강한 경우에는 설하는 식상이나 극하는 관살이 희신이다.

② 용신인 식상이 너무 강한 경우에는 극하는 인성은 희신이지만 설하는 재성은 일간이 약해지기 때문에 기신이다.

③ 용신인 재성이 너무 강한 경우에는 극하는 비겁은 희신이지만 설하는 관살은 일간이 약해지기 때문에 기신이다.

④ 용신인 관살이 너무 강한 경우에는 설하는 인성은 희신이지만 극하는 식상은 일간이 약해지기 때문에 기신이다.

⑤ 용신인 인성이 너무 강한 경우에는 극하는 재성은 희신이지만 설하는 비겁은 일간이 강해지기 때문에 기신이다.

◎ 용신이 너무 약한 경우

① 용신인 비겁이 너무 약한 경우에는 동종의 비겁과 생하는 인성이 희신이다.

② 용신인 식상이 너무 약한 경우에는 동종의 식상은 희신이지만 생하는 비겁은 일간이 강해지기 때문에 기신이다.

③ 용신인 재성이 너무 약한 경우에는 동종의 재성과 생하는 식상이 희신이다.

④ 용신인 관살이 너무 약한 경우에는 생하는 재성은 희신이지만 동종의 관살은 관살혼잡을 이룰 수 있으므로 희신이라고 단정할 수 없다.

⑤ 용신인 인성이 너무 약한 경우에는 동종의 인성은 희신이지만 생하는 관살은 일간이 약해지기 때문에 기신이다.

위의 투파 이론을 그대로 따르면 식상제살(食傷制殺)이 가능하지 않고 일지의 인성이 용신인 경우에도 지지의 관살운을 기신운이라고 하는 등의 문제가 발생한다. 그러므로 위의 투파 이론을 하나하나 짚어 가며 그 중 합당한 것만을 받아들여야 한다.

03 조후용신

　사주는 억부와 조후의 이치를 조화롭게 적용해서 파악해야 한다. 억부는 현실이요, 조후는 이상이다. 현실을 떠난 이상은 있을 수 없고 이상을 떠난 현실은 무의미하다. 현실과 이상이 조화를 이루면 가장 바람직하다. 억부 위주로 생각하고 조후를 틀에 박힌 형식적인 것으로 파악하는 것은 얕은 소견이다. 조후를 깊이 있게 연구해보면 그 속에 우주의 원리가 들어 있다. 조후는 단순한 한난조습(寒暖燥濕)을 말하는 것이 아니다. 억부는 조후의 논리를 담고 있고 조후는 억부의 정신을 지니고 있다.

예❶

　관살인 금(金)의 기세가 강하다. 억부법으로는 살인상생으로 자(子)수를 용신으로 삼고 싶다. 그러나 겨울철의 갑(甲)목에게는 수(水)가 아름답지 못하다. 조후법으로 화(火)를 찾게 되니 병(丙)화가 용신이다. 화(火)는 관살의 기세를 극하여 제살까지 할 수 있으므로 억부의 정신과도 조화를 이루었다.

예❷

시	일	월	연
丙	乙	丙	甲
戌	酉	子	申

지지에 신유술(申酉戌) 서방 금국(金局)을 이루어 관살의 기세가 험하다. 억부법으로는 살인상생(殺印相生)으로 자(子)수를 용신으로 삼고 싶다. 그러나 겨울철의 을(乙)목에게는 수(水)가 아름답지 못하다. 조후법으로 화(火)를 찾게 되니 병(丙)화가 용신이다. 화(火)는 관살의 기세를 극하여 제살까지 할 수 있으므로 억부의 정신과도 조화를 이루었다.

예❸

시	일	월	연
甲	甲	庚	甲
子	午	午	寅

오(午)월의 갑(甲)목이 오(午)일에 태어나고 인오(寅午)가 반합(半合)을 이루어 목이 마르므로 빨리 수(水)로 도와주어야 하니 자(子)수가 용신이다.

시	일	월	연
癸	乙	壬	庚
未	亥	午	辰

```
                                        목
                                        乙

                         癸            午
              수         壬亥                    화

              금                       未
                         庚           辰         토
```

○ ○ ○ ○ ○ ○ ○ ○
○ ○ ○ ○ ○ ○ ○ ○

오(午)월의 을(乙)목이 미(未)시에 태어나 목이 마르므로 빨리 수(水)로 도와주어야 하니 임계(壬癸)의 수가 용신이다.

04 종용신

사주에 특정 오행의 기운이 지나치게 강해서 도저히 이를 다스릴 수 없을 때에는 그대로 그 오행에 따르는 것이 좋은데, 이 경우 그 오행이 바로 종용신(從用神)이다. 이런 상황은 일반적인 경우가 아닌 특수한 경우이기 때문에 격국론에서 내격(內格)이 아닌 외격(外格)으로 다룬다. 종용신 사주에는 종격(從格)·화격(化格)·일행득기격(一行得氣格)의 세 가지가 있다.

사주를 간명할 때는 종용신 사주라고 생각되더라도 일단 내격으로 다루어보고, 이와 전혀 다른 반대의 결론이 나올 경우에 외격으로 다룬다. 옛날에는 자신의 주체성을 버리고 타인에 종(從)해서 사는 경우가 많았지만, 오늘날은 대부분의 사람들이 나름대로의 재능을 발휘해서 독립적인 삶을 영위하기 때문이다.

1) 종격(從格)

① 종왕격(從旺格)

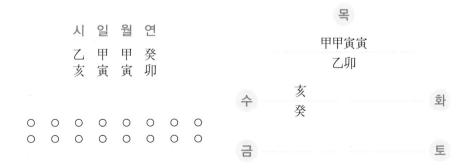

시	일	월	연
乙	甲	甲	癸
亥	寅	寅	卯

○ ○ ○ ○ ○ ○ ○ ○
○ ○ ○ ○ ○ ○ ○ ○

비겁 위주로 지나치게 왕하다. 목(木)이 용신이다.

② 종강격(從强格)

시	일	월	연
辛	癸	庚	辛
酉	酉	子	酉

○ ○ ○ ○ ○ ○ ○ ○
○ ○ ○ ○ ○ ○ ○ ○

인성 위주로 지나치게 강하다. 금(金)이 용신이다. 격과 용신은 별개이다. 이 사주는 종강격이지만 금수(金水)의 흐름이 자연스러우므로 용신은 수(水)라고 해도 된다. 다시 말해 이 사주는 금(金)·수(水)가 희용신이다.

③ 강왕격(强旺格)

시	일	월	연
乙	丁	乙	丁
巳	卯	巳	卯

인성과 비겁 위주로 지나치게 강왕하다. 목(木)·화(火)가 용신이다. 다시 말해 이 사주는 목(木)·화(火)가 희용신이다.

④ 종아격(從兒格)

시	일	월	연
癸	己	庚	癸
酉	酉	申	酉

식상이 지나치게 강하다. 금(金)이 용신이다. 격과 용신은 별개이다. 이 사주는 종아격이지만 금수(金水)의 흐름이 자연스러우므로 용신은 수(水)라고 해도 된다. 다시 말해 이 사주는 금(金)·수(水)가 희용신이다.

⑤ 종재격(從財格)

시	일	월	연
丙	乙	丙	戊
戌	未	辰	戌

재성이 지나치게 강하다. 토(土)가 용신이다.

⑥ 종살격(從殺格)

시	일	월	연
辛	乙	辛	戊
巳	丑	酉	申

관살이 지나치게 강하다. 금(金)이 용신이다.

⑦ 종세격(從勢格)

시	일	월	연
癸	壬	乙	丙
卯	午	未	辰

식상과 재성과 관살의 세력이 모두 엇비슷하게 왕하면서 식상은 재성을 생하고 재성은 관살을 생한다. 목(木)과 화(火)와 토(土)가 용신이다.

⑧ 가종격(假從格)

시	일	월	연
乙	壬	庚	丙
巳	午	寅	寅

목화(木火)의 세력을 따라 종(從)해야 마땅한데 월간의 경(庚)금이 문제가 된다. 이 경(庚)금의 도움 여부에 따라 이 사주는 일반격도 될 수 있고 특수격도 될 수 있기 때문이다. 일단 일반격으로 보아 경(庚)금을 용신으로 삼았다고 치자. 경(庚)금은 천간에 홀로 떠 있고, 토(土)의 뒷받침도 없는데다 병(丙)화로부

터 치명타를 맞아 비틀거리고 있다. 그러면서도 도와주겠다고 하니 미덥지 못하여 목화(木火)의 세력을 따라 종하는데, 그래도 경(庚)금에 대한 미련이 남아서 100% 진실된 종을 못 하니 가종(假從)이다. 그러나 가종도 종이다. 이 사주는 가종격이다. 금(金)운을 만나면 감당하지도 못하면서 용만 쓰는 꼴이 되어 흉하다. 첫사랑을 다시 만나 현재의 가정에 파탄만 불러오는 형상이다. 이 사주는 금(金)을 버리고 화(火)를 따라가야 한다.

2) 화격(化格)

화격도 종격과 마찬가지로 지나치게 강한 오행에 따르는 경우인데, 다만 합화(合化)라는 절차를 거쳐 이루어진다. 화격은 화기격(化氣格)이라고도 하며 화격을 이루는 요건은 다음과 같다.

첫째 일간이 바로 인접해 있는 월간이나 시간과 합이 되어 있을 것,

둘째 합이 되어 형성하는 화기(化氣)를 다른 천간과 지지가 어우러져 적극 동조해줄 것,

셋째 일간이 투합되거나 쟁합되지 않고 화기를 극하는 오행이 없을 것 등이다.

① 화목격(化木格)

시	일	월	연
甲	壬	丁	甲
辰	寅	卯	戌

임(壬)과 정(丁)이 합해서 목(木)으로 화했다고 볼 수 있다. 목(木)이 용신이다.

② 화화격(化火格)

시	일	월	연
戊	癸	丁	癸
午	酉	巳	巳

고서(古書)에 화화격의 예로 나와 있는 사주이다. 이론적으로는 일간인 계(癸)수가 일지의 유(酉)금의 적극적인 도움을 받고 있으므로 무(戊)토와 합화를 이루기 어렵고, 또한 연간에 화기(化氣)를 극하는 계(癸)수가 있어 문제가 된다. 어떻든 이 사주는 계(癸)와 무(戊)가 합해서 火로 화했다고 하니 화(火)가 용신이다. 오늘날 이러한 사주를 만난다면 일단은 정격으로 다루어 유(酉)금을 용신으로 삼고 관찰해야 한다.

③ 화토격(化土格)

시	일	월	연
己	甲	壬	戊
巳	辰	戌	辰

갑(甲)과 기(己)가 합해서 토(土)로 화했다고 볼 수 있다. 토(土)가 용신이다.

④ 화금격(化金格)

시	일	월	연
庚	乙	己	壬
辰	巳	酉	戌

을(乙)과 경(庚)이 합해서 금(金)으로 화했다고 볼 수 있다. 금(金)이 용신이다.

⑤ 화수격(化水格)

시	일	월	연
壬	辛	丙	甲
辰	丑	子	辰

병(丙)과 신(辛)이 합해서 수(水)로 화했다고 볼 수 있다. 수(水)가 용신이다.

⑥ 가화격(假化格)

시	일	월	연
壬	辛	丙	己
辰	酉	子	丑

화수격(化水格)으로 볼 수 있으나 연간의 기(己)토가 문제가 된다. 이 사주의 주인공은 금수(金水)운에 공명을 얻었다고 하니 이 사주는 가화격이다. 이 사주는 토(土)를 벗어나 수(水)를 따라가야 한다.

3) 일행득기격(一行得氣格)

① 곡직격(曲直格)

곡직격은 일간인 목(木)이 종왕격보다 비겁 위주로 지나치게 왕해서 독상(獨象)인 경우에 이루어지므로 목(木)이 용신이다.

② 염상격(炎上格)

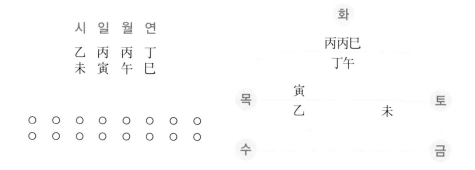

염상격은 일간인 화(火)가 종왕격보다 비겁 위주로 지나치게 왕해서 독상(獨象)인 경우에 이루어지므로 화(火)가 용신이다.

③ 가색격(稼穡格)

가색격은 일간인 토(土)가 종왕격보다 비겁 위주로 지나치게 왕해서 독상(獨
象)인 경우에 이루어지므로 토(土)가 용신이다.

④ 종혁격(從革格)

종혁격은 일간인 금(金)이 종왕격보다 비겁 위주로 지나치게 왕해서 독상(獨
象)인 경우에 이루어지므로 금(金)이 용신이다.

⑤ 윤하격(潤下格)

    윤하격은 일간인 수(水)가 종왕격보다 비겁 위주로 지나치게 왕해서 독상(獨象)인 경우에 이루어지므로 수(水)가 용신이다.

4) 종용신 관련 문제

    종용신과 관련한 몇 가지 문제를 살펴보자.

① 일간이 태왕한 경우

    태왕(太旺)은 보통 이상으로 지나치게 왕한 경우를 말한다. 이럴 때는 극하

는 것보다 설기(洩氣)시켜주는 것이 자연스러울 때가 많다. 연지의 진(辰)토는 목(木)의 성질로 기울었고, 시지의 진(辰)토는 수(水)의 성질로 기울었다. 이 사주에서는 목(木)이 태왕하다. 화(火)운을 기뻐한다.

② 일간이 극왕한 경우

시 일 월 연
乙 甲 乙 癸
亥 寅 卯 卯

극왕(極旺)은 태왕보다 더욱 왕하여 그 정도가 극에 이르러 더 이상 왕할래야 왕할 수 없는 경우를 말한다. 이럴 때는 설기시켜주는 것보다 도와주는 것이 자연스러울 때가 많다. 이 사주에서는 목(木)이 극왕하다. 수(水)운을 기뻐한다.

③ 일간이 태쇠한 경우

시 일 월 연
甲 辛 庚 己
午 卯 午 卯

태쇠(太衰)는 보통 이상으로 지나치게 쇠한 경우를 말한다. 이럴 때는 보(補)하는 것보다 차라리 더 극하여 종을 시키는 것이 자연스러울 때가 많다. 이 사주는 지지가 목화(木火)로 이루어져 있고 기(己)토와 경(庚)금이 무력해서 일간이 태쇠하다. 태쇠한 신(辛)금에게는 생해주는 토(土)가 좋을 것 같지만, 보통 이상으로 지나치게 쇠한 경우이므로 그렇게 하지 않고 차라리 더 극하여 종을 시키는 것이 자연스럽다. 화(火)운을 기뻐한다. 정확하게는 목화(木火)운이 매우 반갑다.

④ 일간이 극쇠한 경우

극쇠(極衰)는 태쇠보다 더욱 쇠하여 그 정도가 극에 이르러 더 이상 쇠할래야 쇠할 수 없는 상태를 말한다. 이 경우는 극하여 힘을 빼는 것보다 설기시키는 것이 자연스러울 때가 많다. 이 사주에서는 목(木)이 극쇠하다. 화(火)운을 기뻐한다. 정확하게는 화토(火土)운이 매우 반갑다.

05 통관용신

　사주에서 두 세력이 서로 치고받고 다툴 때에는 이를 소통시켜줄 필요가 있다. 이렇게 해줄 수 있는 글자(천간 · 지지 · 지장간)가 통관용신이다. 통관용신이 통관이란 방법으로 억부를 부드럽게 조정해 준다.

예①

　화극금(火剋金)의 관계로 이루어져 있는데 기(己)토가 이를 소통시켜주니 기(己)토가 통관용신이다.

시	일	월	연
乙	乙	乙	乙
酉	酉	酉	亥

○ ○ ○ ○ ○ ○ ○
○ ○ ○ ○ ○ ○ ○

금극목(金剋木)의 관계로 이루어져 있는데 해(亥)수가 이를 소통시켜주니 해(亥)수가 통관용신이다.

06 병약용신

사주의 병과 용신의 병을 다스릴 수 있는 자가 약신(藥神)으로, 약신이 곧 병약용신이다.

병약용신과 관련해서 전해 내려오는 다음과 같은 내용이 있다. "병이 있어도 약이 있으면 귀하게 될 것이다. 그러나 병만 있고 약이 없으면 흉하다고 할 수 있다. 병도 없고 약도 없으면 그저 평범한 사주일 뿐이다."

1) 사주의 병

　사주의 병이란 사주를 길격(吉格)으로 구성하는 데 방해되는 자이다. 한의학계에서는 오운육기법(五運六氣法)으로 병을 다스린다. 오운은 다섯 개의 천간합이고 육기는 여섯 개의 지충이다. 태과(太過)나 불급(不及)은 병이다. 다시 말해 남아돌아도 병이요, 모자라도 병이다. 사주에 어느 오행이 너무 많아 문제가 되면, 강약이란 관점에서 조정이 필요한 오행으로 보아 이를 억부용신으로 다룰 수 있고, 태과란 관점에서 사주의 병으로 보아 이를 병약용신으로 다룰 수 있다.

예❶

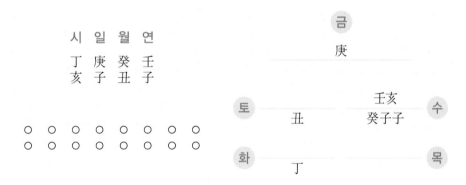

　이 사주는 종아격이다. 그러나 시간의 정(丁)화 때문에 이 사주를 순수한 종아격이라 말할 수 없다. 정(丁)화가 병이다. 임(壬)과 정(丁)이 어우러져 천간합을 이루므로 임(壬)수가 약이나 사주명식에서는 임(壬)수가 연간에 있으므로 그 역할을 할 수 없다. 그러므로 임(壬)운을 기다려야 한다.

예❷

시	일	월	연
癸	己	庚	戊
酉	酉	申	辰

이 사주를 토생금(土生金) 금생수(金生水)의 순리대로 보지 않고 금(金)이 너무 많아 신약한 것이 문제라고 본다면, 금다(金多)가 병이므로 화(火)가 약인데 약이 없다. 다시 말해 종하는 사주가 아니라면 인성이 약인 것이다.

2) 용신의 병

용신의 병이란 용신에 해를 끼치는 자이다.

예❶

시	일	월	연
辛	戊	己	戊
酉	午	未	申

이 사주는 신왕하다. 그래서 금(金)이 용신이다. 그런데 일지의 오(午)화가 이를 극하므로 병이다. 수(水)가 약이나 사주명식에서는 수(水)가 나타나 있지 않다. 그러므로 수(水)운을 기다려야 한다.

📚 예❷

```
시  일  월  연
戊  甲  庚  戊
辰  寅  申  午

○  ○  ○  ○  ○  ○  ○  ○
○  ○  ○  ○  ○  ○  ○  ○
```

이 사주는 신약하다. 그래서 일지의 인(寅)목이 용신이다. 그런데 월지의 신(申)금이 이를 충하므로 병이다. 다행히 연지의 오(午)화가 월지의 신(申)금을 극해주니 이 오(午)화를 약으로 사용할 수 있다. 그러나 만약 수(水)가 월간에 나타나 있었더라면 금(金)의 기운을 설해서 일간을 도와주는 일석이조의 좋은 역할을 했을 텐데 못내 아쉽다.

07 용신불명

사주에서 어느 것이 용신인지 뚜렷하지 않은 경우, 즉 용신불명(用神不明)의 경우가 있다.

📖 예❶

```
시  일  월  연
甲  甲  丙  壬
戌  午  午  申

○ ○ ○ ○ ○ ○ ○ ○
○ ○ ○ ○ ○ ○ ○ ○
```

사주에 화(火)가 치열하다. 오(午)월에 다시 오술(午戌)이 있고 병(丙)화가 있다. 일간인 갑(甲)목이 수(水)를 갈망한다. 다행히 연간의 임(壬)수가 연지의 신(申)금의 도움을 받고 있어 기쁘다. 그러나 연주인 임신(壬申)은 일간으로부터 거리가 멀고 월주인 병오(丙午)의 불기둥에 차단되어 증발될 지경이다. 월지의 오(午)화는 연지의 신(申)금을 극하고 월간의 병(丙)화는 연간의 임(壬)수를 가로막고 있다. 그래서 일간인 갑(甲)목은 수(水)의 도움을 받기가 어렵다. 그렇다고 좋하는 사주도 아니니 이것도 저것도 아니다. 이 사람은 평생 하는 일마다 이루어지는 것이 없었고, 수(水)운을 만나서도 발복하지 못했다.

예❷

시	일	월	연
丙	壬	壬	壬
午	子	子	子

사주에 수(水)의 세력이 엄청나게 거세다. 수(水)를 제압해줄 수 있는 토(土)도 없고 수(水)를 설해줄 수 있는 목(木)도 없다. 사주 중에 쓸 만한 것이 없다. 할 수 없이 추운 겨울철임을 감안하여 화(火)를 용신으로 삼아본다. 그러나 병(丙)화·오(午)화는 수(水)의 엄청나게 거센 세력을 도저히 감당할 수 없고, 자오(子午)충까지 이루어져 꺼져가는 등불 형국이다. 이 사주의 주인공은 걸인이었다.

예❸

시	일	월	연
癸	乙	己	庚
未	亥	卯	寅

묘(卯)월로서 해묘미(亥卯未) 목(木局)을 이룬데다 인(寅)목이 인묘(寅卯)로 유

사 동방합까지 하고 있으며, 계(癸)까지 있어 목(木)의 세력이 엄청나다. 천간에 재성인 기(己)토와 관성인 경(庚)금이 있어 이것들을 용신으로 쓸 수 있는지 생각해볼 수 있다. 그러나 어림도 없다. 월간의 기(己)토는 월지의 묘(卯)목으로로부터 얻어맞아 정신이 없고, 연간의 경(庚)금은 왕목(旺木)에 목다금결(木多金缺)이 되어 있다. 차라리 토(土)와 금(金)이 없다면 목(木)의 세력으로 순수하게 이루어져 좋은 재목이 될 것이다. 이 사주는 재성을 용신으로 할 수도 없고 관성을 용신으로 할 수도 없다. 이 사주의 주인공은 평생 성취하는 일이 없었고, 가난에 시달리다가 나중에는 머리를 깎고 중이 되었다.

사주학에서는 용신 이외에 희신(喜神)·기신(忌神)·구신(仇神)·한신(閑神) 등의 용어를 사용한다. 희신은 용신한테 길(吉) 작용을 하는 것이고, 기신은 용신한테 흉(凶) 작용을 하는 것이며, 구신은 희신한테 흉 작용을 하는 것이다. 그리고 한신은 그 자체로는 길흉 작용이 미약하지만, 경우에 따라서 합충극(合沖剋) 등을 이루어 제법 그 작용을 나타내는 것을 말한다.

예를 들어보자. 사주에서 정(丁)화가 용신이면 목(木)이 희신, 수(水)가 기신, 금(金)이 구신이라고 할 수 있다. 이때 사주에 있는 기(己)토는 여러 작용 중에서 기신인 수(水)를 극하는 길 작용과 구신인 금(金)을 생하는 흉 작용을 함께 하여 그 자체로서는 길흉 작용이 미약하다. 그러나 계(癸)운에는 기(己)토가 계(癸)수를 무찔러서 용신인 정(丁)화를 살려내고, 갑(甲)운에는 기(己)토가 희신인 갑(甲)목을 묶어버려 이랬다저랬다 하므로 이른바 한신이 된다.

용신의 인성뿐만 아니라, 용신의 식상도 용신한테 길 작용을 하면 희신이 될 수 있다.

용신과 희신을 명확하게 구별할 수 없는 경우가 있다. 이 경우에는 '희용신(喜用神)'이란 용어를 사용할 수 있다. 그러니까 희용신이란 용신과 희신을 한데 묶어서 이르는 말이다.

사주의 용신은 정적인 개념이므로 이를 행운과 결부시켜 동적으로 파악할 필요가 있다. 사주의 용신은 절대적인 존재가 아니다.

📖 사주 풀이 : 청나라 임철초는 이 사주를 다음과 같이 풀이했다.

시	일	월	연
壬	甲	壬	壬
申	寅	寅	寅

庚	己	戊	丁	丙	乙	甲	癸
戌	酉	申	未	午	巳	辰	卯

• 용신 : 인(寅)목 속의 병(丙)화이다.

• 이론 전개

인(寅)월의 갑(甲)목이 지지에서 비견을 거듭 만나고 신(申)시생이어서 시의 살(殺)이 청하게 머물러 있는 것처럼 보이나 그렇지가 않다. 왜냐하면 목(木)이 왕하여 금(金)이 부서지기 때문이다. 이 사주는 화(火)를 필요로 한다. 그러나 인(寅)목 속의 병(丙)화가 천간의 세 임(壬)수 때문에 기를 펴지 못하고 있다.

• 길흉 판단

- 을사(乙巳)대운에는 좋았다. 용신이 시지의 신(申)금이라면 사(巳)화가 이 신(申)금을 극하고 사주와 대운이 인사신(寅巳申)의 삼형(三刑)을 이루어 좋았을 리가 없다. 그러니 이 사주의 용신은 인(寅)목 속의 병(丙)화이다. 대운의 지지가 사주의 지지와 어긋나거나 대운의 천간이 사주의 천간과 어긋나면 파란이 생긴다. 따라서 이 사주는 대운의 지지가 화(火)이면 좋으나 대운의 천간이 화(火)이면 좋지 않다. 이 사주를 잘 살펴보라.

- 병(丙)운에 이르러 병(丙)화가 세 임(壬)수로부터 극을 받아 가업이 모두 망하고 무자(無子)로 요절했다. 대체로 보아서 수목(水木)이 함께 왕하고 토(土)가 없는 경우에는 화(火)운을 가장 꺼린다.

📖 사주 풀이 : 우리나라의 이석영은 이 사주를 다음과 같이 풀이했다.

시 일 월 연
丁 丙 甲 丙
酉 戌 午 午

壬 辛 庚 己 戊 丁 丙 乙
寅 丑 子 亥 戌 酉 申 未

• 용신 : 시지의 유(酉)금이다.

• 이론 전개

일간이 비겁 위주로 신왕하면 극설해 주는 방법을 택한다. 그러므로 이 경우에는 극하는 관살이나 설하는 식상 또는 재성이 용신이다. 재성은 관살이 극하는 것을 돕거나 식상이 설하는 것을 돕는다. 이 사주는 일간이 비겁 위주로 신왕하므로 수(水)·토(土)·금(金) 중에서 용신을 가려야 한다. 그러나 수(水)는 없다. 따라서 토(土)·금(金) 즉 술(戌)토·유(酉)금이 대상이다. 이 사주의 용신은 유(酉)금이다. 왜냐하면 유(酉)금이 유술(酉戌)의 준(準) 금국(金局)을 이루어 술(戌)이 설하는 것을 돕기 때문이다. 다시 말해 이 사주는 화(火) → 토(土) → 금(金)으로 화(火)의 세력을 길게 설하는 것을 기뻐한다.

군비쟁재(群比爭財)·군겁쟁재(群劫爭財)란 많은 비겁들이 재성을 서로 차지하려고 다툰다는 말이다. 이 사주는 화(火)가 많아 금(金)이 위협을 받고 있으므로 군비쟁재·군겁쟁재이다. 토금(土金)운은 좋다. 수(水)운은 어떨까? 이 사주는 화(火)가 병(病)이고 수(水)가 약(藥)이므로 수(水)운을 기뻐한다.

- **길흉 판단**

- 일찍이 신(申)·유(酉) 운에 재계에서 입신하였다.

- 무술(戊戌)대운과 기해(己亥)대운의 20년 동안 행복한 생활을 누렸다. 참고로 중년인 술(戌)운의 경인(庚寅)년에는 인오술(寅午戌)의 화국(火局)으로 말미암아 자살을 기도한 바 있다.

- 경자(庚子)대운은 금수(金水)운이니 좋을까? 경(庚)운에는 안일한 생활을 하였다. 그러나 자(子)운에 사망했다. 자(子)운은 수(水)운이라 길할 것 같지만 사주의 오(午)와 충이므로 불안스럽다. 임자(壬子)년은 대운과 연운의 자(子)가 합세하여 사주의 강렬한 오(午)화를 충하므로 그 성패를 따라 희비가 정반대로 갈라진다. 자(子)운의 임자(壬子)년에 사망했다.

위의 임철초와 이석영의 사주 풀이에서 보는 것처럼 용신운이라고 해서 무조건 다 좋은 것은 아니다.

사주가 예를 들어 목(木)운이 좋다고 해도, 천간으로 오는 갑(甲)운과 을(乙)운이 다르고, 지지로 오는 인(寅)운과 묘(卯)운이 다르기 때문에, 어느 운이 좋고 나쁜지 판단할 수 있는 혜안을 가져야 한다. 사실 사주학을 연구하다 보면 사주 간명의 비결은 바로 여기에 있는 것 같다.

사주명식의 천간에 용신이 있으면 이것이 통근할 수 있는 지지운이 매우 기쁘고, 사주명식의 지장간에 용신이 있으면 이것이 투출할 수 있는 천간운이 매우 기쁘다. 사주명식의 천간에 있는 용신이 통근하고 있으면 용신운이 간지의 어디로 오든 기쁘다.

합이나 충을 이루는 운은 잘 살펴야 한다. 최소한 다음 3단계의 고찰이 필요하다.

① 합이나 충을 이루는 그 간지 자체에서는 어떠한 변화가 일어나는가. 예를 들어 갑기(甲己)합, 자오(子午)충 등의 경우 그 간지 자체에서는 어떠한 변화가 일어나는가.

② 합은 충을 풀고 충은 합을 푼다. 예를 들어, 자(子)운은 사주명식의 지지에 있는 축미(丑未)충을 풀고, 자(子)운은 사주명식의 지지에 있는 오미(午未)합을 푼다. 이때 사주명식에 있는 충이나 합이 풀려서 어떠한 변화가 일어나는가.

③ 위의 ①과 ②로 말미암아 천간은 지지에 어떠한 영향을 미치며 지지는 천간에 어떠한 영향을 미치는가. 예를 들어 사주명식의 천간에 있는 갑(甲)이 기(己)운을 맞이하여 갑기(甲己)합을 이루면 갑(甲)의 지지인 진(辰)에게는 어떠한 변화가 일어나며, 사주명식의 지지에 있는 자(子)가 오(午)운을 맞이하여 자오(子午)충을 이루면 자(子)의 천간인 임(壬)에게는 어떠한 변화가 일어나는가. 특히 천간과 지지의 통근관계가 단절되면 큰 변화가 일어날 것이다.

사주는 반드시 행운과 결부시켜 동적으로 파악해야 한다. 잘 헤아려서 용신에 얽매이지 않는 참신한 경지로 나아가길 바란다.

성격 판단

01 총설

사주를 보면 그 사람의 성격을 추리해낼 수 있다. 그러므로 사주에 객관적으로 나타난 자신의 성격을 파악하여 수신(修身)에 힘써야 한다. 나아가 타인의 성격을 잘 헤아려서 처세에 도움이 되도록 활용할 수 있다.

성격 판단은 사주를 종합적으로 해석할 때 제대로 이루어진다. 사주팔자를 통해 선천적인 성격을 파악한 후, 운의 흐름에 따른 후천적인 성격을 추리한다. 사주에서 오행이 중화되고 순수하면 성격이 원만하고 온후하지만, 오행이 편중되고 혼탁하면 성격 역시 비뚤어지고 비굴하며 걸핏하면 성질을 부린다. 사주에 금(金)·수(水)의 기가 강하면 이성적이고 차가운 면이 많고, 반대로 목(木)·화(火)의 기가 강하면 감성적이고 들뜬 면이 많다. 신강한 사주는 독립형이고 신약한 사주는 의존형이니 대통령의 사주가 지나치게 신강하면 독재자가 될 것이고, 반대로 지나치게 신약하면 비서실장에게 많이 의지할 것이다. 만약 노사분쟁이 있는데 노조위원장의 사주가 종재격이라면 이 사람과 경영주의 단독회담은 미덥지 못하므로 노조의 대의원들이 동석하는 합동회담으로 사태를 해결해야 한다.

사주를 종합적으로 해석할 때는 모든 자료가 동원된다. 우선 음양의 분포도에 따라 음이 강하면 소극적인 면이 강하고, 양이 강하면 적극적인 면이 강하다.

오행 중에서 목(木)은 인(仁), 화(火)는 예(禮), 토(土)는 신(信), 금(金)은 의(義), 수(水)는 지(智)인데 그 왕쇠강약에 따라 내용이 달라진다. 예를 들어 목(木)이 중화를 이루고 있으면 어진 성품이 바르게 나타나지만, 태과(太過)이면 목다화식(木多火熄), 목다토경(木多土傾), 목다금결(木多金缺), 목다수축(木多水縮) 같은 부작용이 문제이며, 불급(不及)이면 너무 여린 형상이라 진취적으로 뻗어나가는 기상이 미약해서 문제가 된다. 다른 오행의 경우도 이와 같이 추리해 나가면 된다.

합다유정(合多有情)이면 지나친 사교성이 문제가 될 것이고, 충다유전(沖多有戰)이면 투쟁적인 성격으로 인해 좋은 의미로 보아도 운동선수로서 쉴 틈이 없을 것이라고 해석할 수 있다. 또한 양인이 지나치면 독한 성격일 것이고, 괴강이 이루어져 있으면 자립정신이 강할 것이다. 12운 중에서 목욕운에는 이성을 상대할 일이 많을 것이다. 그래서 그해에 남성의 연운이 정재와 편재의 혼잡을 이루고, 여성의 연운이 정관과 편관의 혼잡을 이루면 남녀 모두 음란한 마음을 경계해야 하는데, 특히 합까지 이어지면 더욱 조심해야 한다.

필자가 신생아들의 작명을 위해 매일같이 그들의 사주를 접하면서 살펴보니, 사주란 바로 그들이 태어난 시점의 기후 그 자체였다. 그러므로 사주에서는 월지와 일간, 그리고 시지가 핵을 이룬다고 할 수 있다. 이것들이 기후를 거의 결정하기 때문이다. 사주를 하나의 계란에 비유하면 이것들이 바로 노른자위이다. 눈을 감고 생각해보라. 기후를 결정하는 것은 월간이 아닌 월지고, 일지가 아닌 일간이며, 시간이 아닌 시지다. 그래서 사주로 사람의 주된 성격을 판단할 때에는 이것들의 중요성을 고려해야 한다. 특히 월지가 중요하므로 월지의 통변성을 가지고 성격을 판단해도 된다. 이 경우에는 월지의 정기에만 비중을 두지 말고 월령을 밝혀서 그것으로 판단하는 것이 더 정확하다는 것을 주의해야 한다. 필자는 많은 실례에서 이를 깊이 체험하였다. 그러나 월지가 전부는 아니다. 월지가 연지와 일지로부터 강한 충을 당하고 사주 전체에 다른 강한 세력이 형성되었을 때에는 그에 따라 판단해야 한다. 하지만 그런 경우에도 월지의 통변성을 고려하여 판단해야 한다. 사람의 성격은 복합적일 수 있기 때문이다.

02 단편적인 이론들

성격 판단에 관한 단편적인 이론들이 많다. 이 이론들을 소개하면 다음과 같이 그 내용이 다양하다.

- 일간이 갑(甲)인 경우 : 어디 가나 우두머리이다. 나서기 좋아한다.
- 일간이 을(乙)인 경우 : 부드럽고 친절하다. 바람을 좀 탄다.
- 일간이 병(丙)인 경우 : 밝고 화끈하다. 불같으나 뒤끝은 없다.
- 일간이 정(丁)인 경우 : 따뜻하고 부드럽다. 밤에 활동한다.
- 일간이 무(戊)인 경우 : 산처럼 듬직하다. 무뚝뚝하다.
- 일간이 기(己)인 경우 : 엄마처럼 포근하다. 꼼꼼하다.

- 일간이 경(庚)인 경우 : 장군감이고 카리스마가 있다. 너무 완벽을 추구하나 정에 약하다.
- 일간이 신(辛)인 경우 : 깔끔하고 확실하다. 톡 쏘는 기질이 있다.
- 일간이 임(壬)인 경우 : 지혜가 깊다. 화나면 무섭다.
- 일간이 계(癸)인 경우 : 눈물이 있다. 생각이 변한다.

- 일지가 장생(長生)인 경우 : 온화하고 선량하다. 영도자보다는 보좌인으로 적합하다.
- 일지가 목욕(沐浴)인 경우 : 옛것을 싫어하고 새것을 좋아한다. 주관이 뚜렷하지 않다.
- 일지가 관대(冠帶)인 경우 : 지기를 싫어하고 명예심이 강하다. 권모술수를 부린다.
- 일지가 건록(建祿)인 경우 : 공명정대하다. 고생을 거쳐 출세한다.
- 일지가 제왕(帝旺)인 경우 : 닭의 머리가 될지언정 소의 꼬리가 되기를 싫어한다. 욕망이 너무 크다.
- 일지가 쇠(衰)인 경우 : 보수적이고 편히 지내기를 바란다. 결단력이 부족하다.
- 일지가 병(病)인 경우 : 신체 및 정신이 비교적 약하다. 부모와 인연이 없는 편이다.
- 일지가 사(死)인 경우 : 번뇌와 망상이 심하다. 부부가 해로하기 어려울 수 있다.

- 일지가 묘(墓)인 경우 : 겉치레를 하지 않고 내성적이다. 돈을 모아 두는 버릇 때문에 구두쇠로 통할 수 있다.
- 일지가 절(絶)인 경우 : 묵은 것을 떠나 새로운 것을 향한다. 시작은 있으나 결실이 없다.
- 일지가 태(胎)인 경우 : 호기심과 연구심이 강하다. 옛정을 잊어버린다.
- 일지가 양(養)인 경우 : 부지런하고 온후하다. 너무 착실하다는 소리를 들을 수 있다.

- 쥐띠인 경우 : 약삭빠르다. 동네 소식에 밝다.
- 소띠인 경우 : 자신에게 엄격하다. 은근히 말이 많은 편이다.
- 범띠인 경우 : 용맹스럽다. 사는 것이 좀 외롭다.
- 토끼띠인 경우 : 예민하다. 좀 급하다.
- 용띠인 경우 : 꿈이 있다. 변화를 일으킨다.
- 뱀띠인 경우 : 영민하다. 변신한다.
- 말띠인 경우 : 정력적이다. 잘 돌아다닌다.
- 양띠인 경우 : 유순하다. 고집이 있다.
- 원숭이띠인 경우 : 영리하다. 재주를 부린다.
- 닭띠인 경우 : 남 좋은 일 많이 한다. 실속이 없다.
- 개띠인 경우 : 충성심이 강하다. 잘 싸운다.
- 돼지띠인 경우 : 진실하다. 단순하다.

사주 간명은 우선 사주 전체의 구조를 거시적인 안목으로 살핀 다음에 세부적인 사항으로 옮겨 가야 한다.

앞의 총설에서도 설명했지만 사주의 노른자위는 월지, 일간, 그리고 시지다. 그러므로 사주를 통해 사람의 성격을 판단할 때에는 월지 · 일간 · 시지의 중요성을 고려해야 한다. 특히 월지가 중요한데 이때는 월령을 밝혀야 한다. 그러나 월지가 전부는 아니고, 사주 전체의 구성에서 월지와 별도로 다른 강한 세력이 형성될 수 있다. 예를 들어 월지의 통변성은 인수이지만, 사주 전체의 구성상 월지와는 별도로 정관이 강한 세력을 형성하는 경우이다. 이때에는 인수와 정관이 사주 당사자의 복합적인 성격을 이룬다.

여기에서는 통변성에 따른 성격 판단 방법을 설명하고자 한다. 사주 당사자에게 구체적으로 설명할 필요가 있을 때는 부담스럽지 않은 가벼운 것에서 시작하고, 부담스러운 설명은 앞으로 그럴 가능성을 조심하도록 일러주는 정도면 무난할 것이다.

1) 비견

- 의지가 강하다.
- 자존심이 강하다.
- 독립심이 강하다.
- 남에게 지기 싫어한다.
- 새로운 것을 잘 시작한다.
- 파당(派黨)을 잘 만들고 반항심이 강하다.

2) 겁재

- 자만심이 강하다.
- 솔직하고 허식이 없는 편이지만 지나치게 자기중심적으로 생각한다.
- 겉과 달리 마음속으로는 딴생각을 하는 경우가 많다.
- 손재가 많아서 작은 이익을 얻고 큰 손해를 본다.
- 남녀 모두 배우자를 극함이 강하다.

3) 식신

- 온후하고 공경심이 있다.
- 명랑하고 쾌활하다.
- 음식을 잘 만들고 식음(食飮)·가무와 인연이 있다.
- 태과(太過)하면 고집이 세고 매사에 이론적이다.
- 식신이 편관을 극함이 태과하면 무능력자가 된다.
- 식신이 불급(不及)하면 심신이 안정되지 못하고 침착성이 없다.

4) 상관

- 총명하고 영리하다.
- 아는 것이 많고 다재다능하며 선견지명이 있다.
- 비밀을 간직하지 못하고 잘 털어놓는다.
- 의협심이 있어서 강한 자에게는 반항하고 약한 자는 잘 보살핀다.
- 세상에서 자기가 가장 잘났다고 생각한다.
- 말을 잘하며 자신의 주장을 관철시키는 강한 면이 있다.
- 양인이 있는 경우에는 차원 높은 모의와 간사한 계략을 꾸미는 데 능란하다.

5) 편재

- 활동적이고 잘 돌아다닌다.
- 빈틈이 없고 요령과 기교가 있다.
- 돈벌이에 억척같다. 그러면서도 필요한 일에는 돈을 잘 쓸 줄 안다(기부 등).
- 남의 일을 내 일같이 잘 돌봐준다.
- 때때로 잘잘못을 따지기 좋아한다.
- 투기, 요행 등을 바라는 한탕주의 성격이 강하다.

6) 정재

- 정직하고 성실하다.
- 세밀하고 근검 · 절약 정신이 강하다.
- 때로는 인색하고 구두쇠 같다는 소리를 듣는다.
- 신약한데 정재가 태과하면 지적으로 좀 모자란다.

7) 편관

- 의협심이 강하다.
- 남을 먼저 생각하고 그릇이 크다.
- 모험심이 강하고 특이한 사상을 따른다.
- 총명하며 과단성이 있고 기회를 잘 포착한다.
- 비교적 단순하여 복잡하게 생각하지 않는다.
- 남에게 지기 싫어하고 반드시 이기려고 한다.
- 편관이 많고 제화(制化)가 없으면 사기꾼처럼 허풍이 세다.
- 신약한데 편관은 강한 경우에 친지에게 의지하려는 마음이 크다.
- 식신으로부터 극을 받음이 과다하면 무능하다.

8) 정관

- 정직하고 총명하며, 준수하고 온후하며, 독실하다.
- 지성적이고 인자하며 관대한 군자형이다.
- 평화를 좋아한다.
- 정관이 태과하면 무계획적이고 산만하여 끝을 맺기가 어렵다. 때로는 고집이 세고 공격적으로 변한다.
- 여성의 사주에 정관이 많으면 남편에 대하여 두 가지 마음이 생긴다.
- 정관격이 파격(破格)이 되든지 생기가 없으면 우둔하고 무능하다.

9) 편인

- 눈치가 빠르고 요령이 있어서 임기응변의 기회를 잘 잡는다.
- 명랑하고 다방면에 재능을 발휘한다.
- 진실한 사랑을 그리워한다. 만인 속의 고독이다.
- 처음에는 민첩하지만 끝에는 태만한 경향이 있다.
- 편인격이 왕(旺)하면 계략과 모의가 교묘하지만 일관성이 부족하다.
- 예측불허의 기질이 있어서 종잡기 어려울 때가 있다. 직업에 대해서도 2개 이상에 관심을 갖는 경향이 있다.

10) 인수

- 총명하고 단정하며 마음이 너그럽다.
- 지혜롭고 인자하다.
- 재물에 대해서 큰 관심이 없다.
- 여성의 경우에는 현모양처이다.
- 인수격인 사람은 이상주의자로 안 되는 일도 무리해서 한다.
- 이기적인 면이 강하다.

건강 판단

01 총설

사주를 보고 그 사람의 건강을 추리해낼 수 있다. 그러므로 사주는 개인의 건강을 나타내는 하나의 지표라고 할 수 있다. 하지만 오늘날은 첨단의학시대이므로 사주를 가지고 건강을 논하는 데는 한계가 있다.

건강 판단은 사주를 종합적으로 해석할 때 제대로 이루어진다. 사주팔자를 통해 선천적인 건강을 파악한 후, 운의 흐름에 따른 후천적인 건강을 추리한다. 사주에서 오행이 중화되고 순수하면 성격이 원만하고 온후하므로 건강하지만, 오행이 편중되고 혼탁하면 성격이 비뚤어지고 비굴하며 걸핏하면 성질을 부리므로 건강하지 못하다. 정신과 육체는 서로 밀접한 연관성이 있다. 특정 오행이 태과하면 그 오행에 속하는 장부가 실증(實症)을 일으키고, 불급이면 허증(虛症)을 일으킨다. 남아돌아도 병이요, 모자라도 병이다. 실(實)과 허(虛), 허와 실은 서로 통한다.

음(陰)과 양(陽)은 표리의 관계인데 조화를 이루어야 한다. 금수(金水)는 음이고, 목화(木火)는 양이며, 토(土)에도 음양이 있다. 금수(金水)가 많으면 외음내양(外陰內陽)이요, 목화(木火)가 많으면 외양내음(外陽內陰)이다.

사주가 신왕 또는 신강하면 정신과 육체가 건강하지만, 신약하면 정신과 육체가 나약하다. 사주의 오행이 상하좌우로 상극ㆍ상충하거나 지지에 기신(忌神)이 깊이 박혀 있으면 일생 동안 재난과 질병이 따른다.

특별 격국에 속하는 사주일 때는 그 기세에 순응하여 유통시켜야 한다. 용신운이 왔을 때는 건강하고 희신운이 왔을 때도 그러하다고 본다.

칠살이 강하여 양인에 의지하는 사주에서는 양인이 충을 당하면 흉사(凶死)할 수 있고, 도화가 칠살이나 양인과 같은 사주기둥에 있으면서 충이 되는 사주에서는 이를 해소하지 못할 경우에 이성문제로 화를 당할 수 있다. 또한 역마가 충을 이루는 사주에서는 이를 해소하지 못할 경우에 교통사고를 당할 수 있다. 사주ㆍ대운ㆍ연운이 결합하여 삼형을 이루면 재앙이 따른다.

한의학은 인간도 하나의 소우주라고 전제하면서 인체의 각 부위를 음양과 오행으로 나누어 판단한다. 즉 전해 내려오는 유력한 학설에 따르면, 인체의 오장과 육부는 각각 음과 양에 해당하고, 간과 담은 목(木), 심장과 소장은 화(火), 위장과 비장은 토(土), 폐와 대장은 금(金), 신장과 방광은 수(水)이다. 이때 간은 피가 집결되어 있으니 확장작용을 하려는 성질이 있어서 목(木)이고, 폐는 조직이 퍼져 있으니 수축작용을 하려는 성질이 있어서 금(金)이라는 것이다.

그리고 한의학은 인체의 각 부위는 상생작용과 상극작용을 한다고 설명한다. 화를 잘 내는 사람은 화극금(火剋金)하여 폐와 대장을 상하게 하고, 대담한 사람은 목극토(木剋土)하여 위장과 비장을 상하게 하며, 내성적인 사람은 수극화(水剋火)하여 심장과 소장을 상하게 한다는 것이다.

음양오행과 건강의 관계에 대해 간단하게 정리하면 다음과 같다.

① 사주에 목(木)이 지나치게 많으면 간염·간경화·담석증·관절통 등이 따르고 발목을 잘 삔다.

② 사주에 목(木)이 부족하면 약시·색맹·현기증·간질·생리불순 등이 따른다.

③ 사주에 화(火)가 지나치게 많으면 몸에 열이 많으며, 변비·고혈압·협심증·심장판막증·당뇨·류머티즘 등이 따른다.

④ 사주에 화(火)가 부족하면 가슴이 두근거리며 잘 놀라고, 목덜미가 뻐근하며, 저혈압·자궁냉증 등이 따른다.

⑤ 사주에 토(土)가 지나치게 많으면 위궤양·위암·췌장암·맹장염·화농성 질환 등이 따른다.

⑥ 사주에 토(土)가 부족하면 복통·소화불량·위경련·위산과다 등이 따르고, 살이 심하게 찌거나 빠진다.

⑦ 사주에 금(金)이 지나치게 많으면 기관지 질환·편두통·콧병·장염·치통·무릎관절통 등이 따른다.

⑧ 사주에 금(金)이 부족하면 폐결핵·치질·신경과민 등이 따른다.

⑨ 사주에 수(水)가 지나치게 많으면 신장염·방광염·요도염·디스크·자궁 냉증 등이 따른다.

⑩ 사주에 수(水)가 부족하면 신경통·중풍·생식기 염증 등이 따르고, 소변을 자주 보거나 정력이 감퇴한다.

여기에 음양을 정밀하게 구분하여 상극작용과 상충작용까지 고려하면 더욱 정확하게 건강을 판단할 수 있다. 한의학계에서는 음양오행학적 측면에서 오운육기법(五運六氣法)을 활용하고 있다.

건강 판단을 정확하게 하기 위해서는 수다목부(水多木浮)·목다화식(木多火熄)·화다목분(火多木焚)·토다목절(土多木折)·금다목단(金多木斷) 등의 오행의 생극제화 원리를 잘 알고 있어야 한다. 그리고 목(木)·화(火)·토(土)·금(金)·수(水) 등 오행에 대한 깊이 있는 연구를 지속해 나가야 한다.

02 단편적인 이론들

건강 판단에 관한 단편적인 이론들이 많다. 이 이론들을 소개하면 다음과 같이 그 내용이 다양하다.

- 10간으로 인해 발생하는 병은 육부와 관계가 있고, 12지지로 인해 발생하는 병은 오장과 관계가 있다.
- 병정사오(丙丁巳午)의 화(火)는 남방의 이(離)에 속하니 그 병이 상체에 있고, 임계해자(壬癸亥子)의 수(水)는 북방의 감(坎)에 속하니 그 병이 하체에 있다.

- 갑을인묘(甲乙寅卯)의 목(木)은 동방의 진(震)에 속하니 그 병이 왼쪽에 있고, 경신신유(庚辛申酉)의 금(金)은 서방의 태(兌)에 속하니 그 병이 오른쪽에 있다.

- 무기진술축미(戊己辰戌丑未)의 토(土)는 중앙에 속하니 그 병이 지라·위·배에 있다.

- 간과 관련된 병은 갑을인묘(甲乙寅卯)의 목(木)이 상해를 입음으로써 발생하고, 심장과 관련된 병은 병정사오(丙丁巳午)의 화(火)가 상해를 입음으로써 발생하며, 지라·위와 관련된 병은 무기진술축미(戊己辰戌丑未)의 토(土)가 상해를 입음으로써 발생하고, 폐와 관련된 병은 경신신유(庚辛申酉)의 금(金)이 상해를 입음으로써 발생하며, 콩팥과 관련된 병은 임계해자(壬癸亥子)의 수(水)가 상해를 입음으로써 발생한다.

- 무릇 오행은 사절(死絶)의 12운성을 만나면 질병이 생기는데, 수(水)가 사절되면 콩팥에 병이 생기고, 화(火)가 사절되면 정신불안·놀람증·건망증 등의 병이 생기며, 목(木)이 사절되면 중풍·안질·현기증·근육경련·손톱 및 발톱의 부스러짐 등이 생기고, 금(金)이 사절되면 천식·해소·모피건조증·관절염·설사·변비 등이 생기며, 토(土)가 사절되면 얼굴이 누렇게 변하고 식욕감퇴·사지무력·눕고 싶고 졸리는 것·잡념·귀울림·건망증·움직이기 싫음 등의 병이 생긴다.

- 인간은 장부와 경락을 모두 구비했지만 사주나 운에서 오행이 완전히 갖추어지지 않은 경우도 많다. 그러므로 어떤 오행이 없으니 어떤 병이 있다고 한다면 그 병이 무엇인지 정확하게 알 수 없다. 중요한 것은 일간·격국·용신을 살펴서 중화되거나 또는 평순(平順)하거나 건(健)하면 모두 질병이 없는 명이라고 보아야 한다.

- 목(木)이 금(金)에게 극을 받으면 근육통 및 관절통이고, 눈이 어두운 것은 화(火)가 수(水)의 극을 받았기 때문이다.

- 사주가 냉하면 냉병이고, 한습하면 호흡기 질환이며, 난조하면 피부병 및 열병이다.
- 사주에 금수(金水)가 많으면 소변이 잦고 목화(木火)가 많으면 변비증·당뇨병이다.

03 방법

현존하는 가장 오래된 한의학 서적은 『황제내경(黃帝內經)』이다. 저자는 분명하지 않지만, 전설적인 인물인 황제(黃帝)가 6명의 명의와 의학에 대해 토론한 내용을 싣고 있다. 「소문(素問)」 81편과 「영추(靈樞)」 81편으로 이루어져 있고 모두 162편이다. 음양오행 이론에 바탕을 두고 있는데, 오장육부와 경락(經絡)을 통한 기혈(氣血)의 순행으로 생명활동을 유지해 나간다는 기본 이론에서 질병 설명·진단 방법·치료 원칙·양생(養生)·해부·생리·경락·침구(針灸) 등에 이르기까지 다양한 내용을 아우르고 있다. 특히 기본 이론은 당시까지의 의학 이론에 대한 총결산일 뿐만 아니라 지금까지도 한의학 이론의 뿌리가 되므로 한의학도들에게는 으뜸가는 필독서이다. 저작 연대가 확실하지는 않지만 전국(戰國, B.C.475~B.C.221)에서 진한(秦漢, B.C.221~A.D.220) 사이로 추정된다. 고대 중국의 원시적인 경험의술이 체계적인 임상의학으로 발전한 시기를 춘추전국 시대인 약 2,200년 전으로 추정하는데, 한의학 최고(最古)의 원전인 『황제내경』이 음양오행 이론에 입각한 철학적인 논리를 바탕으로 독특한 의술 체계를 갖춘 것도 이 무렵이라고 본다.

한편 우리나라에는 『동의보감(東醫寶鑑)』이 있다. 『동의보감』은 태의(太醫) 허준[許浚, 1539~1615]이 1596년(선조 29년)에 왕명에 의해 엮은 것으로, 정유재란 때 일시 중단되었다가 시작한 지 14년 만인 1610년(광해군 2년)에 완성한 방대한 의학백과사전이다. 당시까지의 동아시아 의료기술과 의학정보를 체계적으로 집대성하였다. 내용은 「내경편(內景編)」 6권, 「외형편(外形編)」 4권, 「잡병편(雜病編)」 11권, 「탕액편(湯液編)」 3권, 「침구편(針灸編)」 1권으로 5개의 주제에 총 25권으로 이루어져 있으며, 편별・병증별로 나뉘어 치료원칙과 처방 및 침뜸 치료, 금기증 등의 순서로 서술하였다. 2009년 유네스코 세계기록유산(Memory of the World)으로 등재되었다.

1) 장부의 허실과 질병의 관계

동양의학, 즉 한의학에서는 오장육부(五臟六腑)의 허(虛)와 실(實)을 살펴서 병을 진단하고 치료한다. 우선 10간・12지 중에서 음의 간지는 오장에 해당하고, 양의 간지는 육부에 해당한다는 학설이 있다. 오장(五臟)은 간・심장, 비장(지라)・폐・신장(콩팥)이고, 육부(六腑)는 담(쓸개)・소장(작은창자)・삼초(림프샘)・위・대장(큰창자)・방광이다. 여기에 심포(心胞)를 더하면 육장육부(六臟六腑)가 된다.

위의 학설에 따라 음양오행과 장부(오장육부 내지 육장육부)의 관계를 표로 나타내면 다음과 같다.

오행	음양	10간	12지	장부
木	음	乙	卯	간
	양	甲	寅	담(쓸개)
火	음	丁	巳	심장 · 심포(心胞)
	양	丙	午	소장(작은창자) · 삼초(림프샘)
土	음	己	丑未	비장(지라)
	양	戊	辰戌	위
金	음	辛	酉	폐
	양	庚	申	대장(큰창자)
水	음	癸	亥	신장(콩팥)
	양	壬	子	방광

오장육부 내지 육장육부의 허(虛)와 실(實)은 무엇인가. 허는 장부가 스스로 정상적인 기능을 발휘할 수 없는 허약한 상태를 말한다. 사주에 어느 오행이 없거나 불급(不及)이면 허이고 그 해당 장부는 허약하다. 예를 들어 사주에 수(水)가 없거나, 있어도 극(剋) · 설(洩) 등으로 매우 약한 상태이면 수(水)에 해당하는 신장과 방광에 이상이 생긴다. 실은 장부가 튼튼한 것을 말하는 것이 아니라, 기능이 지나치게 항진되어 태과한 결과 병기(病氣)나 사기(邪氣)가 들어와 있는 상태를 말한다. 사주에 특정 오행이 지나치게 많으면 실이고 그 해당 장부는 비정상이다. 예를 들어 사주에 화(火)가 넘쳐 매우 강한 상태이면 화(火)에 해당하는 심장 · 심포 · 소장 · 삼초에 이상이 생긴다. 이때 유의할 점은 지극한 음과 양은 서로 변환을 이룰 수 있고, 허와 실의 관계 또한 이와 다르지 않다는 점이다.

그러면 장부의 허실에 따른 질병에 관해 좀더 자세하게 살펴보자. 다만 이어지는 내용들은 의학계의 더욱 확실한 검증과 공인을 거쳐야 한다고 본다. 그리고 이것 이외에 얼마든지 새로운 내용들이 추가될 수 있을 것이다.

① 간(乙 · 卯)

- 허증 : 약시 · 색맹 · 야맹증 · 백내장 · 빈혈 · 근육경련 · 근육무력증 · 요통 · 생리불순 · 간질 · 뇌혈전 · 정신병 · 전신불수 등이 생길 수 있다.
- 실증 : 기미 · 얼굴이 창백함 · 눈의 충혈 · 위산과다 · 경기 · 간염 · 간경화 · 근육통 · 신경과민 · 반신불수 · 생식기 허약 · 구안와사 · 동맥경화 등이 생길 수 있다.

② 담(甲 · 寅)

- 허증 : 현기증 · 황달 · 편두통 등이 생길 수 있다.
- 실증 : 담석증 · 담낭염 · 늑간신경통 · 좌골신경통 · 관절통 · 빈혈증 등이 생길 수 있고, 발목을 잘 삔다.

③ 심장 · 심포(丁 · 巳)

- 허증 : 가슴이 두근거리고 잘 놀라며 꿈이 많다. 야뇨증 · 몽정 · 빈뇨 · 저혈압 · 어혈 · 자궁냉증 · 난시 · 난청 · 귀울림 등이 생길 수 있다.
- 실증 : 몸에 열이 많고 갈증이 심하다. 변비 · 호흡곤란 · 혈액순환장애 · 동맥경화 · 고혈압 · 협심증 · 심장판막증 등이 생길 수 있다.

④ 소장 · 삼초(丙 · 午)

- 허증 : 어깨뼈에 통증이 있거나 목덜미가 뻐근하다.
- 실증 : 생리불순 · 생리통 · 소화불량 · 소장통 · 류머티즘 · 인후염 · 편도선염 · 단백뇨 · 부종 등이 생길 수 있다.

⑤ 비장(己 · 丑 · 未)

- 허증 : 식욕부진 · 소화불량 · 위산과다 · 불면증 · 경풍 · 비만 또는 그 반대의 증상들이 나타나게 된다.
- 실증 : 다식(多食) · 다면(多眠) · 위경련 · 맹장염 · 췌장염 · 피부병 등이 생길 수 있다.

⑥ 위(戊 · 辰 · 戌)

- 허증 : 위염 · 위경련 · 소화불량 · 복통 · 곽란(급성 위장병) 등이 생길 수 있다.
- 실증 : 위무력증 · 위확장 · 위하수 · 위궤양 · 위암 · 잇몸의 이상 · 치통 등이 생길 수 있다.

⑦ 폐(辛 · 酉)

- 허증 : 갑상선 이상 · 연주창(連珠瘡) · 폐결핵 등이 생길 수 있다.
- 실증 : 천식 · 인후염 · 콧병 · 빈혈 등이 생길 수 있다.

⑧ 대장(庚 · 申)

- 허증 : 하혈 · 혈변 · 복부무력 · 치질 등이 생길 수 있다.
- 실증 : 장염 · 장폐색증 · 코막힘 · 치통 · 관절통 등이 생길 수 있다.

⑨ 신장(癸 · 亥)

- 허증 : 정력감퇴 · 중풍 · 관절염 · 골수염 · 골막염 등이 생길 수 있다.
- 실증 : 신장염 · 신장결석 · 자궁냉증 · 냉대하증 · 불임증 · 귀울림 등이 생길 수 있다.

⑩ 방광(壬 · 子)

- 허증 : 야뇨증 · 고환염 · 자궁내막염 등이 생길 수 있다.
- 실증 : 요도염 · 방광염 · 소변불통 · 관절통 · 안통(눈의 통증) 등이 생길 수 있다.

2) 충과 질병의 관계

사주의 오행이 상하좌우로 상극 · 상충하여 파손된 경우에도 그 때문에 질병들이 생길 수 있다. 충과 질병의 관계에 대해 정리하면 다음과 같다. 다만 다음의 내용은 음양오행과 장부(오장육부 내지 육장육부)의 관계를 어떻게 보느냐에 따라 달라질 수 있다.

① 자오(子午)충

자(子)는 방광, 오(午)는 소장(작은창자)·삼초(림프샘)이므로 이들과 관계된 질병이 생길 수 있다.

② 축미(丑未)충

축미(丑未)는 비장(지라)이므로 이와 관계된 질병이 생길 수 있다.

③ 인신(寅申)충

인(寅)은 담(쓸개), 신(申)은 대장(큰창자)이므로 이들과 관계된 질병이 생길 수 있다.

④ 묘유(卯酉)충

묘(卯)는 간, 유(酉)는 폐이므로 이들과 관계된 질병이 생길 수 있다.

⑤ 진술(辰戌)충

진술(辰戌)은 위이므로 이와 관계된 질병이 생길 수 있다.

⑥ 사해(巳亥)충

사(巳)는 심장·심포(心胞), 해(亥)는 신장(콩팥)이므로 이들과 관계된 질병이 생길 수 있다.

3) 행운과 질병의 관계

행운(行運)이 질병에 영향을 미친다. 다시 말해 오장육부 또는 육장육부의 허와 실은 운의 흐름에 따라 호전될 수도 있고 악화될 수도 있다. 예를 들어 폐허증인 사람이 폐결핵으로 고생하는 경우에, 이 사람은 금(金)이 불급하므로, 금(金)을 돋우어주는 금토(金土)운이 좋고 계절로는 가을이 유리하며, 금(金)을 극하는 화(火)운이나 금(金)을 설하는 수(水)운이 나쁘고 계절로는 여름이나 겨울이 불리하다. 다른 질병 역시 이처럼 추리하면 된다.

4) 계절과 질병의 관계

① 봄은 목기(木氣)가 왕한 계절이다. 목기나 화기(火氣)가 필요한 사람에게 좋다.

② 여름은 화기(火氣)가 왕한 계절이다. 화기나 토기(土氣)가 필요한 사람에게 좋다.

③ 가을은 금기(金氣)가 왕한 계절이다. 금기나 수기(水氣)가 필요한 사람에게 좋다.

④ 겨울은 수기(水氣)가 왕한 계절이다. 수기나 목기(木氣)가 필요한 사람에게 좋다.

⑤ 환절기는 토기(土氣)가 왕한 계절이다. 토기나 금기(金氣)가 필요한 사람에게 좋다.

5) 방위와 질병의 관계

방위가 질병에 영향을 미친다. 방위를 다루는 대표적인 학문인 풍수지리학은 음택(陰宅, 묘터)이나 양택(陽宅, 집터) 등의 방위와 관련하여 인간사의 길흉을 논한다. 한편 사주학에서 방위와 질병의 관계를 추리할 때는 건물의 주된 방향, 대문의 위치, 잠을 잘 때 머리를 두는 방향 등이 주로 문제가 된다. 정리하면 다음과 같다.

① 동쪽은 목기(木氣)가 왕하다. 목기나 화기(火氣)가 필요한 사람에게 좋다.
② 남쪽은 화기(火氣)가 왕하다. 화기나 토기(土氣)가 필요한 사람에게 좋다.
③ 서쪽은 금기(金氣)가 왕하다. 금기나 수기(水氣)가 필요한 사람에게 좋다.
④ 북쪽은 수기(水氣)가 왕하다. 수기나 목기(木氣)가 필요한 사람에게 좋다.

6) 음식과 질병의 관계

질병은 예방할 수 있고 치료할 수 있다. 동양의학은 상생관계에 바탕을 둔 예방의학의 성격이 강하고, 서양의학은 상극관계에 바탕을 둔 치료의학의 성격이 강하다. 그러나 둘 다 예방과 치료를 함께 다루며 상호보완적인 방향으로 나아가고 있다.

오늘날의 치료 형태를 보면 식이요법·물리요법·단식요법 등의 자연요법에서 정신이 육체를 다스릴 수 있다고 보는 정신요법·초능력요법까지 이어지고 있다. 그중에서 우리가 쉽게 시도해볼 수 있는 것으로 식이요법이 있다. 그 구체적 내용을 예시하면 다음과 같다.

① 간에 좋은 음식 : 결명자·매실·불미나리 등.
② 심장에 좋은 음식 : 구기자·오미자·토마토 등.
③ 위에 좋은 음식 : 브로콜리·애호박·양배추 등.
④ 폐에 좋은 음식 : 도라지·복숭아·은행 등.
⑤ 신장(콩팥)에 좋은 음식 : 옥수수수염·율무·홍삼 등.

위에서 다루지 않은 장부에도 거기에 좋은 음식을 열거할 수 있겠다. 장부에 좋은 음식은 해당 전문의의 확실한 추천을 거칠 필요가 있다.

7) 사주 구성과 건강의 관계

평생 무병장수할 수 있는 사람의 사주는 우선 음양이 조화를 이루고 오행이 주류(周流)한다. 그러면서 중화되고 순수하다. 다음과 같이 정리할 수 있다.

① 극이나 충이 없어야 한다.
② 한(寒)·열(熱)·조(燥)·습(濕)이 중화를 이루어야 한다.
③ 용신이나 희신이 운의 흐름과 잘 어우러져야 한다.

한편 건강하지 못하고 장수하기 어려운 사람의 사주는 우선 음양이 조화를 이루지 못하고 오행이 편중되어 있으면서 혼탁하다. 즉 다음과 같다.

① 극이나 충이 심하다.
② 한·열·조·습이 고르지 못하다.
③ 용신이나 희신이 운의 흐름과 맞지 않는다.

〝 육친 판단

SAJU SELF STUDY

01 총설

사주학에서 사용하는 '육친(六親)'이란 용어는 부모·형제자매·배우자·자식을 일컫는 말로 가족 관계를 뜻한다. 그러므로 사주학에서 '육친 판단'이라 함은 한 사람의 사주를 놓고 그 사람의 가족 관계를 판단한다는 뜻이다.

과연 사주팔자만으로 '육친 판단'이 가능할까? 지금까지의 사주 간명법은 일간을 본인으로 보고 이 일간에 대응하는 각각의 통변성에 인간관계를 부여하여 육친 판단을 해왔다. 그러나 여기에는 관점에 따라 해석이 달라질 수 있는 문제점이 있다. 예를 들어 일간이 갑(甲)인 남성의 경우를 살펴보자. 갑(甲)을 생하고 돌보아주는 것은 인수 계(癸)와 편인 임(壬)이므로 이 둘 가운데 하나가 어머니가 된다. 그러나 편인 임(壬)은 갑(甲)과 동일한 양(陽)으로 남성이기 때문에 어머니가 될 수 없다. 그래서 음(陰)인 인수 계(癸)를 어머니로 본다. 이에 대해서는 고금(古今)의 견해가 일치한다. 그런데 판단이 이렇게 간단하지는 않다. 왜냐하면 일간이 갑(甲)인 여성의 경우에는 문제가 생기기 때문이다. 갑(甲)이 여성인 경우에도 인수 계(癸)가 어머니인가? 갑(甲)과 계(癸)는 음양이 다르기 때문에 갑(甲)이 여성인 경우에는 같은 성별인 편인 임(壬)이 어머니가 되어야 맞는 것 아닌가? 그렇다면 남성의 경우에는 인수가 어머니이고, 여성의 경우에는 편인이 어머니인가? 아니면 여성의 경우에도 인수가 그대로 어머니인가? 이처럼 육친 판단은 그 출발부터 명확한 결론을 내리기 어렵다.

그런데 문제는 계속 이어진다. 일단 일간이 갑(甲)인 남녀 모두 인수 계(癸)가 확실한 어머니라고 해도 어떤 통변성을 아버지로 볼 것인지에 대해서 견해가 다시 나뉘기 때문이다. 우선 편재 무(戊)가 아버지라는 견해가 있는데 오늘날의 통설이다. 그 논거는 다음과 같다. "갑(甲)의 아버지는 어머니 계(癸)와 음양이 다르면서 계(癸)를 극하는 토(土), 즉 양토(陽土)인 무(戊)가 된다. 극(剋)이란 제압하고 억제하며 포용하고 껴안는 관계인데 음양이 다른 경우는 포용하고 껴안는 남녀의 관계가 되어 유정하다. 그래서 무(戊)와 계(癸)는 비록 극하는 관계이지만 합을 이룬다. 갑(甲)에게는 무(戊)가 편재가 된다. 그래서 편재는 아버지가 된다." 이상의 논거는 상당한 설득력을 지니고 있다. 그러나 이와 달리 편인 임(壬)이 아버지라는 견해가 있는데 그 논거는 다음과 같다. "오늘날의 남녀 관계는 대등한 동반자의 관계이다. 편재가 아버지라는 견해는 남녀 상극원리를 내세우지만, 토극수(土剋水)의 남성 우위사상에 바탕을 두고 있다. 그러나 오늘날의 남녀 관계 내지 부부 관계는 대등한 동반자의 관계이다. 이러한 시대적인 흐름을 반영한다면 편재 무(戊)가 아버지인 것이 아니라 인수 계(癸)와 음양이 다른 편인 임(壬)이 아버지가 되어야 한다."

　문제는 계속 이어진다. 즉 배우자의 문제이다. 남녀 상극원리에 바탕을 둔 견해는 다음과 같이 주장한다. "갑(甲)이 남성인 경우에 그의 아내는 정재 기(己)이다. 왜냐하면 갑(甲)과 기(己)는 목극토(木剋土)의 관계이지만 남녀간의 유정한 합을 이루기 때문이다. 그러므로 정재는 아내가 된다. 갑(甲)이 여성인 경우에 그의 남편은 정관 신(辛)이다. 왜냐하면 신(辛)은 갑(甲)과 음양이 다르면서 유정한 극을 이루기 때문이다. 그러므로 정관은 남편이 된다." 그러나 이러한 논거는 어떤 통변성이 아버지를 나타내는지를 따질 때 살펴본 것처럼 남성 우위사상에 바탕을 두고 있다는 비판을 피할 수 없다. 더구나 "남성은 여성을 극하는 존재이고, 여성은 남성으로부터 극을 받는 존재이다"라고 설명하고 있어서 아버지를 따지는 문제보다 남성 우위사상이 더욱 노골적으로 나타나 있다. 그러나 부부 관계를 대등한 동반자의 관계로 파악하는 견해는 갑(甲)이 남성이든 여성이든 을(乙)이 배우자가 된다고 할 것이다.

　배우자 문제에서 나아가 자식 문제를 살펴보자. 배우자 문제에서 남녀 상극원리에 바탕을 둔 견해는 다음과 같이 주장한다. "갑(甲)의 자식은 갑(甲)의 처인 정재 기(己)가 생하는 정관 및 편관이다. 그래서 정관 및 편관은 남성한테는 그의 자식이 된다. 갑(甲)이 여성인 경우에는 본인 갑(甲)이 직접 생하는 식신 및 상관이 그녀의 자식이 된다." 하지만 부부관계를 대등한 동반자의 관계로 파악하는 견해는 을(乙)이 배우자가 된다고 할 것이므로 이러한 설명은 수정이 불가피하다. 그리고 어느 견해를 취하든 "남성한테는 관성이 자식이고, 여성한테는 식상이 자식이다"라는 설명은 비판의 대상이 될 수 있다. 왜냐하면 남성한테도 식상이 자식이라고 볼 수 있기 때문이다.

지금까지 살펴본 것처럼 육친 판단에서는 어려운 점들이 많다. 앞에서 언급하지 않은 형제자매 문제처럼 "일간과 동일한 오행인 비견과 겁재가 형제자매이다"라고 쉽게 이야기할 수 있는 것도 있지만, 대부분의 육친 판단은 시대의 사회상 및 관념에 따라 달라질 수 있다. 따라서 사주 간명을 할 때 각각의 통변성에 너무 많은 인간관계를 부여하여 해석하는 것은 무리라고 본다. 가족 관계를 판단하는 데 그치고, 그것도 배우자나 자식과의 인연을 파악하는 정도로 보는 것이 바람직하다.

육친 판단과 관련하여 사주학에서 꼭 짚고 넘어가야 할 문제가 있다. 오늘날의 사주 간명법은 일간이 곧 본인이라 여기고 이 일간에 대응하는 각각의 통변성에 의미를 부여하여 이론을 전개한다. 그러나 생각하기에 따라서는 운로를 제외한 사주 전체가 본인이라고 볼 수도 있다. 종격(從格)이나 화격(化格)의 경우를 보자. 거기서는 일간의 차원을 떠나 사주팔자 여덟 글자 모두를 놓고 전체적으로 파악하지 않는가. 필자는 일간 위주의 사주 간명법에서 벗어나고 싶은 충동을 많이 느낀다. 세속적인 개체의식에서 벗어나 불이(不二)의 경지에 이르고 싶어서일까. 이와 관련해 현재 뚜렷한 대안을 갖고 있지는 않지만 나름대로 가설을 세워보고 있는 중이다.

지금까지 살펴본 것처럼 육친 판단에서는 어려운 점들이 많다. 그러므로 세간에서 거론하는 이른바 '부모덕 · 형제자매덕 · 배우자덕 · 자식덕'에 대해서는 간명 대상자의 사주 하나만으로 논할 것이 아니라, 부모 · 형제자매 · 배우자 · 자식의 개별 사주와 대조하여 궁합론적인 관점에서 논해야 한다는 것이 필자의 의견이다.

한 인간에게 자신의 육친인 부모 · 형제자매 · 배우자 · 자식은 참으로 소중한 존재이다. 이와 관련하여, 크게 보면 우주가 바로 자신의 육친에 해당한다는 견해가 있다. 이 견해는 하도와 낙서를 연결지어서 다음과 같이 설명하고 있는데, 그 내용이 무척 재미있고 또한 설득력을 가지고 있다.

금(金)·수(水)는 음(陰：－)이고 목(木)·화(火)는 양(陽：＋)인데 음과 양은 서로 짝을 이룬다. 하도의 금(金)·수(水)와 목(木)·화(火)는 나란히 평행선을 이루고, 낙서의 금(金)·수(水)와 목(木)·화(火)는 서로 교차선을 이룬다. 이러한 구조를 연결해보면, 평행선과 교차선의 2중 나선구조[螺旋構造, helical structure]로 꼬여 있는 인체의 DNA구조가 우주의 모습을 닮아 있다.

위의 견해에 따르면 우주란 자체의 DNA구조를 이루어 변화하는 전체적인 것이고, 인간이란 그 전체적인 것을 구성하는 부분적인 것으로서 우주가 바로 인간의 육친에 해당한다. 나아가 삼라만상은 모두 자타불이(自他不二)의 존재이다.

02 단편적인 이론들

육친 판단에 관한 단편적인 이론들이 많다. 이 이론들을 소개하면 다음과 같이 그 내용이 다양하다.

• 연간은 조부의 궁이고 연지는 조모의 궁이다.

- 월간은 부친이고 월지는 모친이다.
- 월주는 형제자매 · 친구이다.
- 남성의 사주에서 정관은 딸이고 편관은 아들이다(그러나 양 일간의 경우에 는 정관은 딸이고 편관은 아들이지만, 음 일간의 경우에는 정관은 아들이 고 편관은 딸이라는 의견이 있다).
- 여성의 사주에서 식신은 딸이고 상관은 아들이다(그러나 식신이건 상관이 건 음양을 보아 양은 아들이고 음은 딸이라는 의견이 있다).
- 월간은 용신이나 희신에 해당하지만 월지가 기신이고 월지의 역량이 월간 보다 크면 부모의 유산을 얻기 힘들다.
- 기신이 월주에 집결되어 있으면 부모의 도움이 없다.

- 월지 또는 인수가 충 · 극을 이루면 부모의 유산이 없다.
- 월간에 재성이 있는데 약하고 비겁이 이 재성을 극하면 부모의 유산이 없다.
- 인성이 용신을 파괴하면 부모 때문에 고생한다.
- 인성이 월지에 있고 용신이나 희신에 해당하며 어릴 때의 대운이 좋으면 부 모에게 사랑받고 부모덕이 있다.
- 재성이 많고 인성이 적으면 부친은 강하고 모친은 약하며, 모친이 먼저 사 망한다.
- 인성이 강하고 재성이 약하면 모강부약(母強父弱)이다.
- 편재가 공망이면 부친이 병약하고, 인수가 공망이면 모친이 병약하다. 이런 현상이 월주에 나타나면 어려서 부모를 여의거나 부모가 단명하다.

- 편재가 운에서 절(絶)하면 부친이 죽고, 인수가 운에서 절하면 모친이 죽는다.
- 천간의 재성이 일간의 바로 옆에서 상충을 이루면 부친과 불화가 있다. 예를 들어 월간 갑(甲)이 일간 경(庚)과 충을 이루는 경우이다.
- 재다신약(財多身弱)은 부친과 불화가 있다.
- 재성이 자신의 양인을 깔고 앉으면 부친의 성격이 난폭하다. 예를 들어 연간 병(丙) 편재가 연지 오(午)를 깔고 앉은 경우이다.
- 일간은 약한데 편관은 강하여 부담스런 경우에 겁재가 편관과 합하여 편관의 난동을 억제시키면 형제자매・친구의 도움을 얻는다.

- 비겁으로 용신이나 희신을 삼고 싶지만 사주에 비겁이 없는 경우에는 형제자매의 도움을 얻을 수는 없어도 친구의 도움을 얻을 수는 있다. 왜냐하면 형제자매는 선천적인 것이어서 스스로 지닐 수 없는 것이지만 친구는 후천적인 노력으로 스스로 만들 수 있기 때문이다.
- 비겁이 용신을 파괴하면 형제자매・친구로부터 피해를 당한다.
- 식신이 칠살(七殺, 편관의 다른 말)을 지나치게 제압하여 제살태과(制殺太過)인데 비겁이 식신을 생해주면 형제자매・친구 때문에 손해를 본다.
- 정관이 약하고 상관이 강한데 비겁이 상관을 생해주면 형제자매・친구 때문에 손해를 본다.
- 일간이 강한데 비겁운이 오면 형제자매가 불목(不睦)하여 소송을 하거나 친구 때문에 재산을 잃는다.

- 월지와 일지가 형(刑)이 되면 형제자매와 아내 사이에 불화가 있다.
- 아내를 볼 때는 재성과 일지를 보고 중년의 대운을 참고하여 헤아린다.
- 재성 또는 일지가 용신이나 희신에 해당하면 아내의 덕이 있다.
- 배우자궁인 일지가 기신일지라도 다른 지지와 합하여 희신으로 변화하면 배우자의 덕이 크다.
- 일지가 조후용신에 해당하면 배우자의 덕이 크다.
- 일지가 용신이나 희신을 충 또는 합으로 제거해버리면 배우자 때문에 화를 당한다.
- 인성이 용신인데 재성이 인성을 파괴하면 아내 때문에 화를 당한다.
- 재성이 도화 또는 목욕에 해당하는 지지이면서 다른 지지와 합하여 기신으로 변화하면 아내가 다른 남성과 간통한다.
- 양인이 많으면 부부가 생이사별(生離死別)한다.

- 남성의 사주에 정재와 편재가 섞여 있으면 부부 사이가 화목하지 못하고, 남성이 여색을 밝힌다.
- 남성의 사주에서 많은 인성이 재성을 억누르고 있으면 고부간이 화목하지 못하다.
- 남성의 사주에서 정재가 비겁과 합하면 아내가 다른 남성에게 마음을 둔다.
- 신강한데 일지에 양인이 있으면 아내가 건강하지 못하다.
- 남성의 사주에서 재성입묘(財星入墓)이면 원앙새가 따로따로 날아간다.

- 재성이 용신이나 희신인데 일주 이외의 다른 간지와 합하여 기신으로 변화하면 아내가 부정을 저지른다.
- 재다신약인데 일지에 재성이 있으면 아내가 건강하지 못하다.
- 남성의 사주에서 편재가 정재보다 강하면 첩이 본처를 누른다.
- 남성의 사주에서 편재가 천간에 있고 정재는 지지에 있으면 첩이 본처를 이긴다.
- 남성의 사주가 신약한데 재성이 왕한 칠살을 생하면 아내 때문에 화를 당하거나 공처가가 된다.
- 여성의 사주에서 관살은 남편이고 일지는 남편궁이다. 여기에 중년의 대운을 참고하여 남편에 대해 파악한다.

- 여성의 사주에 정관이 용신이나 희신이면서 일간과 합하면 부부가 유정하다.
- 여성의 사주에서 일지가 진술(辰戌)충을 이루면 남편이 애인을 둔다.
- 여성의 사주가 제살태과(制殺太過)이면 남편을 극한다.
- 여성의 사주가 비겁이 많고 관살이 약하면 남편을 극한다.
- 여성의 사주가 부성입묘(夫星入墓)이면 원앙새가 따로따로 날아간다.
- 여성의 사주에 정관이 2개 이상이고 그 중 1개가 공망이면 재혼한다.
- 여성의 사주에서 일간과 비견이 정관을 투합하면 자신과 다른 여인이 자신의 남편을 놓고 다툰다.
- 여성의 사주에서 정관이 비견과 합하면 남편이 외도한다.

- 여성의 사주에서 천간에 2개 이상의 관성이 있거나 지지에 3개 이상의 관성이 있으면 두세 번 결혼한다.
- 여성의 사주에서 식상이 태과하면 황음(荒淫)하다.
- 시주에 용신이나 희신이 있으면 자식덕이 있다.
- 여성의 사주가 신약하고 식상이 태과하면 자식이 없다.
- 여성의 사주에서 식상은 약한데 인성이 중첩되면 자식이 없다.
- 여성의 사주가 신약하고 식상이 약한데 재성이 중첩되면 자식이 없다.
- 여성의 사주가 화염토조(火炎土燥), 수다목부(水多木浮), 금한수냉(金寒水冷)이면 자식이 없다.

- 여성의 사주에 비겁과 인성이 중첩되고 식상과 재성이 미약하면 자식이 없다.
- 여성의 사주가 식상입묘(食傷入墓)이면 자식과의 인연이 박하다.
- 남성의 사주가 관살입묘(官殺入墓)이면 자식과의 인연이 박하다.
- 사주에 자녀인 통변성이 없어도 그 통변성인 운이 강하게 오면 자녀를 얻을 수 있다.
- 여성의 사주에서 식상이 공망이면 늦게 자식을 얻거나 양육하기가 힘들다.
- 남성의 사주에서 관살이 진술축미(辰戌丑未)의 지장간으로 들어 있으면 첩을 통해서 자식을 낳는다.
- 남녀를 불문하고 시지가 양인이면서 충형이면 자식이 재앙을 당한다.
- 일지에 재성이 있고 용신이나 희신에 해당하면 아내의 덕이 크다.

- 신왕하지만 관성이 약할 때 재성이 관성을 도우면 아내의 도움을 얻는다.

- 일지가 용신이나 희신을 극하면 배우자 때문에 화를 당한다.

- 재성이 설기(洩氣)가 심하여 용신이나 희신의 역할을 다할 수 없으면 아내의 도움을 기대하기가 어렵다.

- 일지의 재성이 다른 지지와 합을 이루면 아내가 외도를 한다.

- 정재는 쇠하고 편재는 왕하면 남편이 아내 이외의 다른 여성에게 정이 깊다.

- 남녀를 불문하고 양인이 많으면 배우자와의 인연이 바뀐다.

- 일지가 월지 · 시지와 충이 되면 부부가 화목하지 못하다.

- 남성의 사주에서 일지가 비겁이고 신왕하면 아내를 극한다.

- 남성의 사주가 재다신약(財多身弱)이면 공처가이다.

- 여성의 사주가 정관과 편관이 모두 있는 관살혼잡(官殺混雜)이면 어느 하나를 제거해야 길하다.

- 여성의 사주에서 일지에 정관이 있으면 일단 좋은 남편을 만날 수 있다고 본다.

- 여성의 사주에서 일지에 상관이 있으면 일단 남편과 헤어질 수 있다고 본다.

- 남성의 사주가 신왕하고 관성도 왕하면 훌륭한 자식을 둘 수 있다.

- 남성 사주에서 생시(生時)에 정관이 있으면 일단 좋은 자식을 둘 수 있다고 본다. 편관이 있으면 식신의 다스림이 필요하다.

- 남성의 사주에서 관성이 기신이면 자식덕이 없다.

- 신약 사주에 충 · 형 · 해 등이 있으면 자식덕이 없다.

- 남성의 사주에서 관성을 극하는 식상이 지나치게 많으면 자녀와 인연이 없다.
- 여성의 사주가 신왕하고 인성 또한 왕하여 비록 식상이 미약하다고 해도 재성이 인성을 다스려주면 훌륭한 자식을 둘 수 있다.
- 여성의 사주가 신왕하고 식상이 왕하면 자녀가 많다.
- 여성의 사주가 신약하고 관살이 왕하면 자식과의 인연이 박하다.
- 남녀를 불문하고 식상이 태과하면 자식과 인연이 없다. 종아격의 경우도 마찬가지다.
- 여성의 사주에 편인이 많으면 자녀를 잃는다.
- 여성의 사주에서 식상은 왕하나 관성이 약하면 자식은 개운(開運) 발전하지만 남편은 그렇지 못하다.

- 재성이나 인수가 월주에 있고 길성이면 부모가 훌륭하다.
- 편재나 인수가 하나만 있고 생왕(生旺)하면 좋다.
- 비겁이 왕하고 편재가 쇠약하면 아버지와 인연이 박하고, 재성이 왕하고 인수가 쇠약하면 어머니와 인연이 박하다.
- 편재와 인수가 충이나 형이면 부모에게 파란이 많고, 부모는 자식과 일찍 헤어진다.
- 편재가 없으면 아버지와의 인연이 박하고, 인수가 없으면 어머니와의 인연이 박하다. 하지만 너무 많아도 인연이 끊어진다. 특히 인수가 너무 많으면 어머니가 재가할 가능성이 많다.

- 편재가 인수와 쟁합·투합을 이루면 어머니는 두 남성의 아내가 된다. 이 경우에 인수가 목욕·함지와 같은 사주기둥에 있으면 어머니는 행실이 바르지 못하다.
- 사주에 관성이 많으면 형제덕이 없다.
- 비겁이 간합하여 흉성(凶星)으로 변화하면 형제덕이 없다.
- 정재는 약한데 겁재가 왕하면 형제간에 다툼이 있다.
- 남성의 사주에서 재성은 약한데 관성이 왕하면 재성은 관성에 설기되어 아내가 건강하지 않거나 부부가 해로하지 못한다. 예를 들어 재성인 수(水)는 약한데 관성인 목(木)이 왕하면 목다수축(木多水縮)이 된다. 자식이 아내를 상하게 한다.

- 지나친 생은 반생(反生)이 된다. 예를 들어 인수인 수(水)가 너무 많으면 자식인 목(木)은 수다목부(水多木浮)가 된다. 어머니가 자식을 상하게 한다.
- 극하는 쪽보다 극을 받는 쪽이 지나치게 강하면 반극(反剋)이 된다. 예를 들어 상관인 금(金)보다 정관인 목(木)이 지나치게 강하면 목다금결(木多金缺)이 된다. 여성의 사주가 이와 같으면 남편이 자식을 상하게 한다.
- 연주에 편관·겁재·편인·양인 등이 있거나, 충·형을 만나거나, 12운으로 사·절·묘 등이 이루어져 있으면 한미한 집안의 자손이다.
- 월지와 일지가 충·형이면 자신이 부모 곁을 떠나 살게 된다.
- 재성이 비겁 위에 앉아 있으면 일찍 아버지와 이별하거나 아버지가 병객(病客)이다.

- 재다신약인 사주에 비겁이 있고 운에서 비겁을 만나면 형제자매덕을 누린다.
- 군비쟁재(群比爭財, 사주에서 무리를 이룬 비견·겁재가 약한 재성을 놓고 쟁탈전을 벌이는 상황)인 사주는 형제자매 때문에 큰 손해를 입게 된다.
- 살인상정(殺刃相停)을 이룬 사주는 누이동생의 덕을 크게 입는다.
- 생월(生月)의 간지가 모두 겁재이면 이복형제가 있을 가능성이 많다.
- 식상과 관살이 비슷한 세력으로 대치하고 있을 때 재성이 통관용신이 되면 아내의 덕으로 성공한다.
- 인수가 너무 많아 재성을 용신으로 하는 인수용재격(印綬用財格)은 아내 덕분에 곤경을 무사히 넘기는 일이 많다.

- 남성의 사주가 재자약살(財滋弱殺, 재성이 약한 관살을 도와줌)이면 아내의 덕으로 부와 귀를 누린다. 결혼 후부터 행운이 따른다.
- 신강하여 재성을 용신으로 쓰는 경우에 월지나 시지가 식상이고 일지가 재성이면 식상생재(食傷生財)가 이루어져 장모의 도움을 많이 받거나 훌륭한 아내를 만난다. 그러나 충이나 형이 이루어져 있으면 그렇지 않다.
- 태왕한 인수가 비겁을 도와 약한 재성을 후려치면 어머니의 부추김으로 아내를 학대한다. 반대로 신약하여 인수가 용신이나 희신이 될 경우에 재성이 태왕하면 아내가 모친을 학대한다.
- 사주에서 인수와 재성의 세력이 비슷하게 왕하면서 관살이 없으면 모친과 아내가 불화하여 집안이 시끄럽다.

- 사주에 식상은 없고 재성이 미약한데 관살과 인수가 왕하면 아내의 건강이 나쁘다.
- 신약하여 인수 용신이 불가피한 경우에 재성이 이 인수 용신을 후려치면 이른바 탐재괴인(貪財壞印)이 된다. 탐재괴인의 사주를 지닌 남성은 아내 때문에 망신하거나 낭패를 당하며, 자신의 어머니 또한 아내 때문에 고생한다.
- 정재가 비견과 암합을 이루면 아내가 부정을 저지르기 쉽다.
- 정재가 연간에 있고 편재가 시간에 있으면 아내보다 다른 여성을 가까이 한다.
- 일지와 식신이 합을 이루면 장모를 모시고 산다.

- 여성의 사주에서 정관과 편관이 모두 있으면 관살혼잡이라 하여 매우 꺼린다. 그러나 이 경우에도 거살유관(去殺留官)·거관유살(去官留殺)·합살유관(合殺留官)·합관유살(合官留殺)이 이루어져 단순한 형태이면 관살혼잡으로 보지 않는다.
- 여성의 사주에서 일지가 용신이나 희신에 해당하면 남편덕이 있고, 이와 반대로 일지가 흉신에 해당하면 남편덕이 없다.
- 여성의 사주에서 지지에 암장된 관성이 많고 이들이 일간과 암합을 이루면 남편 이외의 여러 남성과 정을 통한다.
- 여성의 사주에서 천간의 관성이 재성을 깔고 앉아 있으면 명관과마(明官跨馬)라고 부른다. 이 경우 뛰어난 자질을 가진 남편이 아내의 도움으로 크게 출세하여 부부가 함께 영화를 누리는 상으로 본다.

- 여성의 사주가 재자약살(財滋弱殺)이면 결혼해서 남편을 입신출세시키는 상으로 본다.
- 여성의 사주가 너무 신왕하면 남편을 소홀히 여기고 스스로 고독한 삶을 산다.
- 여성의 사주에서 식상이 너무 강하면 남편과의 인연이 박하다.
- 여성의 사주에 관살이 없으면 남편으로부터 자유로운 형상이므로 남편을 무시하거나 남편과의 인연이 박하다.
- 여성의 사주가 신왕한데 관살이 미약하면 성적인 불만이 있다.
- 여성의 사주가 신왕하며 관왕하면 신왕관왕(身旺官旺)으로서 일품지귀(一品之貴)를 누린다.

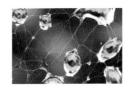

- 여성의 사주가 곡직격·염상격·가색격·종혁격·윤하격이면 일신은 영귀(榮貴)하지만 부부운은 불리하다.
- 여성의 사주에서 부성입묘(夫星入墓)가 이루어져 있으면 남편과의 인연이 박하다.
- 남성의 사주가 신약하면서 재성과 관살이 왕하면 자식덕이 없다.
- 남성의 사주에서 칠살은 왕한데 식상이 없어서 제살(制殺)을 못 하면 불효하는 자식을 둔다.
- 남성의 사주가 신약하면서 식상이 많으면 자식과의 인연이 박하다.
- 남성의 사주에서 시지의 관살이 공망이고 식상이 왕하면 자식을 두기 어렵다.

- 여성의 사주에서 식상은 미약한데 인성은 태왕하면 자식을 두기 어렵다.
- 여성의 사주가 신약한데 인성은 없고 식상만 태왕하면 자식을 두기 어렵다. 임신을 하더라도 유산 등의 우려가 크다.
- 여성의 사주가 신왕하고 식상도 왕하면 자식을 많이 둔다.
- 여성의 사주가 너무 신왕하거나 너무 신약하면 자식을 두기 어렵다. 또한 여성의 사주가 너무 한습(寒濕)하거나 너무 난조(暖燥)해도 자식을 두기 어렵다.
- 여성의 사주에 식상이나 인성이 태왕하면 낙태·난산 등의 염려가 크다.
- 남성의 사주에 인수가 태왕하여 이를 다스릴 정재가 필요한 인수용재(印綬用財)의 경우에는 아내의 도움으로 입신출세한다.
- 남성의 사주에서 정재와 편재가 혼잡을 이루고 있으면 여자관계가 복잡하다.
- 여성의 사주에서 식상이 크게 혼잡을 이루고 있으면 결혼 후 이혼할 가능성이 크다.
- 여성의 사주에서 관살이 혼잡을 이루고 있으면 남자관계가 복잡하다.
- 사주의 천간과 지지에 합이 많으면서 수기(水氣)가 왕하면 이성 문제가 발생할 가능성이 크다.
- 여성의 경우에 식상이 없어도 관성이 용신이나 희신이면 자식을 둘 수 있는데, 이는 식상에 의해서 관성이 손상당하지 않기 때문이다.
- 여성의 경우에 식상이 혼잡하면 양자를 들이거나 원하지 않는 자녀를 기르는 수가 있다.

1) 통변성과 육친의 관계

오늘날 일반적으로 통용되는 의견은 다음과 같다.

구분	아버지	어머니	형제	배우자	자식	기타
남	편재	인수	비견 겁재	정재	정관 편관	• 편인 : 유모, 계모 • 편재 : 첩 • 식신 : 장모 • 관살 : 사장 • 편재 : 종업원 • 비겁 : 동업자
여	편재	인수	비견 겁재	정관	식신 정관	• 편인 : 유모, 계모 • 편관 : 편부 • 편재 : 시어머니 • 편관 : 시누이

우선 어느 통변성이 부모인지에 대한 결론을 내리자. 인수는 나를 따뜻한 정으로 도와주는 것으로 남녀 모두 어머니에 해당한다. 남녀 상극원리에 바탕을 둔 견해는 편재를 아버지로 본다. 왜냐하면 어머니인 인수와 음양이 다르면서 유정한 극을 이루는 것은 편재이기 때문이다. 그러나 부부 관계를 대등한 동반자의 관계로 파악하는 견해는 편인을 아버지로 본다. 왜냐하면 편인은 인수와 음양이 다르면서 일간을 생하기 때문이다. 필자는 남녀 상극원리에 바탕을 둔 견해를 지지한다. 왜냐하면 음양철학은 음양의 극(尅) → 합(合) → 화(化)에 그 오묘한 이치가 있기 때문이다. 이를 남녀간의 경우에 비추어보자. 남녀간의 사랑은 여성이 아프다고 소리를 지르는 극에서 출발하여 희열인 합으로 이어지고 새로운 생명인 화로 뻗어 나간다. 음과 양이 대등한 동반자의 관계인 것은 사실이

다. 그러나 이 점을 지나치게 강조하는 것은 합당하지 않다. 왜냐하면 여성이 남성으로부터 극을 받아 임신과 출산의 고통을 겪는 것은 부정할 수 없는 사실이기 때문이다. 하지만 장기적으로는 음과 양이 자연스럽게 대등한 동반자의 관계를 이룬다. 여성은 자녀를 성장시키면서 자신의 위상을 차츰 높여가고 궁극적으로는 음이 양을 극하는 결과를 이루어내는 것이다.

다음 어느 통변성이 배우자인지에 대한 결론을 내리자. 앞에서 밝혔듯이 필자는 남녀 상극원리에 바탕을 둔 견해를 지지하므로 남성의 경우에는 정재를 아내로 보고 여성의 경우에는 정관을 남편으로 본다.

나아가 어느 통변성이 자식인지에 대한 결론을 내리자. 여성의 경우에는 식신과 상관을 자식으로 본다. 자신의 몸으로 생하기 때문이다. 그러나 남성의 경우에는 이에 대해 견해가 일치하지 않는다. 자신이 생하는 식상이 자식이라고 보는 견해가 있지만 소수의 의견일 뿐이다. 정재가 생하는 관살이 자식이라고 보는 견해가 다수의 의견이다. 필자는 다수의 의견을 지지한다. 왜냐하면 남녀 상극원리에 바탕을 둔 견해를 지지하면 정재가 부인이고, 이 정재가 생하는 관살이 남성의 자식이기 때문이다. 생각하건대 출산의 고통과 희생적인 양육은 여성이 담당한다. 이러한 몫을 남성이 대등하게 공유하려는 것은 무리다.

참고로 어느 통변성이 형제자매인지에 대하여는 별문제가 없다. 왜냐하면 일간과 동일한 오행인 비견과 겁재가 형제자매이기 때문이다.

해당 통변성이 사주 전체에서, 길(吉)한 역할을 하면 해당 육친의 도움이 있다고 보고, 흉(凶)한 역할을 하면 해당 육친의 도움이 없다고 본다. 예를 들어 비견과 겁재가 사주 전체에서, 길한 역할을 하면 형제자매의 도움이 있다고 보고, 흉한 역할을 하면 형제자매의 도움이 없다고 본다.

필자의 사주(甲申년 壬申월 癸亥일 庚申시)에서 상관은 용신이고 인수는 기신이다. 상관은 편재의 어머니이기 때문에 할머니이다. 그러니 할머니와의 인연이무척 좋을 것이다. 사실 그러하였다. 필자의 아내는 시집와서 할머니와 함께 지낸 시절이 너무나 좋았다고 한다. 그래서 지금도 할머니 제삿날에는 나름대로정성을 다한다. 할머니는 자식이라곤 하나밖에 없어서 손자들에 대한 사랑이 지극하셨다. 만년에는 며느리 없는 집안을 직접 보살피며 고단하게 사시다가 지친몸으로 잠드셨다. 생전에 할머니께서는 단 한 가지 소원이라며, 필자가 장손이니아들을 낳아야 한다고 말씀하셨다. 생전에 소원을 이루지 못하시더니 하늘나라에 가서서 옥황상제께 직접 간청하셨는지 우리 부부에게 아들을 안겨주셨다. 당시 딸만 셋을 둔 우리 부부가 아들을 얻은 것이 신기하게도 바로 돌아가신 할머니의 생일날이다. 용신인 할머니는 사후에도 자신의 존재를 일깨워주며 자손과함께하고 계시는 것 같다. 남성의 경우에는 인수가 어머니다. 이에 관해서는 고금의 견해가 일치한다. 필자의 사주에는 인수가 너무 많다. 너무 많은 것은 병이다. 3남 3녀를 둔 어머니는 아버지와 뜻을 달리하고 가정을 떠나 50년이 지난 오늘날까지 홀로 지낸다. 필자가 대학교를 졸업할 때까지 대운의 흐름이 신유술(申酉戌) 금(金)운이었는데 바로 그 기간 중에 금(金)인 어머니는 기세를 돋우어 그렇게 떠나버렸다. 그러나 어머니는 항상 자식들이 잘 되길 축원하였고, 자식들은 법조인과 공직자가 되어 명문가를 이루었다.

2) 궁(宮)과 육친의 관계

어느 육친에 해당하는 통변성이 사주에 전혀 나타나 있지 않아도 육친 판단을 할 수 있는가. 종래의 육친궁 이론은 이것이 가능하다고 한다. 이 이론은 연주는 조상궁 내지 조부모궁, 월주는 부모궁 내지 형제자매궁, 일주(일지)는 배우자궁, 시주는 자식궁으로 본다. 그리고 해당 궁이 사주 전체에서, 길(吉)한 역할을 하면 해당 육친의 도움이 있다고 보고, 흉(凶)한 역할을 하면 해당 육친의 도움이 없다고 본다. 나아가 해당 궁이 공망이면 해당 육친과의 인연이 매우 박하다고 본다. 예를 들어 남성의 사주에 정관이나 편관이 없는데 시주가 공망이면 자식이 없거나 자식이 있더라도 그 자식은 남성에게 큰 도움이 되지 않는다고 본다.

육친 판단을 할 때 유의할 점이 있다. 종래의 육친궁 이론을 너무 믿지 말라는 것이다. 이 이론에서 믿을 만한 것은 본인인 일간과 일심동체를 이루는 배우자궁 하나밖에 없다. 생각해보면 종래의 육친궁 이론은 본인의 사주를 대가족의 것으로 만들어버려서 모호하기 이를 데 없다. 예를 들어 연주가 조상궁이라면 도대체 그 범위는 어디까지인가? 그리고 월주가 부모궁이라면 그 부모는 친부모인가 아니면 양부모인가? 나아가 시주가 자식궁이라면 아들과 딸이 각각 2인 이상인 경우에도 자식 판단을 획일적으로 한다는 말인가? 배우자궁은 일간인 나와 한 기둥을 이루는 것이니 고찰대상이 될 수 있다. 특히 배우자에 해당하는 통변성이 없을 때는 배우자궁을 반드시 고찰할 필요가 있다. 필자의 사주(甲申년 壬申월 癸亥일 庚申시)에는 아내에 해당하는 정재가 없다. 천간은 물론이고 지장간에도 없다. 그러나 배우자궁인 일지의 해(亥)에는 그 지장간으로 갑(甲)이 담겨 있다. 필자의 사주는 용신이 연간의 갑(甲)목이므로 일지의 해(亥)는 필자에게 소중한 존재이다. 사실 아내는 그러한 역할을 하였다. 여러 자식들을 모두 훌륭하게 키우고 만년에는 필자에게 활인업(活人業)을 권하여 용신인 갑(甲)목이 꽃을 피우도록 하였다. 일찍이 시집와서 필자를 금다목단(金多木斷)의 위기로부터 구출하였음은 부정할 수 없는 사실이다. 참고로 필자는 배우자에 해당하는 통변성은 사회적인 것이고 배우자궁은 가정적인 것이어서 서로가 궤도를 달리한다고 본다.

배우자궁을 볼 때는 지지의 충을 잘 새겨야 한다. 일지가 충이면 원앙새가 따로따로 노는 형상이므로 부부간에 생사이별이 염려된다. 그러나 충을 이루는 일지도 필요하면 이를 용신으로 삼는다. 따라서 일지가 충이라고 해서 이를 무조건 획일적으로 다루면 정반대의 결론을 내릴 수 있다.

3) 운(運)과 육친의 관계

어린 시절은 부모에 의지하여 성장한다. 그러므로 성년이 될 때까지 대운의 흐름이 용신과 희신으로 이어지는 경우에는 일단 부모의 도움이 크다고 추리한다.

결혼 적령기 이후에 대운의 흐름이 남성에게는 정재, 여성에게는 정관이면서 용신과 희신에 해당하는 경우에는 배우자의 덕이 크다고 추리한다. 사주에서 용신과 희신에 해당하는 배우자인 통변성을 충하는 운은 배우자와의 관계에서 불운을 뜻한다. 일지가 충이 되는 운은 이를 잘 살펴야 한다.

신왕한 남성의 사주가 비겁운을 맞이하면 상처(喪妻) 등이 염려스럽다. 마찬가지로 정관이 약한 여성의 사주가 상관운을 맞이하면 남편이 황천길로 향할까 걱정스럽다.

자식들이 활동할 시기의 남성에게는 관성, 여성에게는 식상이 빛나는 운으로 흐르면 자녀가 영광스럽게 된다. 비겁이 기신인 운에는 형제자매나 친구의 덕이 없다고 본다.

4) 확대 적용

어느 누구에게나 육친 가운데 아버지·어머니는 반드시 있게 마련이다. 이와는 달리 사람에 따라서는 육친 가운데 형제자매·배우자·자식은 있을 수도 있고 없을 수도 있다. 위에서 어느 육친에 해당하는 통변성이 사주에는 전혀 나타나 있지 않지만 해당 육친이 실제로 존재하는 경우 그 육친 판단을 어떻게 하는가. 이 경우에는 다음과 같이 판단한다.

① 어느 육친에 해당하는 통변성을 사주에 대입해 그 작용을 기준으로 해당 육친과의 인연을 추리한다. 예를 들어 남성은 편재·정재를 사주에 대입해 그 작용을 기준으로 아버지·아내와의 인연을 추리한다. 그래서 편재·정재가 좋은 역할을 한다고 하자. 이때는 아버지·아내와의 인연이 비록 찬란하지는 않더라도 아름다운 관계로 이어질 수 있다고 본다. 필자의 사주(甲申년 壬申월 癸亥일 庚申시)에는 아버지·아내에 해당하는 편재·정재가 없다. 천간은 물론이고 지장간에도 없다. 필자는 아버지와의 인연이 깊지도 못했고 길지도 못했다. 아버지는 평생 전국을 누비는 '전(錢)삿갓'이었고 필자의 나이 45세 때인 정축(丁丑)대운 무진(戊辰)년에 세상을 떠나셨다. 필자의 사주는 금(金)이 너무 많아 어지간한 화(火)가 아니면 꺼져버리는 금다화식(金多火熄)이 이루어져 있어서 부자간의 인연이 다소 위태로울 수 있음을 암시해주고 있다. 그런데 정축(丁丑)대운 무진(戊辰)년이 바로 이 정(丁)화가 꺼져버리는 해이다. 왜냐하면 이 해는 병(丙子)대운이 끝나고 정축(丁丑)대운이 시작된 직후인지라 정(丁)화가 비로소 수(水)의 표적이 될 수 있는데, 사주에서 월간 임(壬)수가 정(丁)화를 합으로 유혹하고, 대운 지지의 축(丑)과 무진(戊辰)년의 무진(戊辰)이 합세하여 정(丁)화를 빨아들이면서 사주에 나타나 있는 금다화식을 방조하기 때문이다. 그러면 필자는 아버지와 전혀 인연이 없는 사주로 태어났을까. 그렇지는 않다. 왜냐하면 아버지께서는 살아 계시는 동안 당신 스스로 필자의 사주에서 조후용신에 해당하는 정(丁)화의 역할을 담당하셨기 때문이다. 필자는 결혼 후 오랜 세월을 아내와 떨어져 살았다. 필자의 사주는 금(金)이 너무 많아 어지간한 화(火)가 아니면 꺼져버리는 금다화식(金多火熄)이 이루어져 있어서 부부간의 인연이 다소 위태로울 수 있음을 암시해주고 있다. 사실 병자(丙子)대운 계해(癸亥)년에는 아내를 잃을 뻔했다. 노출된 병(丙)화가 이리저리 넘쳐나는 수(水)의 세력을 감당하기 어려운 형국이 아닌가. 다행히 병(丙)화는 태양 화

(火)이고 천우신조의 덕분으로 불행을 면할 수 있었다. 그러면 필자는 아내와 인연이 아주 먼 사주로 태어났을까. 그렇지는 않다. 왜냐하면 아내는 그동안 살아오면서 당신 스스로 필자의 사주에서 희신에 해당하는 병(丙)화의 역할을 수행하였기 때문이다.

② 정재를 사주에 대입한 결과, 이 정재와 배우자궁의 역할이 서로 어긋나서 문제가 될 수 있다. 그러나 이럴 때는 배우자와의 인연이 그저 그렇고 그런 평범한 정도에 불과하다고 보면 된다.

5) 역지사지

역지사지(易地思之)란 처지를 바꾸어서 생각하여 본다는 말이다. 예를 들면 남편이 아내의 상황을 헤아려 보는 것 등이다.

무어별(無語別)

열다섯 살 아리따운 아가씨
남이 볼까 두려워 말 못하고 헤어졌네
돌아와 겹문 꼭꼭 걸어 잠그고
배꽃 비추는 달 바라보며 눈물 흘리네

십오월계녀(十五越溪女)
수인무어별(羞人無語別)
귀래엄중문(歸來掩重門)
읍향이화월(泣向梨花月)

-임제(林悌)-

시제(詩題)는 '말 못하고 헤어지다'란 뜻이다. 조선 중기의 문신이자 명문장가인 임제(林悌)의 시이다. 갓 결혼한 새색시가 남편과 작별한 후 느꼈음직한 이별의 비감(悲感)을 여성적인 섬세한 감각으로 노래한 작품이다. 사랑하는 낭군과 헤어지면서도 남의 시선이 부끄러워 이별의 말 한마디 못하고 소리 없이 눈물만 흘리는 옛 여인들의 이별 모습을 눈앞에 보는 듯 사실적으로 그려 냈다. 이 시는 작가의 자유분방한 성격과 낭만주의적 경향을 엿볼 수 있는 작품으로, 남녀 간의 사랑을 자유롭게 표현하지 못하고 마음속으로 간직할 수밖에 없던 시대상을 그려 낸 것으로 평가된다. 임제는 시풍이 호방하고 명쾌하다. 그는 시뿐만 아니라 시조에서도 독특한 경지를 이룬 작가로 평가받고 있다. 특히 황진이의 무덤을 지나며 노래한 시조 〈청초 우거진 골에〉가 널리 알려져 있다. 임제에 관한 로맨스 중에서 가장 애틋한 사랑은 황진이를 쏙 빼어 닮았다는 황진이의 딸인 기생 설홍(雪紅)을 만나서 사랑을 하고 가슴 아픈 이별을 하는 것이다. 임제는 설홍을 운명적으로 만나서 사랑을 하고 가슴 아픈 이별을 하면서 무어별(無語別)이란 시로 이별하는 여인의 애틋한 심정을 그려 냈다. 그러니까 무어별은 역지사지의 시이다.

필자는 아내의 사주를 모른다. 아내의 이야기인즉 자신의 출생시점을 놓고 아버지와 어머니의 기억이 서로 달라 어느 것이 맞는 것인지 모르겠다고 한다. 그러나 필자는 아내의 사주를 볼 수 있다. 필자의 사주(甲申년 壬申월 癸亥일 庚申시)에서 아내는 병(丙)화이나 이 병(丙)화가 천간은 물론이고 지장간에도 없다. 그러나 이 병(丙)화를 아내의 일간이라고 가정하고 이것과 필자의 사주에 있는 여덟 글자를 맞추어보는 것이다. 그러면 병(丙)화 일간에게 금(金)이 많기 때문에 편재인 시어머니와는 인연이 없다. 수(水)가 많으니 남편 때문에 어려움이 많다. 신약한 병(丙)화 일간이 편인 갑(甲)목에 의지해야 하니 활인업과 통하여 의약 계통 내지 교육 계통에 종사하고, 자식들 또한 그 계통으로 진출시키려 할 것이다. 희한하게도 현실과 잘 들어맞는다. 나아가 아내는 남편까지 사주학자로 만들어 자신의 용신을 더욱 튼튼하게 하였다.

6) 이런 사주 저런 사주

📖 예❶   남성의 사주

	①					②		
시	일	월	연		시	일	월	연
戊	甲	癸	戊		戊	甲	甲	己
辰	午	亥	戌		辰	戌	戌	亥

①의 육친 판단을 요약정리하면 다음과 같다.
- 연주·월주·시주의 간지가 각각 같은 오행이다. 따라서 2무(戊)·1계(癸)가 핵심이다.
- 무계(戊癸)합이고 2무(戊)이므로 어머니가 재혼해서 아버지가 둘일 수 있다.
- 2무(戊)이므로 본인이 재혼할 수 있다. 일간인 갑(甲)은 무술(戊戌)과는 인연이 깊지 못하고 무진(戊辰)과는 인연이 깊다. 왜냐하면 술(戌)은 조열토(燥熱土)이고 진(辰)은 습토(濕土)이기 때문이다.
- 술(戌)토 속의 신(辛)금은 자식이다. 그러니까 자식은 아버지를 떠나서 어머니와 함께 살 수 있다.
②의 육친 판단을 요약정리하면 다음과 같다.
- 시주의 간지가 같은 오행이다. 따라서 재성은 1기(己)·2술(戌)·1무(戊)가 핵심이다.
- 네 여성과 인연을 맺을 수 있다. 기(己)는 갑기(甲己)합이므로 월간의 여성

이다. 월지의 술(戌)은 비겁인 갑(甲)과 동주(同柱)일 뿐만 아니라 조열토(燥熱土)이기 때문에 일간과 인연이 멀다. 일지의 술(戌)은 일간과 동주(同柱)이므로 일간의 여성이나 조열토이기 때문에 일간과 인연이 깊지 못하다. 시주의 무(戊)는 진(辰)이 습토이기 때문에 일간과 인연이 깊으나 진술(辰戌)충으로 말미암아 흔들림이 많다.

예❷   여성의 사주

①					②			
시	일	월	연		시	일	월	연
庚	癸	己	丙		己	戊	癸	壬
申	未	亥	申		未	午	丑	寅

①의 육친 판단을 요약정리하면 다음과 같다.
- 기(己)·미(未)의 두 관성이 어떤 형태를 갖추었느냐가 핵심이다.
- 두 남성과 인연을 맺을 수 있는데 두 번째 남성은 이혼 등으로 사연이 있는 남성이다. 그 까닭을 나누어 설명하면 다음과 같다. 첫 번째 남성인 기(己)는 비겁인 해(亥)와 동주(同柱)이므로 월지의 남성이다. 두 번째 남성인 미(未)는 일간인 계(癸)와 동주이므로 일간의 남성이다. 그러나 이 미(未)는 월지의 해(亥)와 반합(半合)을 이루어 이성 관계가 단순하지 않다.
②의 육친 판단을 요약정리하면 다음과 같다.
- 인(寅)의 관성이 어떤 형태를 갖추었느냐가 핵심이다.
- 일간의 남성인 인(寅)은 첫 번째 부인과의 사별 등으로 여러 가지 사연을 간직한 남성이다. 왜냐하면 인(寅)목 속의 세 개의 지장간과 축(丑)토 속의 세 개의 지장간은 각각 무계(戊癸)합·병신(丙辛)합·갑기(甲己)합이기 때문이다.

직업 판단

01 총설

사주를 보고 그 사람의 직업을 추리해낼 수 있다. 그러나 극도로 다양하고 전문화된 현대 사회에서는 직업의 종류는 너무나 많고 시시각각으로 세분화되기 때문에 사주를 통한 직업 판단은 어느 범주에 머물 수밖에 없다.

사주 간명을 원하는 사람은 자신의 직업을 구체적으로 밝혀서 간명하는 사람이 자상한 판단을 할 수 있도록 협조해야 한다. 한번은 이런 일이 있었다. 어느 날 할머니 한 분이 필자의 사무실로 와 자신의 사주를 좀 봐달라고 한다. 이 할머니는 생년월일시만 알려줄 뿐 신상에 대해서는 한마디도 하지 않는다. 사주를 살펴보니 연지와 월지에 의식주(衣食住)를 뜻하는 식신이 강하게 나타나 있고 또한 같은 기둥에 학문을 나타내는 문창귀인(文昌貴人), 교육을 나타내는 학당(學堂), 우두머리를 나타내는 장성(將星)이 나란히 배치되어 있다. 그리고 충(沖)·형(刑)·해(害)·파(破)가 없어 깨끗하다. 아울러 연지, 월지, 일지, 시지가 각각 자(子), 자(子), 사(巳), 사(巳)로 맵시 있게 구성되어 있다. 필자가 첫마디로 "의식주(衣食住) 계통의 교수가 아니십니까?"라고 하니 깜짝 놀라면서 현재 대학교 외식학 교수로 재직 중이라고 한다. 사실은 필자가 그렇게 추리하면서 이런 노인이 무슨 대학교 교수일까 하는 의구심이 들었지만 사주에 나타난 대로 말한 것이 그대로 적중한 것이다. 만약 이 할머니가 먼저 자신의 직업을 구체적으로 밝혔더라면 보다 자상한 판단을 할 수 있었을 것이다.

사주를 보고 주인공의 직업을 추리하려면 전반에 걸친 종합적인 판단이 이루어져야 한다. 판사와 검사 그리고 의사의 사주를 예로 들어 보자.

판사가 세상 사람들의 존경을 받고 명망을 누리려면 기본적인 요건을 갖추어야 한다.

- 원고와 피고를 대할 때 예의가 있어야 하므로 일간이 예의를 뜻하는 화(火)이면 좋고, 신의가 있고 믿음직스러워야 하므로 일간이 신의를 뜻하는 토(土)여도 좋다. 이처럼 일간이 화(火)나 토(土)이면서 관성(官星)과 재성(財星)을 갖추면 판사로서 적격이다. 왜냐하면 관성은 명예를 뜻하고 재성은 관성을 뒷받침해주기 때문이다.
- 지혜가 있어야 하므로 일간이 지혜를 뜻하는 수(水)이면 좋고, 자비로워야 하므로 일간이 자비를 뜻하는 목(木)이어도 좋다. 일간이 수(水)나 목(木)이면서 술(戌)이나 해(亥)가 있으면 판사로서 적격이다. 왜냐하면 술(戌)이나 해(亥)는 하늘의 이치에 통할 수 있는 천문(天門)이기 때문이다.

검사 또한 세상 사람들의 존경을 받고 명망을 누리려면 기본적인 요건을 갖추어야 한다. 정의감이 있어야 하므로 정의를 뜻하는 금(金)이 있어야 하고 아울러 사회의 어두운 실상을 밝혀내려는 마음가짐이 있어야 하므로 화(火)가 함께 있어야 한다. 이와 같이 금(金)과 화(火)가 함께 있으면 검사로서 적격이다. 그런데 금(金)에는 경(庚)과 신(辛)이 있고 화(火)에는 병(丙)과 정(丁)이 있다. 이 가운데 경(庚)과 병(丙)이 필요한데, 경(庚)은 생사여탈의 권력이고 병(丙)은 태양이기 때문이다.

의사들은 지지에 묘(卯)·유(酉)·술(戌) 중 두 가지를 갖춘 경우가 많다. 묘(卯)는 해가 떠오르는 동쪽으로 천지만물에 새로운 생기를 부여하고, 유(酉)는 해가 지는 서쪽으로 천지만물의 피로를 풀어주며, 술(戌)은 하늘의 이치에 통할 수 있는 천문(天門)으로 도(道)를 행할 수 있는 관문이 되어 세 가지 모두 활인업(活人業)과 인연이 있기 때문이다. 사람을 살리는 도(道)·의술(醫術)·점(占)·역(易)·종교(宗敎) 등은 활인(活人)에 속한다. 그리고 의사들에게는 충(沖, 충돌)·형(刑, 다스림)·양인(羊刃, 칼)이 있는 경우가 많다.

한편 오늘날 각광을 받고 있는 연예인 등 예술인으로 성공하려면 식신·상관·편인·인수가 모두 있으면 좋으리라고 본다. 또 한편 신살까지 동원하여 사주에 역마·반안·장성·양인이 모두 있으면 무관(武官)으로 성공할 수 있다고 추리해볼 수 있다.

위에서 본 것처럼 사주를 보고 주인공의 직업을 추리하려면 전반에 걸친 종합적인 판단이 이루어져야 한다. 여기의 종합적인 판단에는 격국과 용신 등 여러 가지가 포함된다. 하지만, 분명히 밝혀 둘 것은, 사주학의 직업 판단은 현실적인 직업보다 더 합당한 직업을 밝히는데 그 의의가 있다는 것이다.

02 단편적인 이론들

직업 판단에 관한 단편적인 이론들이 많다. 이 이론들을 소개하면 다음과 같이 그 내용이 다양하다.

- 오행이 균형된 사주는 사업이 평탄하다.
- 신왕한 사주는 독립적인 분야의 관리인, 신약한 사주는 조직적인 분야의 구성원이 된다.
- 사주에 합과 충이 많으면 직업 변동이 잦다.
- 비겁이 많으면 자유업이 좋다. 비겁이 태과하면 사업보다는 공무원이 좋다. 비겁이 많고 기신이면 공동사업은 반드시 망한다. 그 대신 비겁이 용신이나 희신이면 타인의 도움으로 성공한다.
- 식상격에서 문학가와 예술가가 많이 배출되는데 청한 사주가 그렇고 탁한 사주는 기술자에 불과하다.
- 식신이 용신이고 문창귀인이면 문학이 좋다.
- 상관이 용신이면 창작가·평론가로 성공할 수 있다.
- 식신·상관이 재성을 보면 경제 분야에서 성공할 수 있다.
- 신왕하고 재성이 왕하면 상업·무역으로 성공할 수 있다.
- 신왕하고 재성이 약하면 노동자가 된다.
- 재관(財官)이 상생하면 재정·경리가 좋다.
- 정관은 문관이고 편관은 무관이다.
- 관인쌍청(官印雙淸)이면 정치·법률에 종사할 수 있다.
- 살인상생격은 고위직 공무원이나 고급 직원으로 활약한다.
- 인성이 없어 편관을 교화하지 못하면 위인이 일을 저돌적으로 추진한다.

- 신왕하고 편관과 양인이 모두 있으면 관직 · 공직 · 군인 · 경찰이 양호하다.
- 관살혼잡이면 잡다한 직업에 종사한다. 신왕신약으로 등급을 가린다.
- 신약하고 관살이 태과하면 막일꾼이 되고, 신강하고 관살이 미약하면 행상인이 된다.
- 제살태과격이면 가난한 선비에 불과하다.
- 인수는 내무이고 편인은 외무이다.
- 인수가 편인과 동주하면 두 가지 직업을 겸한다.
- 사주에 인수 · 화개 · 천을귀인이 있는데 묘(卯)운에 들면 종교가가 된다.
- 편인이 태과하면 고독하므로 사교적 직업은 피해야 한다.

위의 단편적인 이론들과는 차원을 달리해서 오행이나 통변성을 기준으로 직업을 추리하는 이론이 있다.

1) 오행과 직업의 관계

오행의 형태로 표현되는 직업은 다음과 같다.

① 목(木) : 인(仁)에 관련된 직업

식물성 자원업 · 영농 · 종묘 · 원예 · 과수원 · 목장 · 제사(製絲) · 방직 · 섬유 · 펄프 · 목재 · 가구 · 토목 · 건축 · 의상(양품) · 문방구 · 서점 · 교육 · 문필(文筆) · 보험 · 사회사업.

② 화(火) : 예(禮)에 관련된 직업

화기성 자원업 · 연료 · 가스 · 주유소 · 화학약품 · 화공 · 주물 · 제철 · 전기 · 전자 · 오락실 · 화원 · 유흥업 · 컴퓨터 · 인터넷 · 증권 · 한방 · 언론 · 정신 · 문화 · 학문 · 예술 · 법 · 대민봉사.

③ 토(土) : 신(信)에 관련된 직업

농업 · 곡물 · 근채(根菜) · 원예 · 종묘 · 과수 · 한식업 · 부동산 · 종교.

④ 금(金) : 의(義)에 관련된 직업

　금속 자원업 · 금은보석 · 철 · 기계류 · 전기제품 · 차량(운전정비) · 무기(총포) · 고체물질 · 화폐 · 금융(은행 · 보험 · 증권 · 금전대여) · 기관사 · 군인.

⑤ 수(水) : 지(智)에 관련된 직업

　수자원업 · 어업 · 물장수(술집 · 다방 · 음식점) · 세탁소 · 목욕탕 · 이발소 · 미용실 · 숙박업소 · 양어장 · 액체물질 · 수력발전 · 상하수도 · 유통사업 · 영업(외근) · 외교 · 발명가.

　위의 오행과 직업의 관계는 유동적이다. 예를 들어 음식점은 물을 많이 사용하므로 일단 수(水)에 포함되지만, 어떤 음식을 다루느냐에 따라 오행의 판단이 달라진다. 그래서 쌈 · 산채요리 · 나물을 취급하는 곳은 목(木), 포장마차 · 튀김 · 숯불구이를 취급하는 곳은 화(火), 한정식 · 토속음식 · 중화요리 · 분식 · 제과 · 순대를 취급하는 곳은 토(土), 양식을 취급하는 레스토랑 같은 곳은 금(金), 마지막으로 각종 탕류 · 회 · 일식을 취급하는 곳은 수(水)로 분류한다.

2) 통변성과 직업의 관계

　통변성의 형태로 표현되는 직업은 다음과 같다.

① 비겁 : 자신의 주체성을 살릴 수 있는 직업

　독자 경영 · 공동사업 · 지점 · 출장소 · 영업소 · 공무원 · 국영기업체 · 대기업 직원 · 경영자 · 지도자.

② 식신 : 학문 · 예술 · 기술을 발휘하여 의식주를 풍족하게 하는 직업

　순수직(학문 · 예술 · 기술 관련 업종) · 교수 등 교육자 · 연구직 · 정치가 · 배우 · 연기자 · 가수 · 무용가 · 작가 · 작곡가 · 기술인 · 역학자 · 의식주 관련 업종 · 의상 · 식당 · 요정 · 다방 · 카바레 · 여관 · 하숙 · 건물임대업 · 식

품회사 · 건설회사 · 금융회사 · 의약 계통.

③ 상관 : 학문 · 예술 · 기술에 대한 전문성을 발휘하는 직업

교육자 · 학자 · 정치가 · 종교인 · 변호사 · 회계사 · 설계사 · 언론인 · 방송인 · 연예인 · 체육인 · 기술인 · 생산발명가 · 중개인 · 말을 많이 하는 직업(영업).

④ 편재 : 활동적이고 규모가 큰 조직의 일원이나 경영자

큰 조직의 일원 · 대기업 경영자 · 공직자 · 무역 · 외교 · 통신 · 교통 · 증권 · 사채 · 부동산.

⑤ 정재 : 성실과 신용이 필수인 직업

직장생활(금융 계통 · 재무 계통 등) · 기업 경영.

⑥ 편관 : 남보다 다소 힘이 드는 직업이나 모험심 · 개척심 · 의협심이 필요한 직업

공직자 · 검찰 · 경찰 · 군인 · 기술인 · 예술인 · 국회의원 · 깡패 · 노동자 · 건달.

⑦ 정관 : 세상의 모범이 되어 명예를 누릴 수 있는 직업

사회 각 방면의 고위직(공직 · 사직 모두 해당).

⑧ 편인 : 특수 전문직

활인업(의사 · 약사 · 간호사 · 각종 상담소 · 역술인) · 예술 분야(배우 · 탤런트 · 가수 · 연주자 · 무용가 · 화가 · 디자이너 · 모델) · 작가 · 언론인 · 방송인 · 체육인 · 기술인 · 외국 관련 직종(외국어 포함).

⑨ 인수 : 학문을 바탕으로 한 지적인 분야

지적인 학술 · 교육 · 문화 · 예술 · 종교 · 차원 높은 기술 계통.

이상의 내용을 요약하면 ① 비겁은 주체적인 분야, ② 식상은 창조적이고 생산적인 분야, ③ 재성은 세속적이고 대중적인 분야, ④ 관성은 명예와 관련된 분야, ⑤ 인성은 이상적이고 지성적인 분야와 인연이 있다.

03 방법

직업 판단은 성격 판단을 전제로 한다. 직업이란 결국 성격 또는 적성을 반영하는 것이기 때문이다. 사실 직업은 용신이나 희신을 떠나 우선 자신의 적성에 맞아야 한다. 그러므로 사주팔자를 통해 선천적인 성격을 파악해서 운의 흐름에 따른 후천적인 성격을 추리한 다음, 이 성격에 바탕을 두고 직업을 추리해야 한다. 그래서 사주에 목(木)이 많고 운 또한 목(木)운으로 흐르면 목(木)에 관련된 직업을 가진다고 추리하는 것이다.

직업 판단에서 사람의 성격이 전제되지만, 직업이란 단일한 형태로 나타나는 것이 일반적이고 성격처럼 복합적인 형태를 취하는 경우는 드물다. 따라서 직업을 판단할 때에는 성격을 판단할 때와는 달리 사주에서 가장 뚜렷하고 선명한 존재를 선택하여 그에 따른 해석을 해야 한다. 만일 비슷한 세력이 둘 있을 때는 이들을 모두 감안하여 종합적으로 결론을 내려야 한다. 예를 들어 사주에서 인성과 비겁의 양대 세력이 주류를 이루는 경우에는 학예(인성)에 관한 주체성(비겁)을 살릴 수 있는 대 학자, 대 예술가 등으로 추리한다. 아니면 여러 사람의 성원(인성)에 힘입어 높은 경지(비겁)에 서는 정치가가 된다고 추리할 수도 있다.

직업 판단의 핵심은 ① 월령에 뿌리를 내리고 있는 천간의 통변성, ② 사주의 구성상 가장 강한 오행, ③ 용신이나 희신에 있다. 운의 흐름에 따른 변화는 부수적인 것이다.

직업 판단은 오행과 통변성을 함께 고려해야 한다. 예를 들어 목(木)의 인수가 강하다면 교육 계통과 인연이 있다고 추리하는 것이다.

직업 판단은 쉽지 않다. 왜냐하면 직업은 시대와 장소에 따라 달라지기 때문이다. 나아가 현실적으로 어떤 사람이 어떤 직업을 가졌냐는 큰 의미가 없다. 현실[Sein]을 떠나 어느 직업이 보다 합당할 것인지를 따지는 당위[Sollen]가 중요하다. 그러면 어떻게 사주 당사자에게 합당한 직업을 추리해낼 수 있을까. 이를 위해서는 적성에 잘 맞으면서도 사주의 부족함을 보완할 수 있는 방법이 무엇인지를 검토해야 한다. 결국 용신이나 희신을 찾는 문제로 귀결되는데 이 문제를 해결하기 위해서는 부단한 노력이 필요하다.

사람이 살다 보면 생계를 유지하기 위하여 부득이 어느 일에 종사하는 경우가 있다. 이 경우 자신의 마음가짐이 중요하다. 하늘은 스스로 노력하는 사람을 돕는다. 일찍이 아버님께서는 필자에게 다음과 같은 가르침을 담은 친필 족자를 남기셨다.

내 한 몸의 동과 정을 천금같이 무겁게 하라
경각의 편안하고 위태함이 마음 두는 데 있다
굽은 길과 갈림길이 많아 길을 잘못 들기 쉽다
평탄한 길이 있기는 하지만 바로 찾기가 어렵다

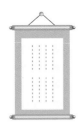

일신동정중천금(一身動靜重千金)
경각안위재처심(頃刻安危在處心)
다유곡기횡이입(多有曲岐橫易入)
비무탄도정난심(非無坦道正難尋)

구슬과 보배가 땅에 떨어지면 진흙과 모래에 묻히고
두루미가 둥지를 옮기면 들오리가 쳐들어오나니

하나하나의 모든 일을 한 걸음의 절반이라도 잘 살펴라
문밖으로 나서면 살얼음판이요 또 깊은 연못이니라

주진락지니사혼(珠珍落地泥沙混)
선학이소야목침(仙鶴移巢野鷲侵)
매사심상규보내(每事審詳跬步內)
출문빙박우연심(出門氷薄又淵深)

필자가 젊은 시절에 위의 가르침을 따라 반듯한 자세로 나아갔다면 갖가지 우여곡절을 겪지 않았을 것이다. 하지만 필자는 그저 그렇고 그런 사람이다. 그래서 사주라는 굴레를 벗어날 수 없었나 보다. 필자의 사주(甲申년 壬申월 癸亥일 庚申시)를 가지고 필자가 걸어온 인생길을 풀이해 보기로 하자.

사주가 오행이 중화되고 순수하면 성격이 원만하고 온후하다. 그러나 필자의 사주는 그렇지 않다. 금수(金水)의 기가 강하여 이성적이고 차가운데 그 정도가 무척 심하다. 특히 필자의 사주에서 수적으로 절반을 차지하는 경(庚)금은 의(義)·생사여탈권·숙살지기(肅殺之氣)이면서 학술 분야인 인수에 해당한다. 그래서 필자는 정의를 추구하는 법학에 선천적인 인연을 지니고 태어났다.

그런데 필자의 사주는 수(水)가 경(庚)금으로부터 발원하여 그 기세가 드높다. 이 수(水)는 지(智)·외유내강·순리이면서 주체성과 관련 깊은 비겁에 해당한다. 그래서 필자는 법학의 논리성을 바탕으로 자신의 주체적인 사상을 펼치는 사주학자가 되었다.

또한 필자는 임신(壬申)월 계해(癸亥)일 출생으로서 추수통원(秋水通源)이다.

추수통원은 근본적으로 신왕과 금수쌍청(金水雙淸)의 청백(淸白)을 이루어 재관(財官)이 서로 왕하면 과갑지영(科甲之榮)을 누린다. 그러나 필자의 사주는 재관(財官)을 지니고 있지 않다. 재(財)가 없으니 세속적인 욕망에서 떠나 있고 관(官)이 뚜렷하지 않으니 제약 속의 명예를 좋아하지 않는다. 그러니 조직체에서 일한다고 해도 큰 빛을 보기 어렵다. 상관 갑(甲)목이 용신이고 화(火)는 희신이라 목화(木火)로 이어져야 하기 때문에 목화통명(木火通明)으로 이 세상을 밝히는 일이 어울린다.

필자가 어렸을 때 할머니를 따라 깊은 냇가에 자주 갔다. 할머니께서는 정성 들여 만든 백설기를 물고기들한테 던져주시면서 용왕님께 기도 드렸다. 필자와 필자의 아버님이 잘되라고 촛불을 켜놓고 지극정성으로 축원하시던 그 모습이 지금도 생각난다. 그렇듯 할머니께서는 우리 부자를 물 속의 용왕님께 맡기셨다고 했다. 그래서 필자는 자라면서부터 물과 인연을 맺었다.

필자는 경북 문경의 작은 산골마을에서 태어나 그곳에서 초등학교와 중학교를 졸업하였다. 그런데 고등학교는 난데없이 물이 많은 항구도시인 부산으로 진학하게 되었다. 이 역시 물과의 큰 인연이다. 그리고 대학은 법대로 진학하였다. 법(法)이란 무엇인가. 물 수[水]와 갈 거[去]가 합쳐진 글자로 물이 흘러간다는 뜻이다. 모든 일을 물 흐르듯 순리대로 처리하고 수평을 이루어 사물의 참된 모습을 나타낸다는 의미다. 이 또한 물과의 인연이다.

필자의 사주에서 월주는 임신(壬申)이고 5세 이후 14세까지가 계유(癸酉)대운이니 어려서부터 운 또한 금수(金水)로 흘러왔다. 그러니 물과의 인연을 피할 수 없었다. 이름에서 글자가 금수(金水)로 이루어진 것도 다 그러한 인연 탓이리라. 다만 15세 이후 24세까지는 중학교 입학 이후 대학교 졸업까지인데 갑술(甲戌)대운으로서 좋을 때이다. 갑(甲)은 용신이고 술(戌)에는 정(丁)과 무(戊)의 재관(財官)이 있어서 과갑지영(科甲之榮)을 안겨주기 때문이다. 그래서 필자는 학운(學運)이 아름다웠다. 부산으로 고등학교 진학을 했던 해는 경자(庚子)년 금수(金水)운이었고, 법대로 진학한 해는 계묘(癸卯)년 수목(水木)운이었다.

대학교를 졸업한 25세 이후부터 30년간은 해자축(亥子丑)의 수(水)대운이 전개되었다. 처음 을해(乙亥)대운 10년간은 을해(乙亥)가 시주 경신(庚申)과 어우러져 금수(金水)의 기를 자아내며 을(乙)이 목(木)의 본분을 다하지 못하니 수다목부(水多木浮)의 시절이었다. 여러 곳의 절과 인연을 맺었고 잠시 금융기관에서 일했지만 그 기간은 길지 않았다. 그다음 병자(丙子)대운 10년간은 비록 희신 병(丙)화가 빛나고 있으나 바탕이 수(水)여서 그 기간 전부를 맥주회사에서 보냈다. 병(丙)은 뜨거운 태양이고 자(子)는 차가운 물이니 여름철에 즐겨 찾는 시원한 맥주와 인연이 되었던 것일까. 그 당시 여러 업종이 호황기였는데 결국 필자는 물과 관련 깊은 맥주회사와 인연을 맺었던 것이다. 그 후 정축(丁丑)대운에는 직장을 공무원연금관리공단으로 옮겼는데, 거기서도 물과 인연을 맺어 수안보 온천지역의 일을 맡아 또 10년을 보냈다. 정(丁)은 뜨거운 불꽃이고 축(丑)은 물을 지닌 땅이어서 땅속에서 솟아오르는 온천수와 인연이 되었던 것일까.

대운의 흐름에서 누구에게나 격변하는 시기가 있다. 필자의 사주에서 첫 번째 대운인 계유(癸酉)를 1운이라고 하면, 여섯 번째 대운인 무인(戊寅) 6운이 바로 그 시기다. 이러한 격변기에는 누구든 월주와 대운이 천극지충(天剋支沖)을 이루어 사주의 기본틀이 크게 흔들린다. 사실 이러한 변화가 아무런 예고 없이 갑자기 찾아오지는 않는다. 그 앞 대운인 5운에서 벌써 사주의 천간과 대운의 천간이 합을 이루어 자동차의 깜박이처럼 예고해주었다. 필자의 경우에는 5운인 정축(丁丑)대운에서 대운 천간 정(丁)이 월간 임(壬)과 합하여 그 본분을 다하지 못하므로 아버님이 돌아가시고, 큰 손재를 당하는 등 아픔을 겪었다. 설상가상으로 대운의 지지 축(丑)은 금(金)의 고(庫)인지라 왕신(旺神)인 금(金)이 입묘(入墓)하여 몇 번이나 죽을 고비를 겪었다. 5운은 그렇다 하고 격변기인 6운[戊寅대운]에 관하여 살펴보자. 필자에게는 이 대운이 매우 바람직스럽다. 왜냐하면 해자축(亥子丑)의 겨울이 가고 인(寅)의 봄이 도래하는 시기이기 때문이다. 아울러 대운 천간 무(戊)와 대운 지지 인(寅) 속의 무(戊)·병(丙)·갑(甲)은 모두 필자에게 기쁨을 안겨주는 것이다. 특히 대운 지지 인(寅)은 호랑이인데, 고서(古書)에서는 "사주에 홍수가 범람하면 호랑이를 잡아타라"고 하였다. 다만 이 인(寅)이 사주의 지지에 있는 3개의 신(申)과 인신(寅申)충을 이루어 왕신(旺神)을 노하게 하는 것이 문제이다. 그러나 인(寅)이 3개의 신(申)과 결사적인 전투를 하려는 의지는 없고, 대운 무인(戊寅) 전체가 일주 계해(癸亥)와 천간 지지로 각각 무계(戊癸)합·인해(寅亥)합을 이루어 따스한 목화(木火)의 기운을 일으키고 있어 기쁘다. 필자는 퇴직 후 마포에서 〈동방명리학연구원〉을 개설했는데 이때가 무인(戊寅)대운의 일이다. 인(寅)은 역마이니 무척 바쁜 나날이다. 또한 인(寅)운은 목욕운이어서 이성을 상대할 일이 많다. 신문, 잡지 등 매스컴에 소개되고 저서를 발간하여 이름을 날리면서 목화통명(木火通明), 즉 나무에 꽃을 피우는 아름다운 시절을 보냈다. 나아가 인터넷 작명원을 개설하여 일대 직업혁명을 일으켰다. 무인(戊寅) 6운의 그다음인 기묘(己卯) 7운은 기(己)가 문제가 된다. 왜냐하면 이 기(己)가 사주의 용신인 갑(甲)과 천간합을 이루어 사주의 핵이 그 본분을 다하지 못하기 때문이다. 그러나 대운의 묘(卯)가 사주의 용신인 갑(甲)의 생기를 돋우어 주니 천만다행이다. 기묘(己卯)대운에는 무인(戊寅)대운보다 더 활발한 저술활동을 펼쳤다. 원래 사주의 바탕에 수(水)가 많아 결국은 수(水)가 많은 마포포구에서 오늘도 수(水)에 해당하는 자평학(子平學)에 전념하고 있는가 보다.

필자에게는 사주가 목화(木火)운을 만나서 식상생재(食傷生財)로 이어져야 하므로 저술 및 교수 활동 등이 좋다. 사주에 양(陽)의 세력이 강하니 더욱 그러하다. 일간이 지혜를 뜻하는 수(水)이면서 천문(天門)인 해(亥)를 지니고 있으니 판사로도 적격이지만, 재관(財官)이 없으니 사주학자가 더 잘 어울린다. 사실 앞으로 목화통명(木火通明)에 전념하고 싶다.

그런데 한 가지 구체적 의문이 있다. 법학을 전공한 필자가 도대체 어떤 운명의 장난으로 관광호텔과 인연을 맺었는가 하는 점이다. 필자의 사주에는 두 기둥에 지살(地殺)이 있는데, 이것들은 역마(驛馬)에 해당한다고 볼 수 있다. 지살이든 역마이든 둘 다 여행과 관련 있으니 해당운을 만나면 관광호텔과 인연을 맺을 수 있다. 그런데 그 해당운이 왜 정축(丁丑)대운이었는가가 의문이다. 정(丁)의 편재가 역마의 성질을 띠기 때문일까, 아니면 축(丑)이 3개의 신(申)을 생하기 때문일까, 아니면 3개의 신(申)이 축(丑)에 입묘(入墓)해서일까.

다른 각도로 필자가 걸어온 인생길을 논하여 보자. 연지와 월지에 있는 지장간 경(庚)금은 둘 다 자신의 천간으로는 나타나지 못했으므로 이 2개를 합쳐서 음(陰)으로 본다. 그리고 시지에 있는 지장간 경(庚)금은 자신의 천간인 시간의 경(庚)금으로 나타났으니 이 2개를 합쳐서 양(陽)으로 본다. 사주의 형상이 음양(陰陽)으로부터 일주와 월간의 수(水)로 뻗어나가서 연간의 목(木)으로 청기(淸氣)를 설한다. 그러니 음양오행(陰陽五行)을 다루는 사주학자이다.

젊은 시절에 인연을 맺었던 '맥주'나 '온천' 역시 경(庚)금이란 바위와 수(水)인 물에서 비롯한 것이다. 만일 외교관으로 나갔더라면 음인 북한과 양인 남한의 통일을 위해서 국제무대에서 멋지게 활약하여 동방목국(東方木國)을 일으켜 세우고 조국을 빛나게 했을 것이다.

탁발(托鉢)이란 도를 닦는 승려가 경문(經文)을 외면서 집집마다 다니며 동냥

하는 일을 이르는 말이다. 이는 가장 간단한 생활을 표방하는 동시에 아집(我執)과 아만(我慢)을 없애고, 보시하는 이의 복덕을 길러 주는 공덕이 있다고 하여 부처 당시부터 행하였다. 탁발하는 승려를 탁발승(托鉢僧)이라고 한다.

중국의 탁발승인 포대화상(布袋和尙)은 자신이 겉보기와는 달리 참다운 미륵 부처라고 노래했다.

바릿대 하나로 이 집 저 집 밥을 빌며
외로운 몸이 되어 만 리를 떠도네
반겨하는 눈으로 바라보는 사람 없어
흘러가는 흰 구름에 갈 길을 물어본다

일발천가반(一鉢千家飯)
고신만리유(孤身萬里遊)
청안도인소(靑眼睹人少)
문로백운두(問路白雲頭)

미륵도 참다운 미륵 부처가
백천억 모양으로 몸을 나투어
때때마다 사람들께 보여주건만
사람들이 스스로 알지 못하네

미륵진미륵(彌勒眞彌勒)
분신백천억(分身百千億)
시시시시인(時時示時人)
시인자불식(時人自不識)

포대화상은 몸집이 뚱뚱하며, 이마는 찡그리고, 배는 늘어져 이상한 모양을 하였으며, 말이 일정치 않고, 아무 데서나 눕고 자고 하였다. 언제나 지팡이에 자루를 걸어 메고, 소용되는 물건은 모두 그 속에 넣어 가지고 거리로 다니면서, 무엇이든 보기만 하면 달라고 하였다. 즉시 먹을 수 있는 것 이외의 것은 이를 모두 그 자루에 넣었다. 그래서 사람들이 그를 본명이 아닌 포대화상이라고 불렀다. 그가 사람들의 길흉화복이나 날씨 등을 말하면 그 말이 맞지 않는 것이 없었다 한다. 첫 번째 노래를 통해 그의 평생을 짐작할 수 있다. 916년 3월에 명주(明州) 악림사 동쪽 행랑 밑 반석에 단정히 앉아서 두 번째 노래를 남기고 사망하였다. 그 이후 그를 미륵보살의 화현이라 하여 그의 모양을 그려서 존경하여 받드는 사람이 많았다 한다.

"표지만 보고 책을 판단하지 말라(Don't judge a book by its cover)"라는 서양의 속담이 있다. 이와 마찬가지로 어느 사람의 직업이 불분명하다 하여 그를 함부로 대하면 대인 관계에서 커다란 실수를 저지를 수 있다.

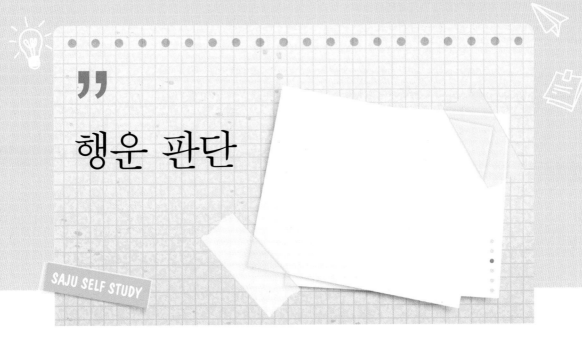

01 총설

    이백(李白)이 지은 춘야연도리원서(春夜宴桃李園序)는 인생이 꿈과 같이 덧없고 짧으니 봄밤을 복숭아꽃과 자두꽃이 활짝 핀 동산에서 즐기지 않을 수 없다는 내용의 글이다.

    이 글은 "부천지자만물지역려, 광음자백대지과객(夫天地者萬物之逆旅, 光陰者百代之過客)" 즉 "무릇 천지란 만물이 머물다 가는 객줏집이고, 광음이란 이 천지를 지나가는 영원한 나그네라"는 구절로부터 시작된다. 그때그때의 객줏집은 객체이고, 오랜 세월의 나그네는 주체이다.

사주(四柱)는 나그네요, 행운(行運)은 객줏집이다. 왜냐하면, 사주는 바뀌지 않는 정적인 것이나, 행운은 이어 나가면서 바뀌는 동적인 것이기 때문이다. 사주란 나그네는 여행하며 새로운 객줏집으로 발길을 돌린다. 그러므로 사주 간명이란 먼저 사주의 간지(干支)를 살펴 그 근기(根基)를 파악한 다음, 운로(運路)에 비추어 해당 인물의 일생을 논하는 것이다. 근기는 초목과 같고 운로는 기후와 같다. 초목이 조화로운 기후를 만나면 생기를 발하지만 그렇지 못하면 시들어버린다. 마찬가지로 근기가 박약하면 마치 봄날의 복사꽃처럼 잠시 동안만 아름다울 뿐 그 아름다움이 길지 않다. 그러나 근기가 충실하면 마치 송죽(松竹)처럼 그 기상이 겨울에도 푸르다. 그러므로 먼저 근기를 논하고 다음으로 운로를 살피는 것이다. 그러나 아무리 충실한 근기라고 해도 운로가 조화롭지 않으면 아름다움을 누리지 못하니, 이 때문에 사주 간명의 초점을 운로에 두는 것이다.

1) 의의와 종류

행운 판단이란 사주를 운로에 비추어 파악하는 것이다. 사주란 좁게 보면 화단에 뿌려진 꽃씨 하나이지만, 넓게 보면 우주 속의 태양계에 새로 등장한 하나의 소행성이다. 이 소행성은 자전과 공전을 거듭하며 대운·연운·월운·일운·시운의 흐름으로 이어지는데 시시각각 그 모습이 변화한다. 행운 판단은 바로 이러한 변화를 파악하는 것이다.

행운은 10년을 주기로 하는 대운(大運), 1년마다 전개되는 연운(年運), 매월마다 전개되는 월운(月運), 매일마다 전개되는 일운(日運), 그리고 시간마다 전개되는 시운(時運)을 모두 포함하는 개념이다. 연운은 세운(歲運)이라고도 하고, 일운은 일진(日辰)이라고도 한다.

2) 배경

우리 선현들은 인간도 하나의 소행성이라고 인식하고, 사주학의 많은 이론들을 천문학에 근거를 두고 발전시켜왔다. 인간도 지구와 마찬가지로 태양계에서 태어나 태양 주위를 맴돌다 사라지는 하나의 소행성이다. 하도와 낙서에는 이러한 우주의 신비가 담겨 있다. 태초에 음양이 분리되어 물[H_2O]이 생기고, 이것이 수소와 산소로 분리되어 하늘의 불이 형성된다. 그 과정에서 상승과 하강 작용이 이루어져, 천지만물은 태어나면서부터 구심점을 형성해서 빙글빙글 돌게 된다. 달은 지구의 둘레를 돌고, 지구는 태양의 둘레를 돈다. 태양 또한 다른 별자리를 도는데, 이처럼 모든 천체가 자미신궁을 중심으로 원무를 추고 있다. 하도와 낙서는 우주의 신비를 말하면서, 인간도 하나의 소행성이니 우주의 질서 속에 조화를 이루며 살아가라고 가르쳐준다.

예로부터 많은 과학자들이 우주 탄생의 기원과 크기, 모습, 중심점 등을 알아내기 위해 많은 노력을 해왔다. 그러나 우주는 인간의 상상을 초월할 정도로 크고 방대하기 때문에 지금까지도 밝혀지지 않은 부분이 많다. 태양계를 비롯한 수많은 별·성단·성운 등을 포함하고 있는 우리 은하에는 태양과 같은 별이 약 2,000억 개가 있다고 추정된다. 한편 우리 은하 밖에는 타원은하·나선은하·불규칙은하 등으로 이루어진 외부은하가 있다. 이들을 모두 포함하는 우주는 계속 팽창하고 있다.

우리가 살고 있는 지구는 태양계에 속해 있으며, 태양계는 태양을 중심으로 움직이는 모든 천체, 즉 8개의 행성, 44개 이상의 위성, 수많은 소행성, 혜성, 그리고 별똥별과 행성 간의 물질들을 포함한다. 이들은 태양과 상호간의 만유인력으로 인해 궤도 이탈 없이 유지된다. 달은 지구의 위성으로 지구 주위를 공전하면서 자전하고, 지구는 태양 주위를 공전하면서 자전한다. 지구의 자전축은 약간 기울어져 있다. 이렇게 지구의 자전축이 기울어 자전하면서 태양 주위를 공전하는 동시작용으로 인해 계절의 변화가 생긴다. 또한 이 동시작용으로 말미암아 같은 지역에서도 계절에 따라 태양의 고도차와 온도차가 생기고 밤낮의 길이가 달라진다.

◉ 지구의 공전과 자전

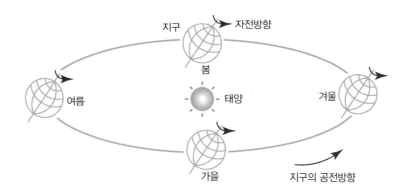

태양 주위를 돌면서 지구는 태양으로부터 강한 영향을 받는다. 이때 태양의 활동 정도는 흑점의 많고 적음을 보고 추정하는데, 흑점이 많으면 태양의 활동이 활발하다는 것을 의미한다. 태양의 흑점이 극대·극소가 되는 것은 약 11년 주기라고 한다. 태양의 흑점수는 측정 방법 등에 따라 달라질 수 있다. 하도와 『천부경』의 원리에 따르면 10년 주기이다. 흑점이 극대가 되면 지구상에는 자기 폭풍 때문에 나침반이 심하게 움직이므로 정밀한 항로가 필요한 비행기의 운항 등에 많은 어려움이 생기고, 통신이 두절되기도 하며, 극지방에서는 많은 오로라가 관측된다. 태양과 내행성(태양과 지구 사이의 행성), 그리고 지구가 일직선상에 있을 때를 합(合)이라고 하고, 태양과 외행성(태양으로부터 지구 바깥쪽에 있는 행성) 사이에 지구가 일직선상으로 위치하는 때를 충(沖)이라고 한다. 태양의 시궤도(視軌道), 즉 지구에서 보아 태양이 지구를 중심으로 운행하는 것처럼 보이는 천구상(天球上)의 대원(大圓)은 황도(黃道)라고 한다.

3) 사계와 인생

사계[四季, The four seasons]는 이탈리아의 작곡가인 안토니오 비발디 [Antonio Vivaldi, 1678~1741]의 대표적인 바이올린 협주곡이다.

네 편의 시에 의거해서 네 계절의 리드미컬한 분위기를 즐겁고도 섬세하게 표현한 표제음악의 걸작이다.

'봄' '여름' '가을' '겨울'이라는 제목이 붙어 있고, 각 곡이 3악장으로 구성된 전체 4곡 12악장의 협주곡이다.

비발디는 계절에 따라 변하는 자연과 그 속에서 더불어 살아가는 인간을 아름다운 음악으로 그려 낸다.

사람의 한평생은 사계로 이루어진다.

사주학은 인생을 120년으로 본다. 한편 사주학은 각 계절이 10년마다 새롭게 펼쳐지는 3개의 대운(大運)으로 이루어진다고 본다. 따라서 사주학은 사람의 한평생이 비발디의 '사계'처럼 각 곡이 3악장으로 구성된 전체 4곡 12악장의 협주곡이라고 본다.

사람의 수명이 얼마나 되는가 하는 논의는 예로부터 있어 왔다. 노화를 연구하는 학자들은 노화의 원인을 명확히 규명하기 전에는 사람의 한계 수명이 125세 정도라고 보는 것 같다. 성경에는 사람의 수명이 120세로 나온다(창세기 6장 3절).

사주학은 한 사람의 운의 흐름을 봄·여름·가을·겨울로 나누어 고찰한다. 각 계절운은 사람의 운명을 30년씩 지배하고, 각 계절운은 다시 10년 단위의 대운 3개로 나누어진다. 각 대운은 10년씩 지배하는데 이는 운이 10년마다 크게 바뀌는 것을 의미한다. 그런데 운이 10년마다 크게 바뀌는 것은 태양의 흑점이 10년 주기로 크게 변하는 것에 근거를 두고 있다.

이를 좀 더 구체적으로 살펴보자. 인묘진(寅卯辰) 대운은 봄이고, 사오미(巳午未) 대운은 여름이며, 신유술(申酉戌) 대운은 가을이고, 해자축(亥子丑) 대운은 겨울이다. 봄·여름·가을·겨울은 각각 30년씩 지배하며, 각 계절은 석달씩 구성되므로 1달은 10년을 지배한다. 그러므로 인묘진(寅卯辰) 대운은 봄으로 30년을 지배하며, 인(寅)·묘(卯)·진(辰)은 각각 10년을 지배한다. 사오미(巳午未) 대운, 신유술(申酉戌) 대운, 해자축(亥子丑) 대운의 경우도 계절만 다를 뿐 내용은 마찬가지다. 30년 계절운이 바뀔 때의 운을 접목운이라고 한다. 마치 나무를 기후와 풍토가 다른 곳으로 옮겨 심는 것과 같기 때문에 붙여진 이름이다. 이 접목운에는 파란이 많고, 특수한 나무는 적응하지 못하고 죽어버린다. 지구는 매달 기후가 바뀌고, 태양은 10년 주기로 흑점의 극대·극소화 현상이 일어난다. 따라서 지구의 1달(30일)은 태양의 10년, 지구의 3일은 태양의 1년으로 이해할 수 있다.

만세력을 보면 일진 옆에 '대운수(大運數)'를 표시해놓은 경우가 많다. 이 대운수는 대운의 주기가 바뀌는 기준 연령이다. 다시 말해 이 사주는 몇 살부터 운이 새롭게 바뀐다고 표시해놓은 것이다. 이 대운수의 계산방식은 지구와 태양의 관계에 대한 인식에 바탕을 두고 있다. 지구의 3일은 태양의 1년이므로 출생일이 절기와 3일의 시간 차이가 있는 사람은 대운 주기를 '1'로 본다. 그러면 첫 대운이 시작되기 전에는 무엇을 근거로 판단하는가. 이에 관해서 여러 학설이 있지만, 월주 간지로 판단하고 첫 대운에 진입하면 월주를 버린다는 학설이 타당하다. 왜냐하면 월주의 간지는 입운(入運)으로서, 이것이 바로 그 다음으로 전개되는 대운의 간지를 정하는 모태요 기준이기 때문이다.

사계절 운을 논할 때는 진(辰)·술(戌)·축(丑)·미(未)를 눈여겨보아야 한다. 진(辰)은 봄에 속하므로 목(木)에 해당하고, 미(未)는 여름에 속하므로 화(火)에 해당하며, 술(戌)은 가을에 속하므로 금(金)에 해당하고, 축(丑)은 겨울에 속하므로 수(水)에 해당하기 때문이다. 본래 자신의 오행은 토(土)이지만 사계절 운을 따질 때는 이렇게 달라지는 것이다. 또한 진(辰)·술(戌)·축(丑)·미(未)는 묘고(墓庫)이므로 왕신입묘(旺神入墓)하는 운은 사기(死期)로 알려져 있다. 나아가 축술미(丑戌未)는 이른바 삼형살(三刑殺)로서 관재·구설·송사·시비·수술·사고 등으로 이어진다. 그러므로 어느 대운이 진(辰)·술(戌)·축(丑)·미(未)일 때에는 세심하게 잘 살펴야 한다. 대운뿐만 아니라 연운 등의 경우도 마찬가지다.

4) 대운과 연운

대운은 지지를 중시하고 연운은 천간을 중시한다. 왜냐하면 대운은 12개의 지지가 바로 지구에서 이루어지는 1년 12달의 기후변화를 나타내고, 연운은 10개의 천간이 바로 하늘에서 이루어지는 대운 10년간의 태양의 변화를 나타내기 때문이다.

대운은 봄·여름·가을·겨울이고 연운은 그 어느 가운데 위치하기 때문에 대운이 좋으면 연운이 나빠도 크게 나쁘지 않다. 이는 마치 묘(卯)월이면 봄이 무르익을 때라 그중에 추운 날이 있어도 추위가 심하지 않고 여전히 봄날인 것과 같다. 하지만 대운이 나쁘면 연운이 좋아도 크게 좋지 않다. 이는 마치 자(子)월이면 겨울이 깊을 때라 그중에 따뜻한 날이 있어도 추위가 떠나지 않고 여전히 겨울날인 것과 같다.

5) 월운과 일운

월운은 천간보다 지지를 중시한다. 이와 관련해 월의 지지는 매년 고정되어 있지만, 천간은 61개월에 한 번씩 같은 월이 되기 때문에 월운은 천간을 중요시한다는 학설이 있는데 타당하지 않다고 본다. 왜냐하면 월은 1년을 12달로 구분하여 계절의 변화를 나타낸 것이므로 각각의 지지가 뜻하는 계절의 성숙도를 중시하기 때문이다.

월운의 간지가 사주의 희용신에 해당하면 길하고, 그렇지 않으면 흉하다고 판단한다. 대운과 연운이 나빠도 월운이 좋으면 조금 좋아질 수는 있지만 크게 기대할 정도는 아니다. 대운과 연운은 좋은데 월운이 나쁘면 조금 나빠질 수는 있지만 크게 걱정할 정도는 아니다. 월운의 지지는 연운의 지지와 같을 때 그 힘을 더욱 나타낸다. 예를 들어 사주명식의 지지에 신(申)이 있고 대운의 지지에 인(寅)이 있으며 연운의 지지에 사(巳)가 있는 경우에 인사신(寅巳申)삼형이다. 이때 연운의 지지는 사주명식의 지지 및 대운의 지지에 비해 다소 약한 느낌이다. 사주명식이 평생을 좌우한다면 대운은 10년, 연운은 1년을 좌우하기 때문이다. 그러나 월운의 지지가 사(巳)이면 연운의 지지가 더욱 힘을 나타내어 비로소 완전한 삼형을 이룬다고 볼 수 있다. 그러므로 사(巳)월에 관재·구설·송사·시비·수술·사고 등이 일어난다고 판단할 수 있다.

일운은 지지보다 천간을 중시한다. 왜냐하면 10개의 천간이 천(天)·지(地)·인(人)의 3회전을 이루면서 1달(30일)을 만들어내기 때문이다.

일운의 간지가 사주의 희용신에 해당하면 길하고 그렇지 않으면 흉하다고 판단하지만, 그 힘이 크지 않다고 본다. 그러므로 보통 사주명식의 일주(日柱)와 대조하여 합이나 충을 이루면 그 의미를 새겨보는 정도이다. 예를 들어 계해(癸亥)

일주가 무인(戊寅)일을 맞이하면 천간과 지지가 모두 합을 이룬다. 천간에서는 화기(火氣)가 감돌고 지지에서는 목기(木氣)가 감돌아 전체적으로는 목생화(木生火)의 형상이다. 그 결과 목(木)·화(火)·토(土)의 일운으로 목(木)·화(火)·토(土)가 희용신인 사람한테는 길하다고 판단한다.

02 단편적인 이론들

행운 판단에 관한 단편적인 이론들이 많다. 이 이론들을 소개하면 다음과 같이 그 내용이 다양하다.

- 아무리 좋은 사주를 타고나더라도 운에서 용신을 받쳐주어야 발복할 수 있다. 운에서 용신을 받쳐주지 못하면 마치 영웅이 때를 만나지 못하는 것과 같다. 나쁜 사주라도 대운이 길하면 별다른 걱정 없이 평탄하게 살 수 있고, 나쁜 사주에 운마저 나쁘면 생불여사(生不如死), 즉 사는 것이 죽는 것만도 못한 신세라고 할 수 있다.
- 대운이 용신을 도와주거나 기신을 제거하면 발복이 무궁하다. 그러나 이와 정반대의 경우에는 재난이 중중하다.
- 대운이 용신의 기를 빼내어 용신의 힘을 약화시키거나 용신을 극하면 손재·질병·실패 등을 당한다.
- 사주의 천간에 있는 기신을 제거하는 것이 좋다면 대운의 천간이 무엇인지가 중요하고, 사주의 천간에 있는 용신이 뿌리 내리는 것이 좋다면 대운의 지지가 무엇인지가 중요하다.
- 금수(金水)는 수축·통합 작용이요, 목화(木火)는 확장·분산 작용이다. 이

두 가지 작용이 잘 순환되어야 생기가 돈다. 특수격이 아닌 일반격은 금수(金水)가 많으면 목화(木火)운으로 흐르는 것이 좋고, 목화(木火)가 많으면 금수(金水)운으로 흐르는 것이 좋다.

- 화(火)가 치열하면 용[辰]을 타야 하고, 홍수가 범람하면 호랑이[寅]를 타야 한다.

- 여름의 목(木) 일간이 식상인 화(火)를 보면 화왕목분(火旺木焚)이므로 인성운이 좋다.

- 금한수랭(金寒水冷)한 사주는 조후 때문에 억부용신으로만 해석해서는 안 된다.

- 같은 토(土)운이라고 해도 조토(燥土)운과 습토(濕土)운은 다르다. 예를 들어 일간의 오행이 화(火)이면서 화토금(火土金)으로 흐르는 식신생재격의 경우에는 무술미(戊戌未)는 조토로서 별로 도움이 되지 않지만, 기진축(己辰丑)은 습토로서 화(火)의 기운을 설기하여 금(金)을 생하는 좋은 역할을 한다.

- 대운이 일지와 충·형을 이루면 부부 사이에 나쁜 일이 생긴다.

- 아무리 좋고 기뻐하는 운이라도 이것이 세력을 갖추어 충(沖)의 형태로 기존 질서를 파괴하면 바로 죽음으로 이어질 수 있다.

- 대운이 사주의 왕한 지지를 충하면 재난을 당한다. 노인은 이 운에 사망한다.

- 대운이 연지·월지와 충·형을 이루면 부모형제에게 해가 있거나 부모형제의 곁을 멀리 떠나게 된다.

- 비겁이 많고 재성이 없는 경우에 재성운을 만나면 운에서 군비쟁재(群比爭

財)가 이루어져 시비·소송·손재·살상 등의 재난을 당하고, 심한 경우에
는 본인이 사망한다.

- 사주가 신약한데 관살이 왕하면 인성운에 발복하고, 사주가 신왕한데 관살
이 미약하면 재성운에 발복한다.

- 재다신약(財多身弱)인 사주는 비겁운에 재산을 크게 모으고 식상·재성 운
에 손재가 있다.

- 사주가 신왕한데 재성이 미약하면 식상·재성 운에 발복하여 재산을 모으
고, 인성·비겁 운에 실패한다.

- 사주가 신왕하여 식상을 용신으로 쓰는 경우에는 식상운에 발복하고 인수
운에는 곤란과 액운이 많다.

- 비겁이 왕하고 재성이 미약한 경우에 비겁운을 만나면 재산 손실·상처 등
의 재난을 당한다.

- 양인격(羊刃格)은 편관운에 발달하고, 비겁운이나 양인 운을 만나면 아내와
이별하거나 재산을 탕진한다.

- 사주에서 양인운과 형충회합(刑沖會合)을 이루면 불화·실패·손해·조
난·병난·박해·생사이별 등의 재액을 당하므로 평소 신중하게 처신해야
한다. 단순한 양인운은 겁재운과 같은 정도로 생각하면 된다.

- 진상관격(眞傷官格)은 인성운에 발달하고, 가상관격(假傷官格)은 식상운에
발달한다.

- 경(庚)일 유(酉)월생과 경(庚)일 해자축(亥子丑)월생은 모두 병정(丙丁)의 관
살운을 기뻐한다. 관살이 모두 나타나면 미격(美格)이다.

- 화격(化格)은 화신(化神)을 극하거나 쟁합·투합이 되는 운에 재난을 당한다.
- 세운은 매년의 간지로 구성되는 운이다. 대운이 좋고 세운도 좋으면 크게 발달하고, 대운은 길한데 세운이 나쁘면 발전은 있지만 지장이 많다. 반대로 대운이 나쁜데 세운이 좋으면 특별히 좋고 나쁜 일이 없이 그럭저럭 넘기게 되며, 대운과 세운이 모두 나쁘면 파란이 많다.
- 대운과 세운이 상극·상충을 이루면 여러 가지 문제가 일어난다. 뜻대로 되지 않는 일이 많고, 불화·손재·병난 등을 당한다.

- 대운이 계축(癸丑)인 정관운과 세운이 을미(乙未)인 인수운은 길성이 겹쳐서 대길운이다. 그러나 지지가 축미(丑未)충을 이루어 천간의 길성이 흔들리니 남편과 어머니 사이에 불화가 생긴다.
- 세운이 용신충(用神沖)이거나 용신이 뿌리를 내린 지지를 충하거나 왕신입묘(旺神入墓)이면 목숨이 위태롭다.
- 세운이 월지나 일지를 충하면 이사하거나 근무처를 옮긴다. 일지가 희신인 경우에 세운이 일지를 충하면 관직에 있는 사람은 파직을 당하고, 사업가는 사업상 큰 실패를 당한다.
- 세운이 일주의 간지와 천극지충(天剋地沖)을 이루거나 일지와 형을 이루면 구설·시비·소송·관재 등이 일어난다.
- 군비쟁재가 된 사람이 비겁운인 세운을 만나면 손재·부부이별 등 여러 가지 재앙을 겪는다.
- 세운의 인수가 희신이면 문서상의 기쁜 일이 있다. 또 세운이 인수와 간합

을 이루면 재산에 관련된 문서를 손에 넣는다. 인수가 충이나 형을 당하는 해는 계약의 하자가 발생하거나 시비가 많다.

- 사주가 신약한데 재관(財官)이 왕하면 재관운에 관재와 송사가 있다.
- 일지에 상관이 있는데 연운이 상관운이면 몸에 상처가 생기는 사고를 당한다.
- 사주명식 중에서 인수가 희신인데 정재운이 와서 극하면 학생은 공부가 싫어지고, 따라서 성적이 급격히 떨어진다.
- 강한 정재운이 기신운이면 어머니의 신상에 재난이 닥친다.
- 정관격이 간합을 이루는 해는 인사이동이나 직업상 변동이 있다.

- 정관격이 충이 되는 해는 실직할 우려가 있다. 그렇지 않으면 이사를 한다.
- 대운은 편인운이고 세운은 식신운인 경우에 여성은 자녀문제로 고민하거나 산액(産厄)을 당한다.
- 편인운이 기신운이면 여성은 유방과 자궁에 질병이 발생하여 고생할 우려가 있다.
- 사주명식에 양인이 있는데 비겁운이 오는 경우에는 오래된 일로 인해 재해가 생긴다. 또는 배우자를 상하게 하거나 실직할 우려가 있다.
- 투출한 식상으로 설기 용신한 식상생재(食傷生財)의 경우 인성운을 만나면 재산을 날린다.
- 신왕한데 관살이 미약한 사람은 식상운에 파직당할 우려가 있다.
- 남성은 재성혼잡인 연운에 이성문제로 봉변을 당하고, 여성은 관살혼잡인 연운에 이성문제로 봉변을 당한다.

- 인수가 용신인데 재성운을 만나면 여성을 조심해야 하고 뇌물을 받으면 안된다. 망신에 파직당할 우려가 있다. 잘못하면 감옥까지 들어간다.
- 신강·신약을 불문하고 연간이 인수인 해는 부동산 취득 및 문서계약이 이루어진다.
- 식상이 왕한 여성이 식상운을 만나면 남편이 사업에 실패하거나 과부가 될 우려가 있다.
- 사주에 양인이 4개 있으면 정재운에 죽는다.
- 사주명식에 비겁과 인성이 많은 여성이 비겁운과 인성운을 만나면 남편을 다른 여성에게 빼앗기고 통곡하게 된다.
- 역마인 행운에는 이사·직장 전보·해외 출입 등이 있고, 역마와 합이 되는 운에는 영전하게 된다.
- 일지가 역마인데 이것과 충·형이 되는 해는 교통사고를 당하거나 몸을 다친다.
- 결혼 시기는 아래와 같이 판단한다.

첫째, 배우자에 해당하는 통변성이 왕해지는 해에 혼사가 이루어진다. 남성은 식상운과 재성운, 여성은 재성운과 관성운이다. 다만 배우자에 해당하는 통변성이 태과하지 않을 경우이다. 배우자에 해당하는 통변성이 태과할 경우는 이를 제화(制化)하는 운에 혼사가 성립된다.

둘째, 일주와 천지덕합(天地德合)이 되는 해에 혼사가 이루어진다. 천지덕합이란 일주의 간지가 좌우의 간지와 천간과 지지에서 각각 합이 되는 것을 이르는 말이다. 예를 들어 갑자(甲子)일 기축(己丑)시의 경우이다. 일간이 천간합을 이루는 해나 일지가 지지합을 이루는 해에도 혼사가 성립된다.

셋째, 일지·대운·세운이 삼합을 이루는 해에 혼사가 이루어진다. 일지가 아닌 지지와 삼합을 이루는 해에도 혼사가 가능하다.

03 방법

대운은 월주의 간지를 기준으로 하여 순행하거나 역행하는 순차적인 간지이다. 예를 들어 월주의 간지가 임신(壬申)인 경우를 보자. 순행이면 첫 번째 대운은 계유(癸酉)이고, 두 번째 대운은 갑술(甲戌)이며, 계속 차례대로 이어진다. 역행이면 첫 번째 대운은 신미(辛未)이고, 두 번째 대운은 경오(庚午)이며, 계속 차례대로 이어진다. 대운은 간지를 따라 그 간지가 갑자(甲子)이면 대운 갑자(甲子) 또는 갑자(甲子) 대운이라고 하며, 그 순서에 따라 1운, 2운…… 이라고도 한다.

앞에서 설명한 것처럼 대운은 월주를 기준으로 차례대로 이어진다. 그러므로 대운이란 월주의 이동이며 기후의 변화이다. 따라서 이것이 사람의 운명에 커다란 영향을 미친다. 대운은 10년 단위로 전개되고, 대운 3개는 하나의 계절을 형성한다. 인묘진(寅卯辰)은 목(木) 즉 봄이고, 사오미(巳午未)는 화(火) 즉 여름이며, 신유술(申酉戌)은 금(金) 즉 가을이고, 해자축(亥子丑)은 수(水) 즉 겨울이다. 그러므로 대운을 논할 때에는 지지에 큰 비중을 둔다. 그러나 이 밖에도 여러 가지로 살펴볼 것이 많다.

1) 대운의 지지

대운은 사람의 운명에 큰 영향을 미친다. 따라서 대운의 지지가 어느 오행에 속하는지를 살펴서 사주를 간명해야 한다. 예를 들어 목(木)이 많고 토(土)가 적어 목다토경(木多土傾)이 된 사주를 보자. 대운의 지지가 사오미(巳午未) 남방 화(火)로 흐르는 30년 동안은 비약적인 발전을 기대할 수 있다. 왜냐하면 화(火)는 목(木)의 강한 힘을 빼고 토(土)의 약한 힘을 돋우어 균형을 이루어주기 때문이다. 그러나 대운의 지지가 인묘진(壬卯辰) 동방 목(木)으로 흐르는 30년 동안은 비약적인 발전을 기대할 수 없다. 왜냐하면 목(木)은 목(木)의 강한 힘을 더욱 돋우고 토(土)의 약한 힘을 더욱 빼서 균형을 극도로 깨뜨리기 때문이다.

2) 대운의 천간

대운을 논할 때는 지지에 큰 비중을 두지만, 대운의 천간도 살펴보아야 한다. 대운의 천간은 지지와 더불어 하나의 대운을 구성할 뿐만 아니라 스스로도 사주에 영향력을 행사하기 때문이다.

① 일간인 갑(甲)목이 신왕하고 편재인 무(戊)토가 허약한 사주를 예로 들어보자. 대운의 천간이 식신인 병(丙)화나 상관인 정(丁)화이면 일간인 갑(甲)목의 힘을 빼고 편재인 무(戊)토의 힘을 돋우어 사주의 균형상태를 가져오므로 매우 기쁘다. 그러나 대운의 천간이 비견인 갑(甲)목이나 겁재인 을(乙)목이면 일간을 더욱 북돋우어 군비쟁재를 일으킨다.

② 월지에 용신인 인수가 있는데 이를 월간의 정재가 극하는 사주를 예로 들어보자. 대운의 천간이 겁재이면 이 겁재가 10년 동안 기신인 월간의 정재를 극하여 비약적인 발전을 기대할 수 있다.

③ 월지에 용신인 정재가 있는데 이를 월간의 식신이 생하는 사주를 예로 들어보자. 대운의 천간이 편인이면 이 편인이 10년 동안 희신인 월간의 식신을 극하여 식신생재(食神生財)의 아름다움이 깨어진다.

④ 월지에 용신인 정관이 있는데 이를 월간의 정재인 경(庚)금이 생하는 사주를 예로 들어보자. 대운의 천간이 을(乙)이면 월간의 정재인 경(庚)금은 10년 동안 을경(乙庚)합의 사랑에 빠져 희신으로서 제 역할을 다하지 못한다.

⑤ 월지에 용신인 정관이 있는데 천간에 편관인 병(丙)화가 있어서 관살혼잡이 문제가 되는 사주를 예로 들어보자. 대운의 천간이 신(辛)이면 천간의 편관인 병(丙)화는 10년 동안 병신(丙辛)합의 사랑에 빠져 기신으로서의 역할을 다하지 못한다.

⑥ 사주의 천간에 있는 쟁합·투합은 대운의 천간이 와서 깨뜨릴 수 있다. 대운의 천간이 합신(合神) 중 어느 하나를 극하면 원래의 쟁합·투합은 사라지기 때문이다. 또한 대운의 천간이 이들과 어울려 2쌍의 원앙합을 만들어도 원래의 쟁합·투합은 사라진다. 예를 들어 기(己)년 갑(甲)월 기(己)일은 2기(己) 1갑(甲)으로서 투합이지만, 대운의 천간이 경신(庚)이면 갑(甲)을 극하여, 을(乙)이면 기(己)를 극하여 원래의 쟁합·투합은 사라진다. 또한 대운의 천간이 갑(甲)이어서 이것이 2기(己) 중 하나와 사이좋게 갑기(甲己)합을 이루어 두 쌍의 원앙합을 만들어도 원래의 쟁합·투합은 사라진다.

대운의 천간에 대해 덧붙여 설명한다.

일간과 대운의 천간이 합하는 경우이다. 양(陽) 일간은 정재와 합하고 음(陰) 일간은 정관과 합한다. 이 합은 유정한 관계이다. 재(財)나 관(官)이 용신 또는 희신이면 좋은 일들이 전개되지만, 이들이 기신이면 좋지 않은 일들이 전개된다. 일간이 용신 이외의 천간과 합하면 일간이 용신을 돌아보지 않는 것이니 큰 뜻을 품지 않은 것이다. 마찬가지로 용신이 일간 이외의 천간과 합하면 용신이 일간을 돌아보지 않는 것이니 성공할 수 없다.

3) 대운의 한계

사주명식, 즉 원국과 대운이 상극·상충을 이루면 대운이 본래의 작용을 다하지 못한다. 그 결과 대운의 간지가 희신일지라도 희신의 작용을 다하지 못하고, 기신일지라도 기신의 작용을 다하지 못한다.

대운은 원국이 어떻게 받쳐주느냐에 따라 작용이 달라진다. 비록 희신운일지라도 세력이 약하여 원국으로부터 반격을 당하면 영화는 잠시일 뿐 도리어 변을 당한다. 사주에서 비겁의 세력이 강할 때는 관살운은 버틸 수 있지만 재성운은 버틸 수 없다. 왜냐하면 관살과 비겁은 호랑이와 개의 관계이고, 재성과 비겁은 쥐와 고양이의 관계이기 때문이다. 재성이 약하여 재성운을 기쁘게 맞이하였으나 오히려 극처상신(剋妻傷身)하고 파산하는 까닭은 무엇인가? 재성이 빛을 발하며 그 모습을 뚜렷하게 드러낸 결과 비로소 비겁이 정확하게 공격을 가할 수 있기 때문이다. 그러므로 편재운에 아버지가 죽고, 인수운에 어머니가 죽으며, 남성은 관살운에 자식이 죽고, 여성은 식상운에 자식이 죽는 일이 벌어지는 것이다. 특히 군비쟁재가 이루어진 사주를 타고난 사람은 재성운을 맞이하여 자신의 목숨이 위태로워진다는 사실을 알아야 한다.

4) 대운의 천간과 지지의 관계

① 개두(蓋頭)와 절각(截脚)

개두란 대운의 천간이 지지를 극하는 것을 말한다. 경인(庚寅)·임오(壬午)·갑술(甲戌)·병신(丙申)·무자(戊子) 등이다. 이처럼 대운에서 천간이 지지를 극하면 지지의 힘이 저하되므로 지지의 운이 길운이라고 해도 아주 좋은 운은 아니고, 흉운이라고 해도 아주 나쁜 운은 아니다. 예를 들어 경인(庚寅)에서 경(庚)은 금(金)이고 인(寅)은 목(木)이다. 그러므로 천간 금(金)이 지지 목(木)을 극하여 목(木)의 역량의 떨어진다. 동방 목(木)운이 희신운이라고 해도 완전한 희신운이 못 되고, 기신운이라고 해도 완전한 기신운이 못 된다.

절각이란 개두와 반대로 대운의 지지가 천간을 극하는 것을 말한다. 갑신(甲申)·병자(丙子)·무인(戊寅)·경오(庚午)·임술(壬戌) 등이다. 이처럼 대운에서 지지가 천간을 극하면 천간의 힘이 저하되므로 천간의 운이 길운이라고 해도 아주 좋은 운은 아니고, 흉운이라고 해도 아주 나쁜 운은 아니다.

개두나 절각이 되면 극을 받는 쪽이 더 맥을 못 추지만 극하는 쪽 역시 힘이 빠진다. 개두와 절각은 대운에서 따지지만, 연운·월운·일운 등에서도 다를 바 없다.

② 간지가 생하는 경우

대운의 천간이 지지를 생하고 지지가 천간을 생하는 경우가 있다. 예를 들어 갑오(甲午)에서는 천간이 지지를 생하여 오(午)화의 역량이 더욱 커진다. 남방 화(火)운이 필요한 사람한테는 대길운이다. 그러나 남방 화(火)운이 나쁜 사람한테는 대흉운이다. 또한 갑자(甲子)에서는 지지가 천간을 생하여 갑(甲)목의 역량이 더욱 커진다. 동방 목(木)운이 필요한 사람한테는 대길운이다. 그러나 동방 목(木)운이 나쁜 사람한테는 대흉운이다.

③ 간지가 같은 오행인 경우

대운의 천간과 지지가 같은 오행인 경우가 있다. 갑인(甲寅), 경신(庚申) 등의 경우이다. 이때는 길 작용이나 흉 작용이 매우 크게 나타난다.

④ 대운의 간지와 행운 판단

운이 대운의 천간으로 좋게 들어왔을 때는 대운의 지지를 감안하여 판단하고, 운이 대운의 지지로 좋게 들어왔을 때는 대운의 천간을 감안하여 판단하지만, 어느 경우든지 대운의 지지를 중시한다. 천간과 지지를 종합적으로 고려하지만, 대운은 월주의 이동이며 기후의 변화이니 대운의 지지에 비중을 두는 것이다.

대운의 천간과 지지는 따로따로 분리시켜 각각의 독립적인 활동기간을 논할 수 없다. 그런데 이와는 다른 견해가 많다. 그 대략을 살펴보면, 대운의 천간과 지지를 나누어 각각 5년씩 주관한다고 하는 견해, 천간을 4, 지지를 6의 비율로 보아야 한다는 견해, 그리고 천간을 3, 지지를 7의 비율로 보아야 한다는 견해 등이 있다. 그러나 대운은 월주에서 일으킨 것이니 순행하는 경우는 미래의 월건으로 행하고, 역행하는 경우는 과거의 월건으로 거꾸로 행한다. 따라서 이 월건을 마치 칼로 무 자르듯 천간과 지지가 각기 몇 년씩 주관한다고 단언할 수는 없다. 월건의 간지는 함께 1달을 주관하는 것이지 천간과 지지가 각기 어느 기간을 주관하는 것은 아니다. 대운의 간지를 분리시켜 이론을 전개하는 것은 사주에서 월주의 간지를 분리시켜 이론을 전개하는 것과 같다. 따라서 대운의 천간과 지지가 모두 함께 10년을 주관한다고 보되, 천간과 지지의 생극(生剋)하는 원리에 의해 그 역량을 측정하며, 대운의 지지에 비중을 두어 판단한다. 이에 동조하여 절중변법(折中辨法)을 내세우는 견해가 있다. 이 견해를 살펴보면, 앞의 5년은 천간과 지지를 6:4의 비중으로 다루고, 나중의 5년은 천간과 지지를 4:6의 비중으로 다루자는 것이 그 내용이다. 그러나 이 견해는 그 내용에서, 다른 문제는 일단 논외로 하고, 결국 천간과 지지를 같은 비중으로 다루고 있다는 생각이 든다.

한편 천간과 지지가 모두 희용신이면 10년 동안 계속해서 길하고, 천간과 지지가 모두 기신이면 10년 동안 계속해서 흉하다. 그리고 천간과 지지가 하나는 희용신이고 다른 하나는 기신이면 10년 동안 길흉이 교차한다.

5) 대운과 사주명식

① 합·충·형·해·파

대운은 사주의 간지와 합·충·형·해·파를 일으킨다. 천간과 지지에서 각각 합을 일으키고, 지지에서 충·형·해·파를 일으킨다. 특정 대운이 원국과 어울려 지지에서 삼합이나 방합을 형성하면 오행의 변화를 일으키고, 그 결과 원국에 희용신이나 기신으로 작용한다. 예를 들어 대운의 지지 인(寅)이 원국의 오(午)·술(戌)과 어울려 화(火)를 돋우고, 대운의 지지 미(未)가 원국의 사(巳)·오(午)와 어울려 화(火)를 돋우어 희용신이나 기신으로 작용한다. 한편 특정 대운이 일지와 충을 이루면 10년 동안 가정적인 문제와 배우자 문제로 인한 여러 가지 변화가 생긴다. 대운과 원국이 어울려 축술미(丑戌未)나 인사신(寅巳申)의 형, 즉 이른바 삼형살(三刑殺)을 이루면 관재·구설·송사·시비·수술·사고 등으로 이어진다.

② 조후 관계의 심사

모든 생명체는 사계절의 기후변화에 따라 성장 발육에 큰 영향을 받는다. 사람 역시 마찬가지여서 기후에 따라 정신적, 육체적인 차이가 생기고 운명 또한 달라지게 된다. 그러므로 자신에게 필요한 좋은 기후를 만나야 하는데, 이처럼 자신의 성장 발육에 바람직한 기후와의 조화를 조후(調候)라고 하여 사주학에서는 이를 매우 중요하게 생각한다.

우선 사주가 조화를 잘 이루기 위해서는 더우면 서늘함이 필요하고, 추우면 따뜻함이 필요하다. 건조하면 윤택함이 필요하고 습하면 밝음이 필요하다. 요컨대 수(水)와 화(火)의 균형이 중요한 것이다. 이것을 좁은 의미의 조후라고 할 수 있다. 뿐만 아니라 사주는 오행이 고르게 분포하여 조화를 이룰 필요가 있다. 이를 위해서는 각 별들이 서로 귀성(貴星)으로 이루어지면 좋다. 귀성은 일간에 따라서 달라지며 또한 출생월에 따라서도 달라진다. 예를 들어 갑(甲)목은 큰 수목이므로 경(庚)금이란 금도끼로 다듬어져야 한다. 그러나 경(庚)금이 너무 거칠면 안 되니 정(丁)화란 불로써 이것을 적당히 제련할 필요가 있다. 인(寅)월과 묘(卯)월은 초목이 생기를 돋우어 가는 때이니 이를 뒷받침할 태양과 비가 필요하므로 병(丙)화와 계(癸)수가 귀성이다. 이렇듯 각 별들이 서로 귀성으로 이루어져 조화를 이루는 것이 넓은 의미의 조후이다.

좁은 의미의 조후와 넓은 의미의 조후는 행운 판단의 중요한 기준이 된다. 그러므로 사주를 자연의 이치에 따라 정확하게 간명하기 위해서는 조후를 깊이 있게 연구해야 한다. 조후에서 특히 강조하는 수(水)와 화(火)의 관계는 바로 억부의 관계이며, 병약·통관·종(從)의 관계이다. 수(水)와 화(火)의 관계는 바로 음과 양의 관계이고 따라서 금수(金水)와 목화(木火)의 관계이다. 금수(金水)는 수축·통합 작용이요 목화(木火)는 확장·분산 작용이다. 이 두 가지 작용이 이어지면서 순환을 이루어야 생기가 돈다. 그래서 사주에 금수(金水)가 많으면 목화(木火)운으로 흐르는 것이 좋고, 반대로 목화(木火)가 많으면 금수(金水)운으로 흐르는 것이 좋다. 이와 같은 방법으로 사주의 행운을 판단해야 한다. 토(土)의 경우도 마찬가지다. 금수(金水)를 지닌 토(土)는 목화(木火)를 기뻐할 것이고, 목화(木火)를 지닌 토(土)는 금수(金水)를 기뻐할 것이다. 금수(金水)의 한랭한 사주가 신유술(申酉戌) 금(金)운으로 흐르거나 해자축(亥子丑) 수(水)운으로 흐르면 꽃을 피우지 못한다. 목화(木火)의 조열한 사주가 인묘진(寅卯辰) 목(木)운으로 흐르거나 사오미(巳午未) 화(火)운으로 흐르면 결실을 이루지 못한다. 진(辰)·술(戌)·축(丑)·미(未)에서 축(丑)은 금수(金水)를 지닌 토(土)이고, 미(未)는 목화(木火)를 지닌 토(土)이며, 진(辰)은 목(木)에 가까운 토(土)이고, 술(戌)은 금(金)에 가까운 토(土)이다. 그러나 진(辰)은 수(水)로 통할 수 있고, 술(戌)은 화(火)로 통할 수 있다.

③ 접목운(接木運)

접목운은 대운에서 목(木)운·화(火)운·금(金)운·수(水)운이 교차하는 기간의 운으로 교운(交運) 또는 교운기(交運期)라고도 한다. 계절로 따지면 인묘진(寅卯辰)의 봄이 가면서 사오미(巳午未)의 여름이 오는 시기, 사오미(巳午未)의 여름이 가면서 신유술(申酉戌)의 가을이 오는 시기, 신유술(申酉

戌)의 가을이 가면서 해자축(亥子丑)의 겨울이 오는 시기, 즉 환절기다. '접목'이라고 표현한 것은 '환절'과 '접목'이 모두 '교(交)'의 의미를 갖고 있기 때문이다. 환절기가 되면 여러 가지 변화가 일어난다. 예를 들어 겨울이 가면서 봄이 오는 시기를 보자. 따사로운 햇빛과 물오른 봄의 생기는 사람들을 집 밖으로 불러내지만, 꽃샘추위와 황사는 방 안에 머물게 만든다.

접목운은 교운(交運), 즉 기의 교차가 이루어지는 운이므로 길운과 흉운이 들락날락한다. 길운이 오기 전인데도 길함이 발생할 수 있고, 흉운이 지나갔는데도 흉함이 생길 수 있다. 지구의 운동에는 자전과 공전, 그리고 세차운동(precession)의 3가지가 있다. 이 중에서 세차운동은 지구의 자전축이 회전하는 것으로, 기울어진 지구의 자전축 때문에 달이나 태양이 지구에 미치는 힘에 차이가 생기기 때문에 일어난다. 모든 것은 변화한다. 지구와 태양의 운동 또한 늘 일정한 것은 아니다. 그 과정에서 기의 교차가 이루어지고 길운과 흉운이 들락날락하는 것은 어쩌면 당연한 현상이다.

접목운은 30년 계절운이 바뀔 때의 운이다. 이때는 환경의 변화로 말미암아 많은 파란곡절이 따르고, 특수한 나무는 개성이 강하여 적응하지 못하고 죽어버린다. 그중에서도 특수 강왕격 사주는 30년 계절운이 바뀌는 시점이 운명의 고비가 된다. 예를 들어 이승만 대통령 시절 제2인자로 군림했던 이기붕의 사주가 특수 강왕격으로, 30년 계절운이 바뀌는 1960년 4월에 총탄을 맞고 사망했다. 이러한 사주를 가진 사람은 한때는 비상한 발전을 이룩할 수 있지만 추락할 때는 너무도 어이없이 몰락해버릴 수 있다는 것을 명심해야 한다.

한편 10년마다 대운이 교차하는 기간의 운은 계절의 변화와는 관계가 없으므로 접목운이라고 부르지 않는다. 그러나 정도의 차이는 있을지라도 운의 매듭이 달라진다는 점에서는 접목운과 크게 다르지 않기 때문에 방심해서는 안 된다.

6) 대운의 간지와 연운의 간지

① 세운충극

대운의 간지와 연운(세운)의 간지가 천간에서는 극을 이루고 지지에서는 충을 이루는 것을 세운충극(歲運沖剋)이라고 한다. 예를 들어 갑자(甲子) 대운 기간 중 경오(庚午) 연운 같은 경우이다. 만약 대운이 희용신인데 연운이 대운을 천극지충하면 그 연운은 기신이다. 반대로 대운이 기신인데 연운이 대운을 천극지충하면 그 연운은 희용신이다.

천극지충일 때는 대운과 연운의 간지가 각각 어떤 모습을 하고 있는지 잘 살펴야 한다. 왜냐하면 대운에서 천간은 희용신이고 지지는 기신인데, 연운에서 천간은 기신이고 지지는 희용신인 경우 등 여러 가지 형태가 있기 때문이다. 세운충극의 결과로 희용신의 역량이 강해져서 기신을 제압하면 길하고, 기신의 역량이 강해져서 희용신을 제압하면 흉하다. 그러므로 대운과 연운이 어떻게 어우러져 있으며, 그 결과 원국과 어떤 조화를 이루는가를 보아 좋은 결과가 되면 길하다고 판단하고, 나쁜 결과가 되면 흉하다고 판단한다.

② 세운화호

대운의 간지와 연운의 간지가 합하는 것을 화(和)라고 하고, 대운의 간지와 연운의 간지가 같은 것을 호(好)라고 한다.

대운의 천간과 연운의 천간이 합하여 화(化)할 경우에 화한 것이 원국에 희용신이면 길하고, 화한 것이 원국에 기신이면 흉하다. 그리고 합하지만 화하지 않는 경우에는 기반(羈絆, 본분을 망각함) 또는 합거(合去)가 되므로 천간이 본래의 역할을 다하지 못한다.

대운의 지지와 연운의 지지가 합하여 오행이 변하거나, 대운·연운·원국의 지지가 삼합이나 방합을 이루어 오행이 변할 경우에 그 변한 오행이 희용신이면 길하고, 기신이면 흉하다.

호(好)란 같은 오행을 말한다. 대운의 천간과 연운의 천간, 대운의 지지와 연운의 지지, 대운의 천간과 연운의 지지, 대운의 지지와 연운의 천간, 대운의 간지와 연운의 간지가 같은 오행이면 그 오행의 길흉 작용은 보다 현저하게 나타난다. 그러나 같은 오행이라고 해도 음양에 따라 길흉 작용이 다르게 나타날 수 있다. 한편 대운의 간지와 연운의 간지가 같은 것을 세운병림(歲運倂臨)이라고 한다. 세운병림이 되는 오행이 희용신이면 대길하고, 기신이면 대흉하다.

③ 대운과 연운의 배합
대운과 연운의 배합이란 결국 대운과 연운, 그리고 원국의 간지가 어우러진 모습, 즉 형충회합(刑沖會合) 등의 상태를 보고 1년의 길흉화복을 판단하는 것이다.

대운과 연운의 배합은 매우 복잡하므로 올바른 판단을 내리기 위해서는 차원 높은 추리를 해야 한다. 그러나 그 배합의 결과가 사주의 희용신에게 이로우면 길하고, 사주의 기신에게 이로우면 흉하다. 운이 원국의 희용신을 충거(沖去)하면 흉하고, 기신을 충거하면 길하다. 운이 원국의 희용신을 합거(合去)하면 흉하고, 기신을 합거하면 길하다.

운에서 희용신이 왔는데 원국에서 이를 극제·충거·합거하면 희용신으로서의 역할을 다하지 못한다. 운에서 기신이 와도 원국에서 이를 극제·충거·합거하면 기신으로서의 역할을 다하지 못한다. 운과 원국이 합화해서 화신(化神)이 희용신이면 길하고, 기신이면 흉하며, 한신이면 평범하다. 대운과 연운, 그리고 원국의 지지가 삼합이나 방합을 이룰 때 화신이 연운의 천간에 있거나 원국의 천간에 있어서 합화에 성공하면 그해에 가장 큰 영향이 있다. 화신이 왕성해지므로 화신이 희용신이면 대길하지만, 기신이면 대흉하다.

세운충극과 세운화호에 관해서는 앞에서 설명하였으므로 여기서는 제외한다. 대운·연운·원국의 지지가 삼형을 이루면 관재·구설·송사·시비·수술·사고 등이 일어난다. 원국의 지지에 삼형을 이루는 것이 둘 있는데 연운의 지지가 와서 삼형을 이루어도 이와 마찬가지다.

다음으로 대운의 간지와 연운의 간지의 배합에 관한 사례들을 살펴보고, 유의사항에 대해 알아보자.

① 목화(木火)가 희용신인 사주가 병인(丙寅)대운 정해(丁亥)연운을 맞이하였다. 여기서 병(丙)·인(寅)·정(丁)은 반갑지만 연운의 지지인 해(亥)는 문제가 된다. 다행스럽게도 이 해(亥)가 대운의 지지 인(寅)과 인해(寅亥)합을 이루어 수생목(水生木)으로 이어지기 때문에 흉이 길로 변한다.

② 목화(木火)가 희용신인 사주가 임자(壬子)대운 정묘(丁卯)연운을 맞이하였다. 이 경우에 정묘(丁卯)는 반갑지만 임자(壬子)는 문제가 된다. 그러나 대운의 천간 임(壬)은 연운의 천간 정(丁)과 정임(丁壬)합을 이루어 목기(木氣)를 머금고, 대운의 지지 자(子)는 연운의 지지 묘(卯)와 어울려 수생목(水生木)으로 이어지므로 전체적으로는 연운 때문에 흉이 감소된다.

③ 목화(木火)가 희용신인 사주가 신사(辛巳)대운 기축(己丑)연운을 맞이하였다. 신(辛)·기(己)·축(丑)이 모두 흉신이므로 대운의 지지인 사(巳)화한테 기대는 수밖에 없다. 그러나 대운의 지지 사(巳)가 연운의 지지인 축(丑)과 어울려 사축(巳丑)으로 금기(金氣)를 돋우니 오히려 문제가 된다. 만약 원국에 유(酉)가 있다면 사유축(巳酉丑)삼합을 이루어 흉을 가중시킬 것이다.

④ 목화(木火)가 희용신인 사주가 임자(壬子)대운 임자(壬子)연운을 맞이하였다. 물론 대흉이다. 그러나 원국에 갑인(甲寅)기둥과 무술(戊戌)기둥이 있다면 갑인(甲寅)은 임자(壬子)를 흡수하고, 무술(戊戌)은 임자(壬子)를 저지하여 전체적으로는 임자(壬子)로 인한 흉이 감소될 것이다.

⑤ 목화(木火)가 희용신인 사주가 계사(癸巳)대운 계사(癸巳)연운을 맞이하였다. 계(癸)는 흉이고 사(巳)는 길이므로 반흉반길(半凶半吉)의 형상이다. 그러나 원국에 유(酉)나 축(丑)이 있다면 사(巳)는 사유(巳酉)나 사축(巳丑)으로 금기(金氣)를 돋우어 흉을 가중시킬 것이다.

⑥ 금수(金水)가 희용신인 사주가 무인(戊寅)대운 임신(壬申)연운을 맞이하였다. 무인(戊寅)은 흉이고 임신(壬申)은 길이다. 그러나 대운과 연운이 천간에서는 극을 이루고 지지에서는 충을 이루므로 세운충극이다. 대운의 기세가 강하여 연운을 누르고 흔드니 대운 때문에 연운이 꽃을 피우지 못한다.

04 연운의 통변

일간을 기준으로 연운의 천간과 대조하여 그 희기(喜忌)에 따라 다음과 같이 판단한다.

◈ 비견이 희신인 경우

- 형제와 동료의 도움을 받아서 개운득재(開運得財)한다.
- 자립하여 독립사업을 한다.
- 사업가는 하던 일을 확장한다.
- 합작투자 · 계 운영 등이 길하다.
- 원만한 인간관계를 형성한다.
- 건강이 좋아지고 운동 실력이 향상된다.

◈ 비견이 기신인 경우

- 형제 또는 동료와 불화가 생겨 시비나 소송으로 번진다.
- 큰 손재를 당한다.
- 중상모략을 당한다.
- 아버지와 관련하여 좋지 않은 일이 생긴다.
- 아내와 관련하여 좋지 않은 일이 생긴다.

◈ 겁재가 희신인 경우는 비견과 비슷하다.

◈ 겁재가 기신인 경우는 비견과 비슷하다.

◈ 식신이 희신인 경우

- 의식주와 관련하여 좀더 여유로운 생활을 누린다.
- 무직자는 직장을 얻는다.
- 직장인은 승진 또는 더 좋은 지위로 이동한다.
- 사업가는 사업이 번창한다.
- 환자는 건강이 좋아진다.
- 여성은 출산하거나 자녀에게 경사가 있다.
- 남성은 처가의 은덕을 누린다.

◈ 식신이 기신인 경우

- 새로운 사업이나 무리한 투자로 큰 손재를 당한다.
- 베풀고서도 욕을 먹는다.
- 관재(官災)와 구설(口舌)이 일어난다.
- 건강이 나빠진다.
- 남성은 자녀문제로 근심하고 처가와 관련하여 좋지 않은 일이 생긴다.
- 여성은 남편이 사고를 당하거나 남편과 이별한다.
- 가정용품을 사용할 때 부주의로 인해 재난을 당한다.

◈ 상관이 희신인 경우

- 재능을 발휘하여 성공한다. 특히 예체능·기술·학술·언론 분야에서 큰 명성을 얻고, 사업가는 사업이 번창한다.
- 남성은 미혼인 경우 혼담이 오가고, 기혼인 경우 아내에게 경사가 있거나 아내로 인해 재물을 얻는다.
- 여성은 출산하거나 자녀에게 경사가 생긴다.
- 환자는 건강이 좋아진다.

◈ 상관이 기신인 경우

- 건강이 나빠지고, 몸에 상처가 난다.
- 재산상의 손해를 본다.
- 직장인은 실직·감봉 등을 당한다.
- 사업가는 휴업 또는 폐업하게 된다.
- 남성은 자녀문제로 근심한다.
- 여성은 미혼인 경우 애인과 멀어지고, 기혼인 경우 남편이 사고를 당하거나 남편과 이별한다.
- 시비·설화(舌禍)·필화(筆禍)·소송 등이 일어난다.

◈ 편재가 희신인 경우

- 신규 사업으로 재물을 모은다.
- 현재의 사업을 확장한다.
- 직장인은 봉급 이외의 수입이 생기고 승진한다.
- 좋은 일로 해외에 나간다.
- 남녀 모두 결혼한다.
- 뜻밖의 행운으로 재물을 얻을 수 있다.

◈ 편재가 기신인 경우

- 사업으로 큰 손해를 본다. 사업을 하지 않는 사람도 재산상의 손해를 본다.
- 형제나 동료 등과 재산상의 다툼이 있다.
- 사기나 부도 등을 당한다.
- 직장인은 실직·감봉 등을 당한다.
- 아버지와 관련하여 좋지 않은 일이 생긴다.
- 남성은 여자문제로 골치 아픈 일이 생긴다.
- 학생은 공부가 안 되고 성적이 떨어진다.

◈ 정재가 희신인 경우

- 재산이 자꾸 불어난다.
- 남성은 아내의 덕을 누리고 부부간의 애정이 더욱 두터워진다. 아내로 말미암아 재산이 불어나는 등 아내로 인한 경사가 있다. 미혼인 남성은 결혼한다.
- 여성은 자식에 대한 근심걱정이 해소된다. 미혼인 여성은 결혼한다.
- 사업가는 사업이 착실하게 성장한다.
- 직장인은 승진한다.
- 수험생은 합격한다.

◈ 정재가 기신인 경우

- 돈문제로 고생하고 이것이 법적인 문제로 번진다.
- 건강이 나빠져 죽을 수도 있다.
- 남성은 아내 등 여자문제로 고생하고 본인의 명예까지 손상된다. 아내가 말썽을 일으키거나 아내로 인한 가정불화가 생긴다. 자식이 애를 먹인다.
- 여성은 자녀문제로 고심하게 된다.
- 아버지의 신상에 문제가 생긴다.
- 어머니의 신상에 문제가 생긴다.
- 학생은 공부가 안 되고 성적이 떨어지며, 수험생은 낙방한다.
- 적게는 구설, 크게는 관재가 일어난다.

◈ 편관이 희신인 경우

- 무직자는 직장을 얻는다.
- 직장인은 승진한다.
- 남성은 자식을 얻거나 자식에게 경사가 있다.

- 여성은 기혼이면 남편에게 경사가 있고, 미혼이면 좋은 사람을 만나 결혼한다.
- 소송사건이나 관공서와 관련된 각종 인허가 등이 쉽게 해결된다.
- 명예를 얻는다.
- 수험생은 합격한다.
- 훈장·표창을 받는다.

◈ 편관이 기신인 경우

- 건강이 나빠지거나 몸에 상처가 난다. 생명이 위태롭다.
- 형제에게 걱정스러운 일이 생긴다.
- 각종 재난·질병 등이 발생한다.
- 손재·관재·구설이 일어난다. 강도를 당할 수도 있다.
- 무직자는 직장을 얻기가 힘들다.
- 직장인은 실직·감봉 등을 당한다.
- 남성은 자식문제로 골치 아픈 일이 생긴다.
- 여성은 남편을 비롯하여 남자문제로 골치 아픈 일이 생긴다.
- 학생은 신경과민으로 고생한다.

◈ 정관이 희신인 경우

- 무직자는 직장을 얻는다.
- 직장인은 승진한다.
- 남성은 자식을 얻거나 자식에게 경사가 있다.
- 여성은 기혼이면 남편에게 경사가 있고, 미혼이면 좋은 사람을 만나 결혼한다.

- 소송사건이나 관공서와 관련된 각종 인허가 등이 쉽게 해결된다. 관급공사 등을 수주한다.
- 명예를 얻는다.
- 수험생은 합격한다.
- 훈장·표창을 받는다.
- 귀인(貴人)을 만난다.
- 소원성취한다.

◈ 정관이 기신인 경우

- 건강이 나빠진다.
- 형제에게 걱정스런 일이 일어난다.
- 각종 사고·질병 등이 발생한다.
- 손재·관재·구설이 일어난다.
- 무직자는 직장을 얻기가 힘들다.
- 직장인은 실직·감봉 등의 우려가 있다.
- 남성은 자식문제로 속을 상한다.
- 여성은 남편을 비롯하여 남자문제로 속을 상한다.
- 학생은 속을 태우고 괴로워한다.

◈ 편인이 희신인 경우

- 손윗사람이나 귀인의 도움을 받는다. 귀인에는 외국인도 포함된다.
- 계약 체결 등 새로운 발판이 마련된다.
- 주택을 신축하거나 구입한다. 이사를 한다.
- 승진·영전·표창 등의 영광을 누린다.
- 수험생은 합격한다.

- 새로운 학술 분야에서 큰 성과를 얻는다.
- 예술인·기능인·체육인은 예상 외의 성과를 거둔다.
- 모든 일이 쉽게 풀린다.

◈ 편인이 기신인 경우
- 문서와 관련된 일은 불리하다. 부실계약·부도·사기 등이 일어나고, 보증 때문에 낭패를 당한다. 소송은 승산이 없다. 매매는 잘 이루어지지 않는다.
- 가까운 친족 때문에 성가신 일이 생겨 번민한다.
- 직장인은 실직·감봉 등을 당한다.
- 각종 시험·면허·인허가·승진 등이 어렵다.
- 각종 재난이 닥쳐 죽을 수도 있다. 재난에는 건강 악화도 포함된다. 여성은 유방과 자궁에 유의해야 하고 유산의 우려가 있다. 또한 자식문제로 골치 아픈 일이 생긴다.
- 도박으로 낭패를 당한다.
- 본인 스스로 사기나 절도 등 범죄를 저지른다.
- 학생은 실력을 제대로 발휘하지 못한다.
- 매사 신중하게 현상 유지에 힘쓰는 것이 좋다.

◈ 인수가 희신인 경우
- 부모나 스승 등 윗사람이나 귀인의 도움을 받는다.
- 장래성이 있는 새로운 사업을 시작한다.
- 문서와 관련해 경사가 생긴다. 주택 구입·이사·승진·표창·인허가·계약 체결 등이다.
- 수험생은 합격한다.
- 명예가 높아진다.

- 고질적인 질병·미해결 사건 등이 잘 해결된다.
- 미혼 여성은 중매로 결혼할 수 있다.
- 분묘이장·족보 정리 등 조상과 관련한 일이 생긴다. 이때 적극적으로 참여하는 것이 좋다.

◈ 인수가 기신인 경우
- 문서와 관련된 일은 불리하다. 부실 계약 등이 일어나고 보증 때문에 화를 당한다. 소송은 이기기 어렵다. 매매 또한 힘들다.
- 주택과 관련된 여러 가지 문제로 고생한다.
- 어머니와 관련된 문제로 근심걱정한다.
- 여성은 여러 면에서 문제가 일어날 수 있다. 유방과 자궁 계통의 질병에 유의해야 하고, 유산의 우려가 있다. 남편한테 어려운 일이 생기고, 자식문제로 골치 아픈 일이 생긴다.
- 수험생은 낙방한다.

05 투파

투파는 사주를 천간과 그 뿌리인 지장간 위주로 파악하고 지지는 합과 충의 작용을 할 뿐이라고 본다. 그러므로 투파를 따르면 지지의 역할이 줄어든다. 나아가 투파는 천간의 오행보다 10간의 특성을 중요시하기 때문에 이에 따른 여러 가지 문제가 발생한다. 여기에서는 투파가 행운 판단을 어떻게 다루고 있는가에 관하여 간략히 살펴본다. 일본의 좌등육룡(佐藤六龍)은 행운 판단에 대해 다음과 같이 밝히고 있다.

행운(行運)이란 명식(命式)에 대해 돌아오는 운을 말한다. 행운의 희기(喜忌)를 판단하자면 먼저 다음 사항을 알아 두어야 한다.

① 행운의 희기는 명식의 희기와 동일하지만 간합(干合) · 지합(支合) · 지충(支沖)의 경우에는 그로 인한 변화로 말미암아 동일하지 않을 때가 많다. 그러므로 정확하게 표현하자면 '행운의 희기는 명식의 희기를 따라 판단한다'가 아니라 '행운의 희기는 명식의 희기와 동일한 작용을 하느냐에 따라 판단한다'고 해야 한다.

② 명식의 희신을 생하는 행운은 길운이 아니다. 예를 들어 명식에서 화(火)가 약하거나 수(水)가 강해서 목(木)이 희신일 때 이를 생하는 수(水)운은 길운이 아니다.

③ 일주(日主)의 강약에 따라 행운의 희기를 판단한다는 설이 있지만 이 설은 바르지 못하다. 왜냐하면 월령의 강약에 따라 명식의 희기를 판단하고 행운이 명식의 희기와 동일한 작용을 하느냐에 따라 행운의 희기를 판단하기 때문이다.

행운의 희기를 판단하는 법을 열거해서 그 내용을 살펴보면 다음과 같다.

① 대운에서는 간(干)과 지(支)로 나누어서 보고, 연운과 월운에서는 간지(干支)를 합쳐서 본다.
예를 들어, 병인(丙寅)대운은 병(丙)과 인(寅)이 각각 5년을, 정미(丁未)년은 정(丁)과 미(未)가 함께 한 해를, 병오(丙午)월은 병(丙)과 오(午)가 함께 한 달을 주관한다고 새긴다.

② 명식의 희기와 행운의 천간이 동일한 오행이냐를 보아서 행운의 희기를 판단한다.
예를 들어, 명식의 희기에서 목화(木火)가 희신이고 토금수(土金水)가 기신

이면 행운에서도 목화(木火)의 천간은 희신이고 토금수(土金水)의 천간은 기신이다. 즉 갑을병정(甲乙丙丁)이 희신이고 무기경신임계(戊己庚辛壬癸)가 기신이다.

③ 명식의 기신과 행운의 천간이 동일한 오행이더라도 명식의 기신을 간합하는 행운의 천간은 희신이다. 명식의 희기와 행운의 희기의 다른 점이 여기에 있다. 예를 들어, 명식의 희기에서 목화(木火)가 희신이고 토금수(土金水)가 기신이면 행운에서도 목화(木火)의 천간은 희신이고 토금수(土金水)의 천간은 기신이지만, 명식의 기신인 계(癸)를 간합하여 무작용이 되게 하는 행운의 무(戊)는 희신이다.

④ 행운의 지지는 명식의 희기에 대해 어떤 작용을 하는가에 따라 그 희기를 판단한다. 행운의 지지가, 명식의 희신인 천간의 뿌리가 되면 이 행운의 지지는 희신이고, 명식의 기신인 천간의 뿌리가 되면 이 행운의 지지는 기신이다. 예를 들어, 명식의 희기에서 목화(木火)가 희신이고 토금수(土金水)가 기신인데 명식의 천간에 목(木)의 희신이 있고 토금수(土金水)의 기신이 있다고 하자. 행운의 지지가, 인(寅)이나 묘(卯)이면 이 명식의 희신인 목(木)의 뿌리가 되므로 이 행운의 지지는 희신이고, 축(丑)이면 이 명식의 기신인 토금수(土金水)의 뿌리가 되므로 이 행운의 지지는 기신이며, 신(申)이면 이 명식의 기신인 금수(金水)의 뿌리가 되므로 이 행운의 지지는 기신이다.

⑤ 행운의 지지는 그 오행에 관계없이 그 지장간이 명식의 희기에 어떤 작용을 하는가에 따라 그 희기를 판단한다. 예를 들어, 목화(木火)가 명식의 희신인 경우에 술(戌)이든지 미(未)든지 해(亥)가 희신이 된다는 것이다. 왜냐하면, 술(戌)과 미(未)는 토(土)이고 해(亥)는 수(水)이지만 그 오행에 관계없이, 술(戌)은 화((火)의 뿌리로 작용하고 미(未)는 목화(木火)의 뿌리로 작용하며 해(亥)는 목(木)의 뿌리로 작용하기 때문이다.

⑥ 행운의 지지는 명식의 희기의 뿌리로 작용하는 지지에 어떤 작용을 하는 가에 따라 그 희기를 판단한다. 이에 관해서는 합·충·합을 푸는 충·충 을 푸는 합으로 나누어서 살펴야 한다. 우선, 천간의 목(木)이 명식의 희신 이고 지지의 인(寅)이 이 목(木)의 뿌리로 작용하는 사주를 놓고 행운의 희 기를 판단한다. 이 사주에서는 인(寅)이 매우 중요하다. 행운의 해(亥)는 목 (木)의 뿌리로 작용하므로 희신인 것 같지만, 그렇지 않고, 오히려 기신이 다. 왜냐하면 행운의 해(亥)는 명식의 인(寅)과 인해(寅亥)합을 이루어 해 (亥)와 인(寅)이 둘 다 그 지지의 작용을 하지 않기 때문이다. 행운의 신(申) 은 기신이다. 왜냐하면 행운의 신(申)은 명식의 인(寅)과 인신(寅申)충을 이 루어 신(申)과 인(寅)이 둘 다 그 지지의 작용을 하지 않기 때문이다. 다음, 천간의 목(木)이 명식의 희신인데 지지의 인(寅)과 해(亥)가 인해(寅亥)합을 이루는 사주를 놓고 행운의 희기를 판단한다. 행운의 사(巳)는 희신이다. 왜냐하면 행운의 사(巳)는 명식의 해(亥)와 사해(巳亥)충을 이루어 명식의 인해(寅亥)합을 풀기 때문이다. 인해(寅亥)합이 풀리면 인(寅)과 해(亥)의 지장간은 본래의 역할을 수행할 수 있다. 그다음, 천간의 목(木)이 명식의 희신인데 지지의 인(寅)과 신(申)이 인신(寅申)충을 이루는 사주를 놓고 행 운의 희기를 판단한다. 행운의 사(巳)는 희신이다. 왜냐하면 행운의 사(巳) 는 명식의 신(申)과 사신(巳申)합을 이루어 명식의 인신(寅申)충을 풀기 때 문이다. 인신(寅申)충이 풀리면 인(寅)과 신(申)의 지장간은 본래의 역할을 수행할 수 있다.

이상의 6개 조항을 보충하는 법을 추가한다.

① 일간과 간합을 이루는 행운의 천간이 월령을 얻지 못해서 화하지 않으면 그 희기의 작용이 배가(倍加)된다. 예를 들어, 일간인 기(己)와 간합을 이

루는 행운의 갑(甲)이 월령이 토(土)가 아니어서 토(土)로 화하지 않으면 갑
(甲)의 희기의 작용이 1개의 목(木)이 아닌 2개의 목(木)이다.

② 명식의 희신과 기신에 모두 작용을 하는 행운의 지지는 희신과 기신의 어
느 쪽에 더 크게 작용을 하는가에 따라 그 희기를 판단한다. 예를 들어, 명
식의 희기에서 목화(木火)가 희신이고 토금수(土金水)가 기신인데 명식의
천간에 을(乙)·임(壬)·기(己)가 있다고 하자. 행운의 지지가 진(辰)이면 을
(乙)·임(壬)·기(己)의 뿌리가 되어 하나의 희신과 두 개의 기신에 작용하
므로 이 행운의 지지는 기신이다.

다음 예를 통해 행운의 희기를 판단하는 법을 더욱 구체적으로 익히도록
하자.

📖 예

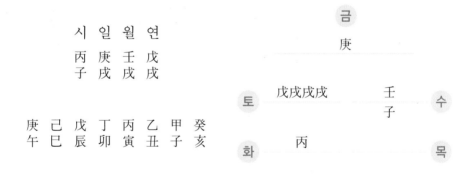

월령이 무(戊)가 아니고 신(辛)이다. 따라서 오행의 강약은 금(金)>화(火)=토
(土)>수(水)이다. 격국은 월령이 겁재이므로 월인격(月刃格)이다. 용신이란 격국
을 파악한 후 구체적으로 길흉을 판단하는 주안점이다. 월령이 투간(透干)한 경

우에는 월령이 억부용신으로서 억부의 대상이다. 그래서 신(辛)이 억부의 대상이다. 희신은 목화(木火)이고 기신은 토금수(土金水)이다.

- 계(癸)운 : 희신운이다. 계(癸)는 본래 기신인 수(水)이지만, 이 명식의 기신인 무(戊)를 간합하므로 희신이다.
- 해(亥)운 : 기신운이다. 해(亥)는 이 명식의 기신인 임(壬)의 뿌리가 되므로 기신이다.
- 갑(甲)운 : 희신운이다. 갑(甲)은 목(木)이므로 희신이다.
- 자(子)운 : 기신운이다. 자(子)는 이 명식의 기신인 임(壬)의 뿌리가 되므로 기신이다.
- 을(乙)운 : 기신운이다. 을(乙)은 본래 희신인 목(木)이지만, 일간과 간합을 이루고 월령을 얻어서 금화(金化)하므로 기신이다.
- 축(丑)운 : 희신운이다. 축(丑)은 이 명식의 기신인 무(戊)·임(壬)·경(庚)의 뿌리가 되므로 기신이지만, 자(子)와 합하여 뿌리의 작용을 하지 않고, 이 명식의 기신인 임(壬)의 뿌리가 되는 자(子)를 잡아 없애는 작용을 하므로 희신이다.
- 병(丙)운 : 희신운이다. 병(丙)은 화(火)이므로 희신이다.
- 인(寅)운 : 희신운이다. 인(寅)은 이 명식의 희신인 병(丙)의 뿌리가 되므로 희신이다.
- 정(丁)운 : 희신운이다. 정(丁)은 본래 희신인 화(火)이기도 하지만, 이 명식의 기신인 임(壬)을 간합하므로 희신이다.
- 묘(卯)운 : 희신운이다. 육합을 이루는 두 개의 지지는 둘 다 그 지지의 작용을 하지 않는다. 묘(卯)는 이 명식의 기신인 무(戊)·경(庚)의 뿌리가 되는 술(戌)을 잡아 없애는 작용을 하므로 희신이다. 술(戌)은 이 명식의 희신인 병(丙)의 뿌리가 되기도 하지만, 이 명식의 기신인 무(戊)·경(庚)의 뿌리가 되기도 하므로 1:2의 비중으로 기신의 뿌리라고 본다.

- 무(戊)운 : 기신운이다. 무(戊)는 토(土)이므로 기신이다.
- 진(辰)운 : 희신운이다. 진(辰)은 이 명식의 기신인 무(戊)·경(庚)의 뿌리가 되는 술(戌)을 충거(沖去)하여 술(戌)의 무작용을 이끌어 내므로 희신이다.
- 기(己)운 : 기신운이다. 기(己)는 토(土)이므로 기신이다.
- 사(巳)운 : 평운(平運)이다. 사(巳)는 이 명식의 희신인 병(丙)의 뿌리가 되기도 하지만, 이 명식의 기신인 경(庚)의 뿌리가 되기도 하므로 1:1의 비중으로 평신(平神)이라고 본다.
- 경(庚)운 : 기신운이다. 경(庚)은 금(金)이므로 기신이다.
- 오(午)운 : 희신운이다. 오(午)는 본래 이 명식의 희신인 병(丙)의 뿌리이기도 하지만, 이 명식의 기신인 임(壬)의 뿌리가 되는 자(子)를 충거(沖去)하여 자(子)의 무작용을 이끌어 내므로 희신이다.

    투파는 체신을 의식이 모이는 곳으로 이해하여 체신이 인생의 목표라고 한다. 그러면서 투파는 일간뿐만 아니라 연간·월간·시간도 이를 체신으로 삼을 수 있다고 한다. 그러니까 투파는 일간을 체신으로 삼아 사주 풀이를 하다가 막히는 경우에는 연간·월간·시간 중 어느 것을 체신으로 삼아 사주 풀이를 한다는 이야기이다. 이 사주 풀이에는 행운 판단이 포함됨은 물론이다.

06 삶과 죽음

고려 공민왕 때 왕사(王師)를 지낸 나옹화상[懶翁和尙, 1320~1376]의 누님이 동생의 법문을 듣고 깨우쳐 읊었다는 '부운(浮雲, 뜬구름)'이란 선시(禪詩)는 삶과 죽음을 한 조각 구름이 피어난 것과 사라진 것에 비유했다.

삶은 어디로부터 오며
죽음은 어디를 향해 가는가
삶이란 한 조각 구름이 피어난 것
죽음이란 한 조각 구름이 사라진 것
뜬구름 자체는 본래 실다움 없는 것
삶과 죽음 오고 감도 이 같으리니

생종하처래(生從何處來)
사향하처거(死向何處去)
생야일편부운기(生也一片浮雲起)
사야일편부운멸(死也一片浮雲滅)
부운자체본무실(浮雲自體本無實)
생사거래역여연(生死去來亦如然)

나옹은 20세 때 이웃 친구의 죽음을 보고 "사람이 죽으면 어디로 가느냐"고 물었으나 아무도 답하는 이 없어 마침내 출가하여 문경(聞慶) 대승사(大乘寺)에서 용맹정진 끝에 득도하였다. 그 후 그는 중국 각지를 편력하며, 달마(達磨)로부터 내려오는 중국선(禪)의 영향을 받았다.

나옹의 누님은 이 선(禪)의 경지에서 삶과 죽음이 다 실다움 없는 것이라고 노래했다.

위의 선시는 결코 인생의 허무함을 노래한 것이 아니다. 사람이 오고 가는 것, 즉 삶과 죽음이 삼라만상의 변화에서 비롯된 매우 자연스러운 현상이라는 것이다.

화담(花潭) 서경덕[徐敬德, 1489~1546]은 아래의 시를 가지고 우리에게 화두(話頭)를 던진다.

사물은 오고 또 와도 다 온 것이 아니니
다 왔다 싶지만 또다시 온다
오고 오는 것은 본시 처음이 없는 데서 오는 것이니
묻노라 그대 어디서부터 왔는가

유물래래부진래(有物來來不盡來)
내재진처우종래(來纔盡處又從來)
내래본자래무시(來來本自來無始)
위문군초하소래(爲問君初何所來)

만물이 돌아가고 돌아가도 다 돌아가는 것이 아니니
돌아갔다 싶지만 다 돌아간 것 아니다
돌아가도 돌아가도 다 돌아가지 못하니
묻노라 그대 어디로 그리 돌아가는고

유물귀귀불진귀(有物歸歸不盡歸)

귀재진처미증귀(歸纔盡處未曾歸)

귀귀도저귀무료(歸歸到底歸無了)

위문군종하소귀(爲問君從何所歸)

그러나 화두에 대한 답은 이미 시에 이미 담겨 있다. 왜냐하면 '그대 어디서부터 왔는가'라고 묻지만 '본시 처음이 없는 데서 오는 것'이라 하고, '그대 어디로 그리 돌아가는고'라고 묻지만, '다 돌아가지 못하니'라 하니 결국 래(來)와 귀(歸)가 '∞'와 같기 때문이다. '∞'는 무한(無限)하여 시공(時空)을 초월한다. 따라서 삶과 죽음은 '∞'의 한 모습일 따름이다.

어느 시기를 사람의 사운(死運)으로 보는가. 우선 용신이 심하게 극을 당하거나 충을 이루는 시기를 사운으로 본다. 정리하면 다음과 같다.

① 용신이 식신이면 강한 편인운이 사운이다.

② 용신이 상관이면 강한 인수운이 사운이다.

③ 용신이 편재이면 강한 비견운이 사운이다.

④ 용신이 정재이면 강한 겁재운이 사운이다.

⑤ 용신이 편관이면 강한 식신운이 사운이다.

⑥ 용신이 정관이면 강한 상관운이 사운이다.

⑦ 용신이 편인이면 강한 편재운이 사운이다.

⑧ 용신이 인수이면 강한 정재운이 사운이다.

⑨ 신약한 사주는 강한 관살운이 사운이다.

용신이 심하게 설을 당하여도 사운으로 본다. 예를 들어 용신이 식상이면 강한 재성운을 사운으로 보는 것이다. 결국 사운은 용신이 심하게 극·충·설을 당하는지를 살펴보고 사주 전체와의 관계에서 판단해야 한다.

종왕격·종강격·강왕격은 일간이 매우 약해지는 운을 사운으로 본다. 또한 이들은 30년 계절운이 바뀌는 접목운(接木運)을 사운으로 본다. 왜냐하면 접목운에는 파란이 많고 특수한 나무는 적응하지 못하여 죽어버리기 때문이다.

일간이 매우 약한 종격은 일간이 종하는 데 매우 지장이 되는 운을 사운으로 본다.

화격은 격이 파괴되는 운을 사운으로 본다.

양인격은 양인과 합 또는 충을 이루는 운을 사운으로 본다. 합 또는 충을 이루는 운이 아니어도, 예를 들어 4개의 지지가 모두 양인인 경우에는 정재운이 위험할 것이다.

사주의 왕신(旺神)이 입묘(入墓) 되는 운을 사운으로 본다. 예를 들어 사주에 금(金)이 많은 경우에는 금(金)의 묘(墓)가 되는 축(丑)운이 사운이다.

육친의 사운은 어떻게 판단하는가. 해당 통변성을 행운에 비추어 판단한다. 예를 들어 인수가 대운 및 연운과 충이 되면 현재 건강하지 못한 어머니는 사운을 맞이한다고 판단한다.

열반송(涅槃頌)이란 고승들이 입적할 때 수행을 통해 얻은 깨달음을 후인들에게 전하는 마지막 말이나 글이다. 한시의 오언절구나 칠언절구 형태를 취하지만, 열반송 역시 형식이라 하여 이를 남기지 않는 이들도 있다.

다음은 구산(九山) 스님이 남긴 열반송이다.

온 산의 단풍이 불꽃보다 고우니
삼라만상이 그 바탕을 온통 드러내는구나
생도 공하고 사도 또한 공하니
부처의 해인삼매 중에 미소 지으며 가노라

다음은 여자 승려인 혜춘(慧春) 스님이 남긴 열반송이다.

이렇게 왔다가
이렇게 가는가
오고 감이 한결같은데
청풍은 만리로다

서암(西庵) 스님은 제자가 열반송을 묻자, "달리 할 말 없다. 정 누가 물으면 '그 노장 그렇게 살다가 그렇게 갔다'고 해라. 그게 내 열반송이다"라고 하여 열반송을 남기지 않았다.

범아일여(梵我一如)란 우주의 중심 생명인 범(梵)과 개체의 중심 생명인 아(我)의 본바탕이 궁극적으로는 동일하다는 사상이다. 그러면 범(梵)과 아(我)의 '본바탕'이란 무엇인가? 이를 '불성(佛性)' 또는 '성령(聖靈)'이란 추상적인 용어로 표현하는 것보다 '에너지(energy)'란 구체적인 용어로 표현하는 것이 좋겠다. 현대인은 에너지 보존의 법칙 내지 에너지 불멸의 법칙을 잘 알고 있다.

에너지(energy)는 시시각각 형상(形相)을 달리 하며 삼라만상(森羅萬象)을 이루어 다양한 모습을 펼친다.

맑게 갠 새파란 하늘과 거기 떠다니는 한 조각 흰 구름 그리고 지구를 무대로 꿈을 펼치는 인간 등 어느 것 하나 에너지 아닌 것이 없다. 개체의 형상은 에너지의 파동(波動)으로 바다의 물결과 같다. 바다와 물결은 본바탕이 다르지 않다. 따라서 사람이 죽어도 형상은 바뀌지만 본바탕은 바뀌지 않아 생명 에너지 그 자체인 의식체로 존재한다.

수명은 결국 사상에 따라 달라진다. 생명이 있는 것은 반드시 죽는다는 생자필멸(生者必滅)의 사상을 지닌 사람의 수명은 초로(草露, 풀잎에 맺힌 이슬)와 같다. 하지만 범아일여(梵我一如)의 불이(不二) 사상을 지닌 사람의 수명은 불생불멸(不生不滅) 그 자체인 것이다.

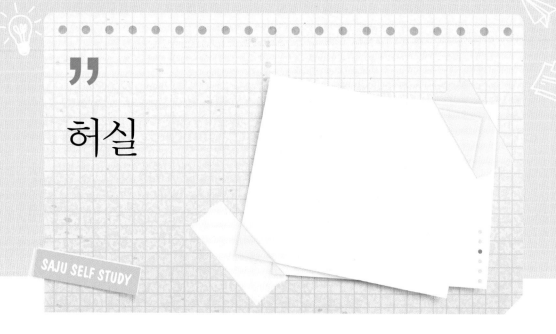

허실

SAJU SELF STUDY

01 잠재적 가능성

오늘날의 사주학은 일간을 사주의 주인공 즉 본인으로 본다. 그런데 일간은 일지와 일심동체(一心同體)이다. 일심동체란 한마음 한 몸이라는 뜻으로, 서로 굳게 결합함을 이르는 말이다. 그렇다면 태어난 날의 간지(干支)인 일주(日柱)는 사주의 근본이 되는 본디의 바탕이다. 때문에 일주론(日柱論)이 등장한다. 일주론(日柱論)의 정확도는 큰 문제가 아니다. 왜냐하면 일주론은 현실적 가능성과 잠재적 가능성 중 잠재적 가능성에 초점을 맞추기 때문이다.

◈ 갑자(甲子)일 출생

- 어질고 착하며 인정이 많고 효심이 깊다.
- 총명하고 단정하며 마음이 너그럽다.
- 지혜롭고 인자하다.
- 학문을 좋아한다.
- 재물에 대해서 큰 관심이 없다.
- 리더십이 있어 윗사람의 총애를 받을 수 있다.
- 여성의 경우에는 현모양처이다.
- 이상주의자로 안 되는 일도 무리해서 한다.
- 자존심이 강하다.
- 이기적인 면이 강하다.
- 학문을 바탕으로 한 지적인 분야와 인연이 있다.
- 남녀 모두 부부궁이 부실하므로 이해와 양보가 필요하다.
- 부모 중 한 분과의 인연이 박하다.
- 여성은 자녀 문제, 냉습병, 부인병에 대한 관심이 필요하다.

◈ 을축(乙丑)일 출생

- 활동적이고 잘 돌아다닌다.
- 빈틈이 없고 요령과 기교가 있다.
- 돈벌이에 억척같으면서도 필요한 일에는 돈을 잘 쓸 줄 안다.
- 어질고 착하며 부드럽고 인정이 많으나 고집이 세다.
- 남의 일을 내 일같이 잘 돌봐준다.
- 신앙심이 강하고 끈기가 있으며 심사숙고하고 치밀하다.
- 때때로 잘잘못을 따지기 좋아한다.
- 투기, 요행 등을 바라는 한탕주의 성격이 강하다.

- 사치와는 거리가 멀지만 고가품을 선호한다.
- 활동적이고 규모가 큰 조직의 일원이나 경영자와 인연이 있다.
- 남녀 모두 외도할 기질이 있으므로 가정에 충실하도록 노력하고 고집을 버려야 하며 잘잘못을 따지고 싶어도 삼가는 버릇을 기를 필요가 있다.
- 투기를 경계할 필요가 있다.

◈ 병인(丙寅)일 출생

- 밝고 사교적이며 활동적이고 효심이 깊다.
- 눈치가 빠르고 요령이 있어서 임기응변의 기회를 잘 잡는다.
- 명랑하고 다방면에 재능을 발휘한다.
- 자존심이 강하여 남의 간섭을 싫어한다.
- 진실한 사랑을 그리워한다. 만인 속의 고독이다.
- 처음에는 민첩하지만 끝에는 태만한 경향이 있다. 따라서 계략과 모의가 교묘하지만 일관성이 부족하다.
- 예측불허의 기질이 있어서 종잡기 어려울 때가 있다.
- 특수 전문직과 인연이 있다.
- 사치와 허영심을 경계할 필요가 있다(이성교제 포함).
- 가정 소홀 경향이 있어서 여성도 직업을 가질 필요가 있다.
- 여성은 고부간의 불화와 자식으로 인한 근심이 염려가 된다.

◈ 정묘(丁卯)일 출생

- 밝고 쾌활하며 효심이 깊다.
- 눈치가 빠르고 요령이 있어서 임기응변의 기회를 잘 잡는다.
- 명랑하고 다방면에 재능을 발휘한다.
- 내성적이고 부드러우나 은근히 독한 면이 있다.

- 자존심이 강하다.
- 진실한 사랑을 그리워한다. 만인 속의 고독이다.
- 처음에는 민첩하지만 끝에는 태만한 경향이 있다. 따라서 계략과 모의가 교묘하지만 일관성이 부족하다.
- 예측불허의 기질이 있어서 종잡기 어려울 때가 있다.
- 특수 전문직과 인연이 있다.
- 남녀 모두 부부궁이 부실하므로 이해와 양보가 필요하다.
- 부모 중 한 분과의 인연이 박하다.
- 여성은 자식으로 인한 근심이 염려가 된다.

◈ 무진(戊辰)일 출생
- 신용과 신의를 중시하며 신앙심이 있다.
- 의지가 강하다.
- 자존심이 강하다.
- 독립심이 강하다.
- 고집이 세다.
- 남에게 지기 싫어한다.
- 새로운 것을 잘 시작한다.
- 파당(派黨)을 잘 만들고 반항심이 강하다.
- 자신의 주체성을 살릴 수 있는 직업과 인연이 있다.
- 재복이 있으나 지출이 많다.
- 배우자를 무시하는 경향이 있다.
- 배우자의 병약을 경계할 필요가 있다.
- 부모덕 · 형제덕이 박하다.

◈ 기사(己巳)일 출생

- 학문을 숭상하고 효심이 깊다.
- 총명하고 단정하며 마음이 너그럽다.
- 지혜롭고 인자하다.
- 부지런하고 활동적이다.
- 재물에 대해서 큰 관심이 없다.
- 여성의 경우에는 현모양처이다.
- 이상주의자로 안 되는 일도 무리해서 한다.
- 이기적인 면이 강하다.
- 학문을 바탕으로 한 지적인 분야와 인연이 있다.
- 부드럽고 포용력이 있어 인기가 좋다.
- 부부궁이 부실하다.
- 남성은 아내보다 어머니를, 여성은 시댁보다 친정을 더 생각하는 경향이 있다.
- 생활이 변화가 많다(주거이동 포함).

◈ 경오(庚午)일 출생

- 의리와 의협심이 강하다.
- 시비를 분명히 한다.
- 자존심과 명예욕이 강하다.
- 정직·총명·준수·온후·독실하다.
- 지성적이고 인자하며 관대한 군자형이다.
- 평화를 좋아한다.
- 경우에 따라서는 무계획적이고 산만하여 끝을 맺기가 어렵거나 고집이 세고 공격적이다.

- 세상의 모범이 되어 명예를 누릴 수 있는 직업과 인연이 있다.
- 남녀 모두 인물이 수려한 사람이 많다.
- 남녀 모두 명예를 누리는 사람이 많다.
- 남녀 불문하고 때로는 사회에 물의를 일으킨다.
- 남성은 자식복이 있다.
- 여성은 남편복이 있다.

◈ 신미(辛未)일 출생
- 의리와 의협심이 있고 고집이 세며 신앙심이 깊다.
- 시비를 분명히 하고 까다롭다.
- 눈치가 빠르고 요령이 있어서 임기응변의 기회를 잘 잡는다.
- 명랑하고 다방면에 재능을 발휘한다.
- 진실한 사랑을 그리워한다. 만인 속의 고독이다.
- 처음에는 민첩하지만 끝에는 태만한 경향이 있다. 따라서 계략과 모의가 교묘하지만 일관성이 부족하다.
- 예측불허의 기질이 있어서 종잡기 어려울 때가 있다.
- 특수 전문직과 인연이 있다.
- 남녀 모두 세련미가 있어서 이성에게 인기가 있다.
- 남녀 모두 부부궁이 부실하므로 이해와 양보가 필요하다.
- 부모 중 한 분과의 인연이 박하다.
- 신장(콩팥)·방광·폐·대장(큰창자)·기관지에 대한 관심이 필요하다.

◈ 임신(壬申)일 출생
- 지혜롭고 총명하며 속이 깊고 기가 충만하다.
- 눈치가 빠르고 요령이 있어서 임기응변의 기회를 잘 잡는다.

- 명랑하고 다방면에 재능을 발휘한다.
- 진실한 사랑을 그리워한다. 만인 속의 고독이다.
- 처음에는 민첩하지만 끝에는 태만한 경향이 있다. 따라서 계략과 모의가 교묘하지만 일관성이 부족하다.
- 예측불허의 기질이 있어서 종잡기 어려울 때가 있다.
- 특수 전문직과 인연이 있다.
- 남녀 모두 자기 주장이 강하여 문제를 일으킨다.
- 남성은 아내보다 어머니를, 여성은 시댁보다 친정을 더 생각하는 경향이 있다.
- 여성은 자식으로 인한 근심이 염려가 된다.

◈ 계유(癸酉)일 출생
- 지혜롭고 총명하며 자존심이 강하고 효심이 깊다.
- 눈치가 빠르고 요령이 있어서 임기응변의 기회를 잘 잡는다.
- 명랑하고 다방면에 재능을 발휘한다.
- 진실한 사랑을 그리워한다. 만인 속의 고독이다.
- 처음에는 민첩하지만 끝에는 태만한 경향이 있다. 따라서 계략과 모의가 교묘하지만 일관성이 부족하다.
- 예측불허의 기질이 있어서 종잡기 어려울 때가 있다.
- 특수 전문직과 인연이 있다.
- 수려하고 깔끔하여 윗사람의 귀여움을 받으나 스스로 고독하다.
- 잡기에 능하고 노는 것을 좋아하는 경향이 있다.
- 남성은 아내보다 어머니를, 여성은 시댁보다 친정을 더 생각하는 경향이 있다.
- 여성은 자식으로 인한 근심이 염려가 된다.

◈ 갑술(甲戌)일 출생

- 활동적이고 잘 돌아다닌다.
- 빈틈이 없고 요령과 기교가 있다.
- 돈벌이에 억척같으면서도 필요한 일에는 돈을 잘 쓸 줄 안다.
- 어질고 착하다.
- 남의 일을 내 일같이 잘 돌봐준다.
- 고집이 세다.
- 때때로 잘잘못을 따지기 좋아한다.
- 투기, 요행 등을 바라는 한탕주의 성격이 강하다.
- 풍류를 즐기는 면이 있다.
- 활동적이고 규모가 큰 조직의 일원이나 경영자와 인연이 있다.
- 의욕은 강하나 용두사미가 될 염려가 있으니 유종의 미를 거둘 수 있도록 노력이 필요하다.
- 고집으로 인하여 부부간의 애정이 변할 염려가 있으니 이해와 양보를 잊지 말아야 한다.

◈ 을해(乙亥)일 출생

- 어질고 착하며 약간 내성적이다.
- 총명하고 단정하며 마음이 너그럽다.
- 지혜롭고 인자하다.
- 부지런하고 활동적이며 체면과 신용을 중시한다.
- 재물에 대해서 큰 관심이 없다.
- 여성의 경우에는 현모양처이다.
- 이상주의자로 안 되는 일도 무리해서 한다.
- 이기적인 면이 강하다.

- 학문을 바탕으로 한 지적인 분야와 인연이 있다.
- 가정 소홀 경향이 있어서 여성도 직업을 가질 필요가 있다.
- 남성은 아내보다 어머니를, 여성은 시댁보다 친정을 더 생각하는 경향이 있다.
- 여성은 자식으로 인한 근심이 염려가 된다.
- 주거·직장이동이 잦은 편이다.

◈ 병자(丙子)일 출생

- 밝고 명랑하다.
- 예의가 바르다.
- 자존심이 강하다.
- 정직·총명·준수·온후·독실하다.
- 지성적이고 인자하며 관대한 군자형이다.
- 평화를 좋아한다.
- 약간 인내심이 부족하다.
- 경우에 따라서는 무계획적이고 산만하여 끝을 맺기가 어렵거나 고집이 세고 공격적이다.
- 세상의 모범이 되어 명예를 누릴 수 있는 직업과 인연이 있다.
- 미남·미녀가 많다.
- 남성은 사회생활에서 인기가 좋고 이름을 날린다.
- 여성은 좋은 남편을 만날 수 있다. 그러나 여러 남성에게 두루 인기가 많아 남편을 소홀히 대할 염려가 있다.
- 남녀 모두 배우자에게 믿음을 심어줄 필요가 있다.
- 심장·시력에 대한 관심이 필요하다.

◈ 정축(丁丑)일 출생

- 싹싹하고 예의가 바르다.
- 온후하고 공경심이 있다.
- 명랑하고 쾌활하다.
- 신앙심이 깊다.
- 성급한 면이 있다.
- 음식을 잘 만들고 식음(食飮)·가무(歌舞)와 인연이 있다.
- 경우에 따라서는 고집이 세고 매사에 이론적이다.
- 고독을 즐기며 공상에 빠질 때가 많다.
- 때로는 심신이 안정되지 못하고 침착성이 없다.
- 학문·예술·기술을 발휘하여 의식주를 풍족하게 하는 직업과 인연이 있다.
- 금전관리능력이 좋으며 주머니에 돈이 떨어질 날이 없다.
- 정신력은 뛰어나지만 몸은 허약하다.
- 부부간의 화목에 대한 관심이 필요하다.

◈ 무인(戊寅)일 출생

- 신용과 신의가 있고 활동적이며 결단력이 있다.
- 의협심이 강하다.
- 남을 먼저 생각하고 그릇이 크다.
- 모험심이 강하고 특이한 사상을 따른다.
- 총명하며 과단성이 있고 기회를 잘 포착한다.
- 비교적 단순하여 복잡하게 생각하지 않는다.
- 남에게 지기 싫어하고 반드시 이기려고 한다.
- 경우에 따라서는 허풍이 세거나 남에게 의지하려고 한다.

- 남보다 다소 힘이 드는 직업이나 모험심·개척심·의협심이 필요한 직업과 인연이 있다.
- 남녀 모두 너무 활동적이라 가정에 충실하도록 노력해야 한다.
- 남에게 잘해 주고도 배신을 당할 수 있다.
- 여성은 결혼 후라도 친정 어머니를 모시는 것이 좋다.

◈ 기묘(己卯)일 출생

- 신용과 신의가 있고 부드러우며 포용력이 있다.
- 의협심이 강하다.
- 남을 먼저 생각하고 그릇이 크다.
- 모험심이 강하고 특이한 사상을 따른다.
- 총명하며 과단성이 있고 기회를 잘 포착한다.
- 비교적 단순하여 복잡하게 생각하지 않는다.
- 남에게 지기 싫어하고 반드시 이기려고 한다.
- 때로는 내성적이고 소극적이다.
- 경우에 따라서는 허풍이 세거나 남에게 의지하려고 한다.
- 남보다 다소 힘이 드는 직업이나 모험심·개척심·의협심이 필요한 직업과 인연이 있다.
- 학문을 가까이 하며 효도하는 것이 좋다.
- 육체와 정신이 모두 허약하므로 건강관리를 해야 한다.
- 여성은 이성문제로 고심할 염려가 있다.

◈ 경진(庚辰)일 출생

- 의리와 의협심이 강하고 시비를 분명히 하며 개성이 뚜렷하다.
- 영웅호걸의 기질이 있으며 통솔력이 뛰어나 두령격이다.

- 끈기 · 고집 · 신앙심이 있다.
- 눈치가 빠르고 요령이 있어서 임기응변의 기회를 잘 잡는다.
- 명랑하고 다방면에 재능을 발휘한다.
- 진실한 사랑을 그리워한다. 만인 속의 고독이다.
- 처음에는 민첩하지만 끝에는 태만한 경향이 있다. 따라서 계략과 모의가 교묘하지만 일관성이 부족하다.
- 예측불허의 기질이 있어서 종잡기 어려울 때가 있다.
- 특수 전문직과 인연이 있다.
- 건강은 타고 났으나 풍습(風濕)에 약하므로 몸을 따뜻하게 해야 한다.
- 사회나 가정에서 독선으로 흐를 염려가 있다(여성 포함).

◈ 신사(辛巳)일 출생

- 깔끔하고 정확하며 활동적이다.
- 금전보다 명예를 중시한다.
- 정직 · 총명 · 준수 · 온후 · 독실하다.
- 지성적이고 인자하며 관대한 군자형이다.
- 평화를 좋아한다.
- 서두르는 면이 있다.
- 경우에 따라서는 무계획적이고 산만하여 끝을 맺기가 어렵거나 고집이 세고 공격적이다.
- 세상의 모범이 되어 명예를 누릴 수 있는 직업과 인연이 있다.
- 미남 · 미녀가 많다.
- 남성은 자식복이 있다.
- 여성은 남편복이 있다.

- 직장·주거의 이동이 많다.
- 폐·대장(큰창자)·기관지에 대한 관심이 필요하다.

◈ 임오(壬午)일 출생

- 지혜롭고 총명하며 속이 깊다.
- 명랑하고 예의가 바르다.
- 자존심이 강하다.
- 정직하고 성실하다.
- 세밀하고 근검·절약 정신이 강하다.
- 가끔 인색하고 구두쇠 같다는 소리를 듣는다.
- 경우에 따라서는 지적으로 좀 모자란다.
- 성실과 신용이 필수적인 직업과 인연이 있다.
- 재복이 있다.
- 남성은 처복이 좋아 결혼 후 가세가 일어나지만 여난(女難)에 대한 주의가 필요하다.
- 여성은 결혼 후 내조를 잘하여 집안이 흥하도록 만든다.
- 화상(火傷)·화재(火災)를 조심해야 하며 대책으로 미리 화재보험에 들 필요가 있다.
- 신장(콩팥)·방광·당뇨에 대한 관심이 필요하다.

◈ 계미(癸未)일 출생

- 조용하고 내성적이며 속마음을 잘 드러내지 않는다.
- 지혜롭고 총명하며 사색을 즐기고 신앙심이 깊다.
- 끈기와 고집이 있다.
- 의협심이 강하다.

- 남을 먼저 생각하고 그릇이 크다.
- 모험심이 강하고 특이한 사상을 따른다.
- 총명하며 과단성이 있고 기회를 잘 포착한다.
- 비교적 단순하여 복잡하게 생각하지 않는다.
- 남에게 지기 싫어하고 반드시 이기려고 한다.
- 경우에 따라서는 허풍이 세거나 남에게 의지하려고 한다.
- 남보다 다소 힘이 드는 직업이나 모험심·개척심·의협심이 필요한 직업과 인연이 있다.
- 여성은 남편과 나이 차이가 많으면 좋고 고집을 삼갈 필요가 있다.
- 신장(콩팥)·방광에 대한 관심이 필요하다(특히 여름생은 수영이 좋다).

◈ 갑신(甲申)일 출생
- 어질고 착하나 독선적이고 직선적이다.
- 의협심이 강하다.
- 남을 먼저 생각하고 그릇이 크다.
- 모험심이 강하고 특이한 사상을 따른다.
- 총명하며 과단성이 있고 기회를 잘 포착한다.
- 비교적 단순하여 복잡하게 생각하지 않는다.
- 남에게 지기 싫어하고 반드시 이기려고 한다.
- 경우에 따라서는 허풍이 세거나 남에게 의지하려고 한다.
- 남보다 다소 힘이 드는 직업이나 모험심·개척심·의협심이 필요한 직업과 인연이 있다.
- 활동적이며 주거·직장이동이 잦은 편이다.
- 흔히 기차·자동차여행 중 이성교제가 이루어진다.
- 외모에 자신감이 있어 교만하면 낭패를 당할 염려가 있다.

◈ 을유(乙酉)일 출생

- 어질고 착하며 내성적이다.

- 의협심이 강하다.

- 남을 먼저 생각하고 그릇이 크다.

- 모험심이 강하고 특이한 사상을 따른다.

- 총명하며 과단성이 있고 기회를 잘 포착한다.

- 비교적 단순하여 복잡하게 생각하지 않는다.

- 남에게 지기 싫어하고 반드시 이기려고 한다.

- 때로는 자학적인 기질이 있다.

- 경우에 따라서는 허풍이 세거나 남에게 의지하려고 한다.

- 남보다 다소 힘이 드는 직업이나 모험심 · 개척심 · 의협심이 필요한 직업과 인연이 있다.

- 사업보다 직장생활이 적합하다.

- 몸이 허약하다. 겨울생은 몸을 따뜻하게 해야 한다.

- 간 · 담(쓸개)에 대한 관심이 필요하다.

◈ 병술(丙戌)일 출생

- 온후하고 공경심이 있다.

- 신앙심이 깊다.

- 명랑하고 쾌활하다.

- 밝고 사교적이다.

- 봉사 정신이 뛰어나다.

- 명예욕이 강하다.

- 음식을 잘 만들고 식음(食飮) · 가무(歌舞)와 인연이 있다.

- 경우에 따라서는 고집이 세고 매사에 이론적이다.
- 때로는 심신이 안정되지 못하고 침착성이 없다.
- 학문·예술·기술을 발휘하여 의식주를 풍족하게 하는 직업과 인연이 있다.
- 화술이 뛰어나다.
- 운동에 소질이 있다.
- 속전속결주의라 성공을 위해서 여유와 끈기가 필요하다.
- 부부궁이 부실하니 이를 염두에 두고 스스로 노력하라.

◈ 정해(丁亥)일 출생
- 밝고 명랑하며 솔직하다.
- 활동적이다.
- 정직·총명·준수·온후·독실하다.
- 지성적이고 인자하며 관대한 군자형이다.
- 평화를 좋아한다.
- 경우에 따라서는 무계획적이고 산만하여 끝을 맺기가 어렵거나 고집이 세고 공격적이다.
- 세상의 모범이 되어 명예를 누릴 수 있는 직업과 인연이 있다.
- 언제 어디서나 귀여움을 독차지한다.
- 화술이 뛰어나 외교에 소질이 있다.
- 남성은 훌륭한 자식과 인연이 있다.
- 여성은 훌륭한 남편과 인연이 있다.
- 주거·직장이동이 잦은 편이다.
- 심장·시력·혈압에 대한 관심이 필요하다.

◈ 무자(戊子)일 출생

- 신용과 신의를 중시한다.
- 정직하고 성실하다.
- 외유내강하다.
- 자존심이 강하다.
- 세밀하고 근검 · 절약 정신이 강하다.
- 가끔 인색하고 구두쇠 같다는 소리를 듣는다.
- 경우에 따라서는 지적으로 좀 모자란다.
- 성실과 신용이 필수적인 직업과 인연이 있다.
- 지극히 현실적이다.
- 재물에 관심이 많고 항상 용돈이 떨어지지 않는다.
- 남성은 애처가이다.
- 남성은 여자들에게 인기가 좋다.
- 여성은 남편을 출세시키려고 노력하는 형이다.
- 여성은 흔히 자기보다 나이가 아주 많은 배우자 즉 노랑(老郎)과 인연이 닿는다.

◈ 기축(己丑)일 출생

- 신용과 신의를 중시한다.
- 치밀하고 냉정하며 내성적이다.
- 신앙심이 깊다.
- 의지가 강하다.
- 자존심이 강하다.

- 독립심이 강하다.
- 남에게 지기 싫어한다.
- 새로운 것을 잘 시작한다.
- 파당(派黨)을 잘 만들고 반항심이 강하다.
- 자신의 주체성을 살릴 수 있는 직업과 인연이 있다.
- 근면하고 성실해서 재물을 모은다.
- 풍습(風濕)에 약하므로 몸을 따뜻하게 해야 하며 과음(過飮)을 삼가야 한다.
- 부부궁이 부실하니 이를 염두에 두고 스스로 노력하라.

◈ 경인(庚寅)일 출생

- 의리와 의협심이 강하고 시비를 분명히 하며 활동적이다.
- 냉정해 보이나 온화하다.
- 활동적이고 잘 돌아다닌다.
- 빈틈이 없고 요령과 기교가 있다.
- 돈벌이에 억척같으면서도 필요한 일에는 돈을 잘 쓸 줄 안다.
- 남의 일을 내 일같이 잘 돌봐준다.
- 때때로 잘잘못을 따지기 좋아한다.
- 투기, 요행 등을 바라는 한탕주의 성격이 강하다.
- 활동적이고 규모가 큰 조직의 일원이나 경영자와 인연이 있다.
- 주거이동이 잦은 편이고 해외생활과도 인연이 있다.
- 남성은 횡재·투기에 관심이 많고 호색의 기질이 있다.
- 여성은 남편을 도와 가세를 일으키려고 노력하는 형이다.
- 소화기 계통에 대한 관심이 필요하다.

◈ 신묘(辛卯)일 출생

- 의리와 의협심이 강하고 시비를 분명히 한다.
- 활동적이고 잘 돌아다닌다.
- 빈틈이 없고 요령과 기교가 있다.
- 자존심이 강하다.
- 돈벌이에 억척같으면서도 필요한 일에는 돈을 잘 쓸 줄 안다.
- 남의 일을 내 일같이 잘 돌봐준다.
- 때때로 잘잘못을 따지기 좋아한다.
- 투기, 요행 등을 바라는 한탕주의 성격이 강하다.
- 활동적이고 규모가 큰 조직의 일원이나 경영자와 인연이 있다.
- 미남 · 미녀가 많다.
- 재물에 대한 관심이 많고 재복이 따르니 남에게 베풀고 살아가는 것이 좋다.
- 날카롭고 완벽을 추구하는 경향이 있으므로 이를 스스로 고쳐 나가야 한다.

◈ 임진(壬辰)일 출생

- 지혜롭고 총명하다.
- 고집과 끈기가 있다.
- 의협심이 강하다.
- 남을 먼저 생각하고 그릇이 크다.
- 모험심이 강하고 특이한 사상을 따른다.
- 총명하며 과단성이 있고 기회를 잘 포착한다.
- 비교적 단순하여 복잡하게 생각하지 않는다.
- 남에게 지기 싫어하고 반드시 이기려고 한다.
- 경우에 따라서는 허풍이 세거나 남에게 의지하려고 한다.

- 남보다 다소 힘이 드는 직업이나 모험심·개척심·의협심이 필요한 직업과 인연이 있다.
- 자립정신이 강하고 결단력이 빨라 성공한다.
- 임전무퇴(臨戰無退)의 기질로 대인관계를 일관해서는 안 된다.
- 배우자와 원만한 관계를 이루도록 스스로를 다듬어야 한다.

◈ 계사(癸巳)일 출생

- 지혜롭고 총명하다.
- 매사에 활동적이다.
- 정직하고 성실하다.
- 세밀하고 근검·절약 정신이 강하다.
- 가끔 인색하고 구두쇠 같다는 소리를 듣는다.
- 경우에 따라서는 지적으로 좀 모자란다.
- 성실과 신용이 필수적인 직업과 인연이 있다.
- 누구에게나 귀여움을 받는 귀인이다.
- 남녀 모두 바쁜 직업과 인연이 있다.
- 남성은 자기와 아내 모두 사람들의 호감을 받는다.
- 여성은 흔히 자기보다 나이가 아주 많은 배우자 즉 노랑(老郞)과 인연이 닿는다.
- 비뇨기 계통에 대한 관심이 필요하다.

◈ 갑오(甲午)일 출생

- 어질고 착하며 정리정돈을 잘한다.
- 총명하고 영리하다. 그러나 게으른 면이 있다.
- 아는 것이 많고 다재다능하며 선견지명이 있다.

- 비밀을 간직하지 못하고 잘 털어놓는다.
- 강한 자에게는 반항하고 약한 자를 잘 보살핀다.
- 세상에서 자기가 가장 잘났다고 생각한다.
- 말을 잘하며 자신의 주장을 관철시키는 강한 면이 있다.
- 차원 높은 모의와 간사한 계략을 꾸미는 수가 있다.
- 학문·예술·기술에 대한 전문성을 발휘하는 직업과 인연이 있다.
- 남녀 모두 멋쟁이이며 풍류를 좋아한다.
- 남성은 자식에게 소홀한 경향이 있다.
- 여성은 남편과 불화하면서 자식을 사랑하는 경향이 있다.

◈ 을미(乙未)일 출생

- 어질고 착하며 부드럽고 유연성이 있다.
- 성실하고 책임감이 있다.
- 심사숙고하며 신앙심이 깊다.
- 끈기와 고집이 있다.
- 활동적이고 잘 돌아다닌다.
- 빈틈이 없고 요령과 기교가 있다.
- 돈벌이에 억척같으면서도 필요한 일에는 돈을 잘 쓸 줄 안다.
- 남의 일을 내 일같이 잘 돌봐준다.
- 때때로 잘잘못을 따지기 좋아한다.
- 투기, 요행 등을 바라는 한탕주의 성격이 강하다.
- 활동적이고 규모가 큰 조직의 일원이나 경영자와 인연이 있다.
- 부부궁이 좋다.
- 소화기 계통과 신장(콩팥)·방광에 대한 관심이 필요하다(특히 여름생은 수영이 좋다).

◈ 병신(丙申)일 출생

- 밝고 명랑하며 리더십(leadership)이 있다.
- 활동적이고 잘 돌아다닌다. 가정보다 밖의 일에 더 열심이다.
- 빈틈이 없고 요령과 기교가 있으며 이재(理財)에 밝다.
- 돈벌이에 억척같으면서도 필요한 일에는 돈을 잘 쓸 줄 안다.
- 남의 일을 내 일같이 잘 돌봐준다.
- 화려한 것을 좋아하며 다소 허영심과 낭비벽이 있다.
- 궁해도 내색을 하지 않는다.
- 때때로 잘잘못을 따지기 좋아한다.
- 투기, 요행 등을 바라는 한탕주의 성격이 강하다.
- 활동적이고 규모가 큰 조직의 일원이나 경영자와 인연이 있다.
- 남성은 외방득자(外房得子, 부인 이외의 여성한테서 자식을 얻음)와 인연이 닿는다.
- 여성은 남편을 잘 내조하는 타입(type)이다.

◈ 정유(丁酉)일 출생

- 밝고 명랑하며 사교적이다.
- 활동적이고 잘 돌아다닌다.
- 빈틈이 없고 요령과 기교가 있다.
- 돈벌이에 억척같으면서도 필요한 일에는 돈을 잘 쓸 줄 안다.
- 남의 일을 내 일같이 잘 돌봐준다.
- 자존심이 강하다.
- 때때로 잘잘못을 따지기 좋아한다.
- 투기, 요행 등을 바라는 한탕주의 성격이 강하다.
- 활동적이고 규모가 큰 조직의 일원이나 경영자와 인연이 있다.

- 날씬한 미남·미녀가 많고 귀여움을 받는 형이다.
- 재물을 다루는 재주가 빼어나다.
- 남성은 여성에게 인기가 좋다.
- 여성은 내조를 잘하는 형이다.
- 학문을 가까이 하며 어머니를 모시는 것이 좋다.

◈ 무술(戊戌)일 출생
- 신용과 신의를 중시한다.
- 끈기가 있어 끝장을 본다.
- 신앙심이 깊다.
- 의지가 강하다.
- 자존심이 강하다.
- 독립심이 강하다.
- 남에게 지기 싫어한다.
- 새로운 것을 잘 시작한다.
- 파당(派黨)을 잘 만들고 반항심이 강하다.
- 자신의 주체성을 살릴 수 있는 직업과 인연이 있다.
- 흔히 장남, 장녀, 맏사위, 맏며느리이거나 그 역할을 한다.
- 배우자를 무시하는 경향이 있다.
- 여성은 고부간의 불화를 조심해야 한다.
- 비만·신장(콩팥)·방광·피부에 대한 관심이 필요하다.

◈ 기해(己亥)일 출생
- 신용과 신의를 중시한다.
- 내성적이고 포용력이 있다.

- 원만하고 활동적이다.
- 정직하고 성실하다.
- 세밀하고 근검 · 절약 정신이 강하다.
- 가끔 인색하고 구두쇠 같다는 소리를 듣는다.
- 경우에 따라서는 지적으로 좀 모자란다.
- 성실과 신용이 필수적인 직업과 인연이 있다.
- 고향을 떠나 산다.
- 주거와 직장의 이동이 잦은 편이다.
- 국내외 출장이 잦다.
- 재복이 있으며 돈을 잘 쓴다.
- 남녀 모두 가정에 충실해야 한다.
- 남성은 총각으로 아이를 낳을 염려가 있고 국제결혼과 인연이 닿는다.
- 심장 · 시력에 대한 관심이 필요하다.

◈ 경자(庚子)일 출생

- 의리와 의협심이 강하고 결단력이 있으며 경우가 바르다.
- 총명하고 영리하며 깔끔하고 베풀 줄 안다.
- 아는 것이 많고 다재다능하며 선견지명이 있다.
- 비밀을 간직하지 못하고 잘 털어놓는다.
- 강한 자에게는 반항하고 약한 자를 잘 보살핀다.
- 세상에서 자기가 가장 잘났다고 생각한다.
- 말을 잘하며 자신의 주장을 관철시키는 강한 면이 있다.
- 차원 높은 모의와 간사한 계략을 꾸미는 수가 있다.
- 학문 · 예술 · 기술에 대한 전문성을 발휘하는 직업과 인연이 있다.
- 인생 후반에 건강과 재물에서 속패(速敗)할 염려가 있다.

- 여성은 남편과 불화하면서 자식을 사랑하는 경향이 있다.
- 중풍 · 혈압 · 신경 계통에 대한 관심이 필요하다.

◈ 신축(辛丑)일 출생

- 의리와 의협심이 강하고 시비를 분명히 한다.
- 고집과 끈기가 있고 신앙심이 깊다.
- 독립심과 자아의식이 강하고 매사에 심사숙고한다.
- 눈치가 빠르고 요령이 있어서 임기응변의 기회를 잘 잡는다.
- 명랑하고 다방면에 재능을 발휘한다.
- 진실한 사랑을 그리워한다. 만인 속의 고독이다.
- 처음에는 민첩하지만 끝에는 태만한 경향이 있다. 따라서 계략과 모의가 교묘하지만 일관성이 부족하다.
- 예측불허의 기질이 있어서 종잡기 어려울 때가 있다.
- 특수 전문직과 인연이 있다.
- 미남 · 미녀가 많고 언변이 정확하며 임기응변에 능하다.
- 부부궁이 부실하며 여성은 고부간의 불화를 조심해야 한다.
- 풍(風) · 습(濕) · 간(肝) · 담(膽, 쓸개)에 대한 관심이 필요하다.

◈ 임인(壬寅)일 출생

- 지혜롭고 총명하다.
- 온후하고 공경심이 있다.
- 명랑하고 쾌활하며 싹싹하고 애교스럽다.
- 희생과 봉사의 정신이 투철하다.

- 음식을 잘 만들고 식음(食飲)·가무(歌舞)와 인연이 있다.
- 경우에 따라서는 고집이 세고 매사에 이론적이다.
- 음흉한 면이 있다.
- 때로는 심신이 안정되지 못하고 침착성이 없다.
- 학문·예술·기술을 발휘하여 의식주를 풍족하게 하는 직업과 인연이 있다.
- 평생 분주하고 일이 많으며 타향살이와 인연이 있다.
- 남성은 처복이 많으나 아들을 두기가 어려울 염려가 있다.
- 여성은 남편보다 자식을 더 사랑하는 경향이 있다.

◈ 계묘(癸卯)일 출생

- 지혜롭고 총명하다.
- 내성적이고 속마음을 잘 드러내지 않는다.
- 온후하고 공경심이 있다.
- 명랑하고 쾌활하다.
- 음식을 잘 만들고 식음(食飲)·가무(歌舞)와 인연이 있다.
- 자존심이 강하다.
- 경우에 따라서는 고집이 세고 매사에 이론적이다.
- 때로는 심신이 안정되지 못하고 침착성이 없다.
- 학문·예술·기술을 발휘하여 의식주를 풍족하게 하는 직업과 인연이 있다.
- 귀인형(貴人形)이 많고 솜씨가 있으며 표현력이 좋다.
- 남성은 처덕이 있으나 아들을 두기가 쉽지 않다.
- 여성은 흔히 자기보다 나이가 아주 많은 배우자 즉 노랑(老郞)과 인연이 닿고 남편은 뒷전이며 자식 사랑으로 살아간다.

◈ 갑진(甲辰)일 출생

- 어질고 착하며 학문을 가까이 한다.
- 고집이 있고 신앙심이 깊으며 끈기와 추진력이 강하다.
- 활동적이고 잘 돌아다닌다.
- 빈틈이 없고 요령과 기교가 있다.
- 돈벌이에 억척같으면서도 필요한 일에는 돈을 잘 쓸 줄 안다.
- 남의 일을 내 일같이 잘 돌봐준다.
- 때때로 잘잘못을 따지기 좋아한다.
- 투기, 요행 등을 바라는 한탕주의 성격이 강하다.
- 활동적이고 규모가 큰 조직의 일원이나 경영자와 인연이 있다.
- 이재(理財)에 밝고 부동산에 관심이 많다.
- 남성은 풍류를 즐긴다.
- 여성은 고집이 세다.
- 남녀 모두 부부궁이 부실한 편이다.
- 신경과민 · 의처증 · 의부증에 대한 관심이 필요하다.

◈ 을사(乙巳)일 출생

- 어질고 착하며 표현력이 좋고 활동적이며 베풀 줄 안다.
- 총명하고 영리하다.
- 아는 것이 많고 다재다능하며 선견지명이 있다.
- 비밀을 간직하지 못하고 잘 털어놓는다.
- 강한 자에게는 반항하고 약한 자를 잘 보살핀다.
- 세상에서 자기가 가장 잘났다고 생각한다.
- 말을 잘하며 자신의 주장을 관철시키는 강한 면이 있다.
- 차원 높은 모의와 간사한 계략을 꾸미는 수가 있다.

- 학문·예술·기술에 대한 전문성을 발휘하는 직업과 인연이 있다.
- 미남·미녀가 많고 멋을 안다. 허영을 삼가야 한다.
- 남성은 처덕이 있지만 자식과는 인연이 박할 염려가 있다.
- 여성은 남편을 제쳐 두고 자식 사랑으로 살아간다.

◈ 병오(丙午)일 출생

- 예의가 바르고 개성이 뚜렷하며 명랑하고 쾌활하다.
- 속전속결하는 경향이 있다.
- 자만심이 강하다. 그러나 인정이 있다.
- 솔직하고 허식이 없는 편이지만 지나치게 자기중심적으로 생각한다.
- 겉과 달리 마음속으로는 딴생각을 하는 경우가 많다.
- 손재가 많아서 작은 이익을 얻고 큰 손해를 본다.
- 남녀 모두 배우자를 극(剋)함이 강하다.
- 자신의 주체성을 살릴 수 있는 직업과 인연이 있다.
- 흔히 장남, 장녀, 맏사위, 맏며느리이거나 그 역할을 한다.
- 모임이나 단체에서 사회자나 리더(leader)가 된다.
- 귀인(貴人)의 자질을 갖추었으나 신약(身弱)하여 뜻을 펴지 못할 염려가 있다.
- 독선적인 언행으로 배우자를 난처하게 만드는 경향이 있다.

◈ 정미(丁未)일 출생

- 싹싹하고 예의가 바르다.
- 약간 성급하다.
- 온후하고 공경심이 있다.
- 명랑하고 쾌활하다.
- 음식을 잘 만들고 식음(食飮)·가무(歌舞)와 인연이 있다.

- 신앙심이 깊으며 베풀 줄 안다.
- 경우에 따라서는 고집이 세고 매사에 이론적이다.
- 때로는 심신이 안정되지 못하고 침착성이 없다.
- 학문·예술·기술을 발휘하여 의식주를 풍족하게 하는 직업과 인연이 있다.
- 언변이 뛰어나다.
- 두뇌 회전이 빠르다.
- 사교적이다.
- 부부궁이 부실하다.

◈ 무신(戊申)일 출생

- 신용과 신의를 중시한다.
- 온후하고 공경심이 있다.
- 명랑하고 쾌활하다.
- 활동적이다.
- 음식을 잘 만들고 식음(食飮)·가무(歌舞)와 인연이 있다.
- 경우에 따라서는 고집이 세고 매사에 이론적이다.
- 때로는 심신이 안정되지 못하고 침착성이 없다.
- 학문·예술·기술을 발휘하여 의식주를 풍족하게 하는 직업과 인연이 있다.
- 부지런하고 표현력이 좋다.
- 멋쟁이이고 식도락가이다.
- 남성은 아들과의 인연이 박할 염려가 있다.
- 여성은 다산형이고 남편보다 자식 위주로 살아간다.

◈ 기유(己酉)일 출생

- 신용과 신의를 중시하고 포용력이 있으며 베풀 줄 안다.

- 온후하고 공경심이 있다.
- 명랑하고 쾌활하다. 그러나 내성적인 면이 있다.
- 음식을 잘 만들고 식음(食飮) · 가무(歌舞)와 인연이 있다.
- 자존심이 강하다.
- 경우에 따라서는 고집이 세고 매사에 이론적이다.
- 때로는 심신이 안정되지 못하고 침착성이 없다.
- 학문 · 예술 · 기술을 발휘하여 의식주를 풍족하게 하는 직업과 인연이 있다.
- 멋쟁이이고 화술(話術)이 뛰어나서 사람을 끈다.
- 직장의 변동이 많다.
- 남성은 아들보다 딸을 두기가 쉽다.
- 여성은 애교스러워 호감형이나 남편보다 자식을 더 사랑한다.
- 여성은 생식기 질환에 대한 관심이 필요하다.

◈ 경술(庚戌)일 출생

- 의리와 의협심이 강하고 시비를 분명히 한다.
- 매사를 심사숙고해서 끈기와 고집으로 끝장을 본다.
- 눈치가 빠르고 요령이 있어서 임기응변의 기회를 잘 잡는다.
- 명랑하고 다방면에 재능을 발휘한다.
- 진실한 사랑을 그리워한다. 만인 속의 고독이다.
- 처음에는 민첩하지만 끝에는 태만한 경향이 있다. 따라서 계략과 모의가
  교묘하지만 일관성이 부족하다.
- 예측불허의 기질이 있어서 종잡기 어려울 때가 있다.
- 특수 전문직과 인연이 있다.
- 완벽을 추구해서 배우자에 대한 불만이 있으나 참을성이 있어 인내로 이를
  극복한다.

- 여성은 시댁 식구들과 사이좋게 지내야 한다.
- 남녀 모두 인격을 수양해서 아름다운 인간관계를 갖도록 하라.

◈ 신해(辛亥)일 출생

- 의리와 의협심이 강하고 시비를 분명히 하며 베풀 줄 안다.
- 총명하고 영리하다.
- 아는 것이 많고 다재다능하며 선견지명이 있다.
- 비밀을 간직하지 못하고 잘 털어놓는다.
- 강한 자에게는 반항하고 약한 자를 잘 보살핀다.
- 세상에서 자기가 가장 잘났다고 생각한다.
- 말을 잘하며 자신의 주장을 관철시키는 강한 면이 있다.
- 차원 높은 모의와 간사한 계략을 꾸미는 수가 있다.
- 학문·예술·기술에 대한 전문성을 발휘하는 직업과 인연이 있다.
- 부지런하고 활동적이며 언변과 인물이 좋아 출세한다.
- 남성은 아들보다 딸과 인연이 많다.
- 여성은 남편보다 자식 위주이고 사회 활동과 인연이 있다.

◈ 임자(壬子)일 출생

- 지혜롭고 총명하다.
- 차분하고 치밀하다.
- 자만심이 강하다.
- 솔직하고 허식이 없는 편이지만 지나치게 자기중심적으로 생각한다.
- 겉과 달리 마음속으로는 딴생각을 하는 경우가 많다.
- 손재가 많아서 작은 이익을 얻고 큰 손해를 본다.
- 남녀 모두 배우자를 극(剋)함이 강하다.

- 자신의 주체성을 살릴 수 있는 직업과 인연이 있다.
- 흔히 장남, 장녀, 맏사위, 맏며느리이거나 그 역할을 한다.
- 귀인(貴人)으로 군림한다.
- 건강이 양호하다.
- 여성도 직업을 갖는 것이 좋다.
- 대인 관계를 원만히 해야 한다.

◈ 계축(癸丑)일 출생
- 냉정하고 차분하며 고집과 끈기가 있고 신앙심이 깊다.
- 의협심이 강하다.
- 남을 먼저 생각하고 그릇이 크다.
- 모험심이 강하고 특이한 사상을 따른다.
- 지혜롭고 총명하며 과단성이 있고 기회를 잘 포착한다.
- 비교적 단순하여 복잡하게 생각하지 않는다.
- 남에게 지기 싫어하고 반드시 이기려고 한다.
- 경우에 따라서는 허풍이 세거나 남에게 의지하려고 한다.
- 남보다 다소 힘이 드는 직업이나 모험심·개척심·의협심이 필요한 직업과 인연이 있다.
- 근면하고 성실하며 준법정신이 강하다.
- 대인 관계에서 이해심과 양보심을 기르고 밝고 따뜻한 분위기를 만들어야 한다. 배우자를 대할 때도 마찬가지이다.
- 풍(風)·습(濕)에 대한 관심이 필요하다.

◈ 갑인(甲寅)일 출생
- 어질고 착하다.

- 부지런하고 활동적이다.
- 의지·자존심·독립심이 강하다.
- 남에게 지기 싫어한다.
- 새로운 것을 잘 시작한다.
- 파당(派黨)을 잘 만들고 반항심이 강하다.
- 자신의 주체성을 살릴 수 있는 직업과 인연이 있다.
- 흔히 장남, 장녀, 맏사위, 맏며느리이거나 그 역할을 한다.
- 어느 분야에서나 우두머리가 된다.
- 주거와 직장의 이동이 잦은 편이고 타향살이와 인연이 있다.
- 남녀 모두 배우자를 무시하는 경향이 있다.
- 여성은 부드러운 자세로 시어머니를 모시도록 하라.

◈ 을묘(乙卯)일 출생

- 어질고 착하다.
- 부드럽고 내성적이다.
- 의지가 강하다.
- 끈기가 있다.
- 자존심이 강하다.
- 독립심이 강하다.
- 남에게 지기 싫어한다.
- 새로운 것을 잘 시작한다.
- 파당(派黨)을 잘 만들고 반항심이 강하다.
- 자신의 주체성을 살릴 수 있는 직업과 인연이 있다.
- 대인 관계가 원만해서 상대방이 호감을 가지고 대한다.
- 흔히 장남, 장녀, 맏사위, 맏며느리이거나 그 역할을 한다.

- 남녀 모두 배우자를 무시하는 경향이 있다.
- 여성은 고부간의 불화가 염려가 된다.

◈ 병진(丙辰)일 출생

- 밝고 사교적이다.
- 온후하고 공경심이 있다.
- 명랑하고 쾌활하다.
- 음식을 잘 만들고 식음(食飮)·가무(歌舞)와 인연이 있다.
- 희생과 봉사의 정신이 강하다.
- 신앙심이 깊다.
- 경우에 따라서는 고집이 세고 매사에 이론적이다.
- 때로는 심신이 안정되지 못하고 침착성이 없다.
- 학문·예술·기술을 발휘하여 의식주를 풍족하게 하는 직업과 인연이 있다.
- 언변과 리더십(leadership)이 뛰어나 장(長)이 된다.
- 금전 거래에서 손해를 볼 염려가 다분하다.
- 풍류를 즐기며 쉽게 이성 교제를 하는 경향이 있다.
- 남녀 모두 가정에 충실하라.

◈ 정사(丁巳)일 출생

- 밝고 명랑하며 예의가 바르고 사교적이다.
- 활동적이고 자신감이 넘치며 끈기가 있다.
- 자만심이 강하다.
- 솔직하고 허식이 없는 편이지만 지나치게 자기중심적으로 생각한다.
- 겉과 달리 마음속으로는 딴생각을 하는 경우가 많다.
- 손재가 많아서 작은 이익을 얻고 큰 손해를 본다.

- 남녀 모두 배우자를 극(剋)함이 강하다.
- 자신의 주체성을 살릴 수 있는 직업과 인연이 있다.
- 부지런하고 성실해서 성공한다.
- 친구가 많다.
- 바른 말을 잘하기 때문에 구설에 오를 염려가 있다.
- 부부궁이 부실하니 화목한 가정을 이루려는 노력을 해야 한다.
- 폐ㆍ대장(큰창자)ㆍ간ㆍ담(쓸개)에 대한 관심이 필요하다.

◈ 무오(戊午)일 출생

- 신용과 신의를 중시한다.
- 자존심이 강하다.
- 총명하고 단정하며 마음이 너그럽다.
- 지혜롭고 인자하다.
- 효심이 지극하다.
- 재물에 대해서 큰 관심이 없다.
- 여성의 경우에는 현모양처이다.
- 이상주의자로 안 되는 일도 무리해서 한다.
- 이기적인 면이 강하다.
- 학문을 바탕으로 한 지적인 분야와 인연이 있다.
- 어머니를 닮은 사람이 많다.
- 남에게 지기 싫어해서 대인 관계를 그르치지 않도록 해야 한다.
- 부부궁이 부실하니 화목한 가정을 이루려는 노력을 해야 한다.
- 여성은 자식과의 인연이 박할 염려가 있다.
- 소화기 계통과 피부에 대한 관심이 필요하다.

◈ 기미(己未)일 출생

- 신용과 신의를 중시한다.
- 고집과 끈기가 있다.
- 신앙심이 깊다.
- 의지가 강하다.
- 자존심이 강하다.
- 독립심이 강하다.
- 남에게 지기 싫어한다.
- 새로운 것을 잘 시작한다.
- 파당(派黨)을 잘 만들고 반항심이 강하다.
- 자신의 주체성을 살릴 수 있는 직업과 인연이 있다.
- 돈을 잘 쓰는 편이다.
- 남녀 모두 독단적이어서 가정불화가 염려가 된다.
- 여성은 고부간의 갈등으로 문제가 생길 염려가 있다.
- 소화기 계통과 당뇨에 대한 관심이 필요하다.

◈ 경신(庚申)일 출생

- 의리와 의협심이 강하고 시비를 분명히 하며 매우 활동적이다.
- 의지가 강하다.
- 자존심이 강하다.
- 독립심이 강하다.
- 남에게 지기 싫어한다.
- 새로운 것을 잘 시작한다.
- 파당(派黨)을 잘 만들고 반항심이 강하다.
- 자신의 주체성을 살릴 수 있는 직업과 인연이 있다.

- 어느 분야에서나 우두머리가 된다.
- 흔히 장남, 장녀, 맏사위, 맏며느리이거나 그 역할을 한다.
- 타향살이와 인연이 있다.
- 독선적인 기질로 인간관계와 배우자의 건강까지 해할 염려가 있다.

◈ 신유(辛酉)일 출생

- 의리와 의협심이 강하고 시비를 분명히 하며 내성적이다.
- 까다로운 면이 있다.
- 의지가 강하다.
- 자존심이 강하다.
- 독립심이 강하다.
- 남에게 지기 싫어한다.
- 새로운 것을 잘 시작한다.
- 파당(派黨)을 잘 만들고 반항심이 강하다.
- 자신의 주체성을 살릴 수 있는 직업과 인연이 있다.
- 미남 · 미녀이거나 피부가 고우며 인기가 좋다.
- 흔히 장남, 장녀, 맏사위, 맏며느리이거나 그 역할을 한다.
- 몸에 흉터를 지닐 염려가 있다.
- 남녀 모두 배우자를 무시하는 경향이 있다.
- 여성은 고부간의 갈등이 염려가 된다.

◈ 임술(壬戌)일 출생

- 지혜롭고 총명하며 고집과 끈기가 있고 신앙심이 깊다.
- 의협심이 강하다.
- 남을 먼저 생각하고 그릇이 크다.

- 모험심이 강하고 특이한 사상을 따른다.
- 총명하며 과단성이 있고 기회를 잘 포착한다.
- 비교적 단순하여 복잡하게 생각하지 않는다.
- 남에게 지기 싫어하고 반드시 이기려고 한다.
- 경우에 따라서는 허풍이 세거나 남에게 의지하려고 한다.
- 남보다 다소 힘이 드는 직업이나 모험심·개척심·의협심이 필요한 직업과 인연이 있다.
- 부귀를 추구하는 마음이 강하고 재산을 숨겨 놓는 편이다.
- 여성은 남편이 나이가 제법 많아야 미덥다고 생각한다.
- 속마음을 잘 드러내지 않아 음흉하다는 소리를 들을 염려가 있다.

◈ 계해(癸亥)일 출생
- 지혜롭고 총명하며 부드럽고 내성적이다.
- 자만심이 강하다.
- 솔직하고 허식이 없는 편이지만 지나치게 자기중심적으로 생각한다.
- 겉과 달리 마음속으로는 딴생각을 하는 경우가 많다.
- 손재가 많아서 작은 이익을 얻고 큰 손해를 본다.
- 남녀 모두 배우자를 극(剋)함이 강하다.
- 자신의 주체성을 살릴 수 있는 직업과 인연이 있다.
- 흔히 장남, 장녀, 맏사위, 맏며느리이거나 그 역할을 한다.
- 매우 활동적이어서 여성도 직업을 갖는 것이 좋겠다.
- 남녀 모두 배우자를 무시하는 경향이 있다.
- 여성은 고부간의 갈등이 염려가 된다.
- 냉(冷)·습(濕)·신장(콩팥)·방광에 대한 관심이 필요하다.

02 현실적 가능성

사주는 통변성이 고르게 분포된 경우가 드물다. 대부분의 경우에 비겁·식상·재성·관살·인성 중 어느 하나가 지나치게 많거나 아니면 부족한 형태이다. 여기에서는 그러한 경우에 현실적 가능성을 어떻게 추리해야 하는지에 대해 대체적 기준을 제시하고자 한다. 그러나 사주는 천간과 지지의 통변성의 개수로만 파악하지 않고 지장간과 합이나 충 등 여러 요소를 고려하여 추리하는 것임을 잊지 말아야 한다. 여기에서는 일주론에서와는 달리 일주가 아닌 사주 전체를 논하므로 잠재적 가능성이 아닌 현실적 가능성을 다루는 것이다.

1) 비겁

사주에 비견과 겁재가 지나치게 많으면 쓸데없는 고집 때문에 문제가 발생한다. 남녀 모두 재산과는 인연이 없고, 재산문제로 형제나 동료와 분쟁이 일어나며, 형제가 매우 많거나 독신으로 살기 쉽다. 아버지와 인연이 없고, 무뢰한(無賴漢)으로 매사를 자기 위주로 처리하며, 풍파가 많고 가난하다. 남성은 아내와 인연이 없고, 결혼이 늦어지거나 일찍 하면 아내와 헤어진다. 여성은 가정에 충실하지 못하고, 시부모나 시집식구와 화목하지 못하며, 남편을 극하고 성적으로 불만이 있다. 또한 자식을 두기 어렵고, 독신으로 살거나 화류계 또는 종교계로 나간다.

반대로 비견과 겁재가 부족하면 남녀 모두 만인(萬人) 속의 고독을 느끼게 되고, 신약하여 활력이 부족하기 때문에 추진력이 없다.

2) 식상

사주에 식신과 상관이 지나치게 많으면 일간의 기운을 빼기 때문에 본인의 건강이 좋지 않고, 본인이 남에게 주는 것을 좋아한다. 이런 사주는 말이 많아 시비가 잦을 수 있으므로 입을 조심해야 하고, 지식복이 약하며 빈천하다. 특히 남성은 반항적인 성격 때문에 출세하기 어렵다. 여성은 남편복이 박하고 남편과 헤어질 염려가 있으며, 낙태나 난산이 우려된다. 또한 남편의 일이 잘 풀리지 않는 등 남편에게 막힘이 많다. 항상 자식에 대해 근심이 많고 자식을 두지 못하는 경우도 있다. 그리고 식신과 상관이 중첩된 여성은 남의 자식을 기르는 경우도 있다.

반대로 사주에 식신과 상관이 부족하면 재성을 생해줄 수 없기 때문에 가난을 면하기 어렵다. 사업운이 없기 때문에 월급생활을 하는 것이 좋으며, 원대한 이상과 포부를 펴기 어렵다. 남성은 아내의 건강이 좋지 않고, 여성은 자식복이 약하며 유방과 자궁 계통의 질병을 조심해야 한다.

3) 재성

사주에 재성이 지나치게 많으면 겉은 화려하지만 속은 빈약한 외화내빈(外華內貧)의 형상이다. 자식과 인연이 박하고, 어머니와도 큰 인연이 없으며, 윗사람의 도움을 기대하기 어렵다. 남성은 재물과 여성문제로 재난이 따르고, 여성은 남편에게 고통을 주게 된다. 정재와 편재가 혼잡한 형태이면 남녀를 불문하고 이성문제와 금전문제로 인해 혼란을 겪는다.

반대로 사주에 재성이 부족하면 아버지나 아내와 큰 인연이 없고 재산과도 인연이 없다.

4) 관살

사주에 편관과 정관이 지나치게 많으면 일간의 기운을 억누르기 때문에 본인이 자유롭지 못하다. 나아가 편관과 정관은 형제자매인 비겁을 극하기 때문에 형제자매와 인연이 박하거나 멀리 떨어져서 생활한다. 직업에 변화나 기복이 심하고, 건강이 좋지 않으며, 신체에 장애가 따른다. 또한 성격이 난폭하여 형벌과 관재(官災) 또는 구설이 따르고 빈천하다. 계획적이지 못하고 산만하여 권위를 잃기 때문에 자신의 주장을 관철시키기 어렵고, 정신적으로 활력과 박력이 부족하다. 남성은 사업을 감당할 능력이 부족하여 사업을 계속해서 잘 이어나가기 어렵고, 불효자식을 두게 되며, 아내의 건강이 좋지 못하다. 여성은 배우자를 선택하느라 세월을 헛되이 보내고, 직장생활과 인연이 있다. 그리고 남편운이 박하여 이변이 발생하기 쉽고, 성격이 공격적이어서 남편에 대해 두 가지 마음을 갖고 색정으로 인한 삼각관계에 빠지기 쉽다. 또한 남성의 유혹으로 불의의 재난을 당하고, 성희롱이나 강간 등을 당하기 쉽다. 만일 사주에 편관과 정관이 함께 있으면 남녀 모두 매사에 막힘이 많고 구설이 따른다.

반대로 사주에 편관과 정관이 부족하면 남녀 모두 무능하고, 직장운과 명예운이 박하며, 방종으로 흐르게 된다. 남성은 자식과의 인연이 약하고, 여성은 남편과의 인연이 약하다.

5) 인성

사주에 인성이 지나치게 많으면 자신의 힘을 과신하여 일을 그르치기 쉽고, 때로는 나태하며 의존하려는 마음이 강해 남의 신세를 많이 진다. 한 가지 일에 만족하지 못하여 선심전력하기 어렵다. 부모에게 이변이 일어나기 쉽고, 자녀나 배우자와도 인연이 깊지 못하다. 이런 사람은 문서나 음식으로 인한 화액(禍厄)을 조심해야 한다. 특히 여성은 자연유산·산액·난산의 고통이 있고, 유방과 자궁 계통의 질환을 주의해야 한다.

반대로 사주에 인성이 부족하면 자신의 주관과 개성이 강하나 윗사람의 덕을 입지 못해 자신의 실력으로 성공해야 한다. 이런 사람은 효도하는 것이 개운(開運)하는 지름길이다.

주역에서는 위에 있는 천(天)상괘가 3효이고 아래에 있는 지(地)하괘가 3효여서 모두 6효이다. 각 효가 음과 양으로 갈라서니 $2 \times 2 \times 2 \times 2 \times 2 \times 2 = 64$로서 모두 64괘이다. 이것을 가지고 인(人)에 해당하는 모든 사안을 논한다. 천(天)과 지(地)가 인(人)에 어떻게 감응하느냐를 살피는 것이다. 그래서 사람이 정성을 다한 후 그 결과를 하늘[天]과 땅[地]의 뜻에 물어보는 주역점이 성립된다.

갑(甲)이라는 남성에게 을(乙)이라는 여성이 결혼상대로 등장하였을 경우 천풍구(天風姤)를 얻었다면 을(乙)이라는 여성은 결혼상대로서 적합하지 못하다고 볼 수 있다.

천풍구(天風姤)

왜냐하면 괘상이 마치 한 여성 [－－] 이 다섯 남성 [━] 을 상대하고 있는 모습과 같기 때문이다. 그러나 요정을 경영하는 여성에게는 사업의 번창을 뜻한다고 볼 수 있다. 왜냐하면 괘상이 마치 자신이 여러 남성을 고객으로 맞이하는 모습과 같기 때문이다.

사주를 통변할 때에도 위에서 살펴본 이치는 마찬가지여서 구체적인 타당성을 지닐 수 있도록 논해야 한다. 예를 들어 식상과 관살 사이에 재성의 통관이 없어서 식상이 관살을 바로 극하는 경우 '난세의 영웅'이라고 논할 수도 있고 '법질서를 뒤흔드는 무법자'라고 논할 수도 있다.

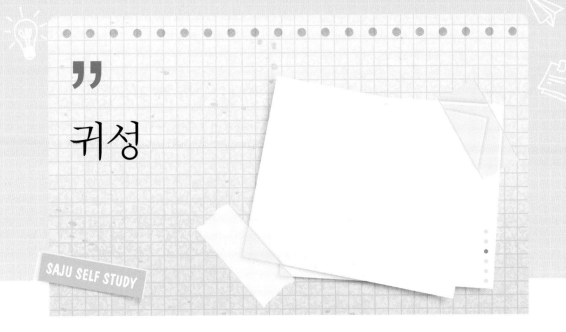

"

귀성

01 귀성이란 무엇인가

1) 현실과 이상

사주는 억부(抑扶)와 조후(調候)의 절묘한 승화를 통해 파악해야 한다. 억부는 현실이요, 조후는 이상이다. 현실을 떠난 이상은 있을 수 없고 이상을 떠난 현실은 무의미하다. 현실과 이상이 조화를 이루어야 아름답다. 억부 위주로 생각하고 조후는 틀에 박힌 형식적인 것으로 파악하는 것은 얕은 소견이다. 조후를 깊이 있게 연구해보면 그 속에는 우주의 원리가 들어 있다. 억부는 조후의 논리를 담고 있고 조후는 억부의 정신을 지니고 있다.

억부와 조후는 좁게 보아 수(水)와 화(火)의 관계이지만, 넓게 보면 각 별들이 서로 귀성(貴星)으로 이루어질 것을 요구한다. 귀성은 일간과 출생월의 관계에 따라 달라진다. 예를 들어 갑(甲)목 일간이 묘(卯)월 출생이면 왕목(旺木)이므로 경(庚)금이란 금도끼로 다듬어주어야 한다. 그러나 경(庚)금이 너무 거칠면 안 되기 때문에 정(丁)화란 불로써 적당히 제련해줄 필요가 있다. 따라서 갑(甲)목 일간이 묘(卯)월 출생이면 경(庚)금과 정(丁)화가 귀성이다. 일반적으로 편관과 상관은 흉성으로 알려져 있지만, 이 경우에는 편관인 경(庚)금과 상관인 정(丁)화가 길성인 동시에 귀성이다.

2) 귀성과 용신

사주에서 귀성이 곧 용신이면 상등용신(上等用神)이지만, 그렇지 않으면 용신의 등급이 떨어진다. 사주학자에 따라서는 격국의 순용(順用)과 역용(逆用)을 가지고 용신의 등급을 판단한다.

격국의 순용이란 식신격 · 재격 · 정관격 · 인수격의 4가지 길한 격국은 격국에 해당되는 오행을 생조하거나 설기시켜서 상생하게 해야지 극하면 안 된다는 원칙이다. 예컨대 일간이 약하고 격국이 강하면 격국을 설기시켜 일간을 생조하는 것으로 용신을 삼아야지 격국을 극하면 안 된다. 정관격에 일간이 약하고 격국(정관)이 강하면 상관으로 정관을 극하는 게 아니라 인수로써 정관의 기운을 설기시켜 일간을 생조해야 한다는 것이다. 다시 말해서 상생하게 만드는 것이다.

격국의 역용이란 양인격 · 상관격 · 칠살격 · 편인격의 4가지 흉한 격국은 격국을 이룬 오행을 극하는 것으로 용신을 삼으면 상격이고, 격국을 생조하거나 격국이 생하게 하는 것으로 용신을 삼으면 하격이 된다고 보는 것이다.

순용이란 상생이고 역용이란 상극이다. 다시 말해 순용격국은 상생하는 것이 용신이 될 때 진가를 발휘하고, 역용격국은 극하는 것이 용신이 될 때 진가를 발휘한다는 말이다.

3) 귀성론의 등장

격국의 순용과 역용 이론은 청나라 때 확립된 것으로 8가지 보통 격국을 바탕으로 한다. 이에 따르면, 억부법은 일간과 격국의 균형만 이루면 되기 때문에 중화를 중시한 나머지 순용과 역용의 원리를 무시하였고, 그 결과로 상등용신과 하등용신을 구별하기 힘들어졌다. 따라서 격국으로는 그 사람의 그릇을 판단하고, 억부로는 그 사람의 운의 길흉을 판단해야 한다고 주장한다. 상당히 설득력 있게 들린다. 그러나 이 이론은 결국 귀성론(貴星論)으로 이어진다. 왜냐하면 예를 들어 칠살격은 극하는 것을 용신으로 삼는데, 이 역용 이론을 따를 때 식신으로 극하는 것이 좋은지 상관으로 극하는 것이 좋은지는 여전히 문제로 남지만, 귀성론에서는 예를 들어 갑(甲)목 일간이 묘(卯)월 출생인 경우에 칠살인 경(庚)금이 너무 강하면 상관인 정(丁)화로써 다스려준다는 것을 분명하게 밝히고 있으므로 이러한 문제가 남지 않기 때문이다.

4) 귀성론의 한계

그러나 귀성론에도 문제가 있다. 왜냐하면 귀성론의 바탕인 일간과 출생월의 관계가 전해 내려오는 것처럼 획일적이지 않기 때문이다. 우선 출생월은 초기·중기·정기로 나누어서 살펴야 한다. 특히 초기는 전달과 비슷하기 때문에 이것을 이번 달의 정기로 다루면 문제가 된다. 또 사주에 귀성이 너무 많아 오히려 병이 되는 경우는 문제가 달라진다. 전해 내려오는 기준은 사주가 균형을 이룬 경우를 상정한 하나의 이상적인 모델에 불과하다. 따라서 그 구체적인 적용은 억부와 조후, 즉 현실과 이상을 어떻게 조화시킬 것인지에 달렸다고 볼 수 있다. 그리고 귀성론은 일반격(내격·정격)을 전제로 한 것이므로 이를 특수격(외격·변격)에까지 적용시킬 수는 없다. 예를 들어 북극곰이 추울 거라고 생각해 불을 찾는 것은 위험한 발상이므로 그냥 추위를 따르게 해야 한다는 의미다. 이러한 문제점을 염두에 두고 일간과 출생월(월지)의 관계에 따른 귀성을 살펴보자.

02 일간과 출생월의 관계

甲
1월

일간 : 갑(甲)

출생월 : 인(寅)

귀성 : 병(丙), 계(癸), 무(戊)

이론 : 인(寅)월은 아직 추위가 가시지 않았기 때문에 갑(甲)목은 우선적으로 병(丙)화를 필요로 한다. 그 다음에 계(癸)수를 필요로 하는데 계(癸)수가 따사로운 분위기를 해치면 안 된다. 계(癸)수는 병(丙)화와 위치가 떨어져 있거나 지지에 암장되어 있으면 좋다. 인(寅)월의 갑(甲)목은 수생목(水生木)보다 병정(丙丁)화의 따뜻함을 더 좋아한다. 수왕(水旺)하면 유토(流土)가 되고 부목(浮木)이 되어 부랑자의 신세가 되리니, 무(戊)토로 다스리고 화(火)로써 온난하게 해주어야 한다. 인(寅)월의 갑(甲)목은 어린 싹과 같아 경(庚)금이 있어 극목(剋木)하면 불행하다. 이때 병(丙)화가 있어 제금(制金)하고 갑(甲)목을 따뜻하게 해주면 좋다. 정(丁)화는 제금은 잘하지만 따뜻한 분위기는 충족시켜주기 어렵다.

甲
2월

일간 : 갑(甲)

출생월 : 묘(卯)

귀성 : 경(庚), 무(戊), 기(己), 정(丁), 병(丙)

이론 : 묘(卯)월은 양인(羊刃)월로서 목왕(木旺)하니 경(庚)금으로 제(制)한다. 경(庚)금이 약한 때이므로 무기(戊己)토로 도와준다. 경(庚)금이 너무 강하면 병정(丙丁)화로 극하지만, 인(寅)월의 경우와 달라서 묘(卯)월은 병(丙)화보다 정(丁)

화가 낫다. 묘(卯)월의 갑(甲)목에 경(庚)금이 없으면 병정(丙丁)화가 투출되어야 목화통명(木火通明)으로서 귀격이다. 인(寅)월은 조후로서 병(丙)화가 필요하고, 묘(卯)월은 수기(秀氣)를 설기시키는 정(丁)화가 낫다.

일간 : 갑(甲)

출생월 : 진(辰)

甲

3월

귀성 : 경(庚), 임(壬), 정(丁), 갑(甲)

이론 : 진(辰)월의 갑(甲)목은 목(木)의 기가 극에 달했기 때문에 일단 경(庚)금으로 다스린다. 그러나 진(辰)월은 목기(木氣)는 다하고 화지(火地)가 가까우니 임(壬)수로 갑(甲)목을 도와준다. 진(辰) 중 무(戊)토가 왕하므로 계(癸)수는 합화(合化)하여 화기(火氣)를 형성할 수 있으니 임(壬)수를 쓴다. 임(壬)수로 살인상생(殺印相生)하는 대신 정(丁)화로 경(庚)금을 다스릴 수도 있다. 지지에 토(土)가 많으면 재다신약(財多身弱)이니 갑(甲)목이 필요하다.

일간 : 갑(甲)

출생월 : 사(巳)

甲

4월

귀성 : 계(癸), 경(庚), 정(丁)

이론 : 사(巳)월은 갑(甲)목의 뿌리와 잎이 마르기 시작하는 때이니 계(癸)수로 도와주어야 한다. 이때 계(癸)수만 있으면 증발될 우려가 있으므로 경(庚)금이 필요하다. 계(癸)수와 경(庚)금이 없어서 임(壬)수와 신(辛)금으로 대신하면 그만큼 격이 낮아진다. 사(巳) 중 경(庚)금이 투간되어 세력이 너무 강하면 계(癸)수로 살인상생을 시키거나 정(丁)화로 다스린다.

일간 : 갑(甲)

출생월 : 오(午)

5월

귀성 : 계(癸), 경(庚), 정(丁)

이론 : 오(午)월의 갑(甲)목은 목이 마르므로 빨리 계(癸)수로 도와주어야 한다. 계(癸)수를 생해주는 경(庚)금 또한 필요하다. 경(庚)금이 너무 강하면 목(木)이 약한 때이므로 계(癸)수로 금기(金氣)를 설하며 목(木)을 도우면 가장 아름답지만, 정(丁)화로 다스려도 된다.

일간 : 갑(甲)

출생월 : 미(未)

6월

귀성 : 계(癸), 경(庚), 갑(甲), 정(丁)

이론 : 미(未)월의 갑(甲)목은 목이 마르고 뿌리를 내린 바닥의 흙은 건조하므로, 우선 계(癸)수로 도와주고, 경(庚)금으로 수(水)를 생하며, 나아가 갑(甲)목으로 토기(土氣)를 다스린다. 대서가 지나면 신(申)월이 가까우므로 찬 기운을 예방하기 위하여 정(丁)화가 필요하다.

일간 : 갑(甲)

출생월 : 신(申)

7월

귀성 : 정(丁), 임(壬), 갑(甲), 병(丙)

이론 : 갑(甲)목 일간이 신강하면 경(庚)금을 쓰지만, 신(申)월은 경(庚)금이 강하

므로 우선 정(丁)화로 다스린다. 갑(甲)목과 경(庚)금의 역량이 비슷해도 정(丁)화를 보는 것이 중요하다. 신약하면 임(壬)수와 갑(甲)목으로 도와준다. 금수(金水)가 강해서 사주가 차가운 기운으로 가득하면 병(丙)화의 배합이 필요하다.

일간 : 갑(甲)

출생월 : 유(酉)

8월

귀성 : 정(丁), 병(丙), 임(壬), 갑(甲)

이론 : 유(酉)월은 금왕절(金旺節)이며 점차 추운 계절로 가는 중이니 정(丁)화로 금(金)을 제(制)하며, 병(丙)화로 조후한다. 갑(甲)목과 금(金)이 비슷하게 강해도 정(丁)화가 금(金)을 제(制)하는 것을 기뻐한다. 신살양정(身殺兩停)이면서 화(火)를 볼 수 없을 때는 비견을 쓴다. 신약하면 임(壬)수와 갑(甲)목으로 도와주지만 병(丙)화를 보는 것이 중요하다.

일간 : 갑(甲)

출생월 : 술(戌)

9월

귀성 : 갑(甲), 계(癸), 경(庚), 정(丁)

이론 : 술(戌)월은 건토(乾土)가 왕할 때이므로 우선 갑(甲)목으로 토(土)를 제(制)하고, 계(癸)수로 윤택하게 한다. 갑(甲)목 일간이 신강하면 경(庚)금을 쓰지만, 경(庚)금이 너무 강하면 정(丁)화로 다스린다. 일간과 살(편관)이 서로 강하면 정(丁)화를 쓴다. 목(木)이 많은데 경(庚)금이 없으면 병정(丙丁)화로 설하지만 격에 들지는 못한다. 목(木)이 많으면 토금(土金)이 필요하다. 신약하면 인성과 비겁을 쓴다. 살이 강하거나 식상으로 설기가 심하여 신약한 사주는 인성을 쓰고,

재다신약(財多身弱)의 경우에는 비겁을 쓴다. 추목(秋木)이 수(水)가 없이 화(火)로만 설기가 심한 경우는 목(木)이 왕한 시기가 아니므로 아름답지 못하다.

일간 : 갑(甲)

출생월 : 해(亥)

甲

10월

귀성 : 병(丙), 무(戊), 경(庚), 정(丁)

이론 : 해(亥)월은 차가운 때이니 우선 조후 병(丙)화가 필요하다. 또한 수(水)가 왕하니 이를 다스려줄 무(戊)토가 필요하다. 갑(甲)목이 많으면 경(庚)금이 필요하다. 해(亥)월의 갑(甲)목은 천간에 식신 병(丙)화, 재성 무(戊)토, 편관 경(庚)금이 모두 나타나 있으면 최고의 격이다. 경(庚)금이 너무 강하면 정(丁)화로 다스린다. 신약하면 인(寅)과 묘(卯)를 기뻐하는데 이 경우에도 병(丙)화가 있어야 한다. 병(丙)화가 없으면 수생목(水生木)이 이루어지지 않는다.

일간 : 갑(甲)

출생월 : 자(子)

甲

11월

귀성 : 병(丙), 무(戊)

이론 : 자(子)월은 추위가 매우 심한 때이므로 우선 조후 병(丙)화가 필요하다. 또한 수(水)가 범람하니 이를 다스려줄 무(戊)토가 필요하다. 자(子)월의 갑(甲)목은 천간에 식신 병(丙)화와 재성 무(戊)토가 함께 나타나 있으면 부귀를 누린다. 신약하면 인(寅)과 묘(卯)로 돕는데 이 경우에도 병(丙)화가 있어야 하며, 임계(壬癸)수는 화토(火土)의 세력이 너무 강할 때 비로소 쓴다.

일간 : 갑(甲)

출생월 : 축(丑)

귀성 : 병(丙)

이론 : 축(丑)월은 하늘과 땅이 모두 차가운 때이니 우선 조후 병(丙)화가 필요하다. 축(丑)월은 토(土)가 강한 때이니 수(水)가 왕하지 않으면 무(戊)토는 필요하지 않다. 보통 갑(甲)목이 많으면 경(庚)금을 쓰지만, 겨울과 이른 봄에는 경(庚)금보다 병(丙)화를 쓰는 경우가 많다. 신약하면 인(寅)이 절대적으로 필요하다. 왜냐하면 인(寅) 중에는 갑(甲)목과 병(丙)화가 있어서 비견 갑(甲)목으로 일간을 돕고, 병(丙)화로 갑(甲)목을 따뜻하게 비추어 화생목(火生木)을 이루기 때문이다.

일간 : 을(乙)

출생월 : 인(寅)

귀성 : 병(丙), 계(癸)

이론 : 먼저 병(丙)화를 써서 따뜻하게 해준 다음 계(癸)수를 써서 윤택하게 한다. 인(寅)월의 을(乙)목은 금(金)을 매우 두려워하므로 금(金)이 있을 경우에 화(火)로써 다스려야 한다.

일간 : 을(乙)

출생월 : 묘(卯)

귀성 : 병(丙), 계(癸)

이론 : 목(木)은 양(陽)을 향하여 화(和)함을 좋아하고 음습함을 싫어한다. 그러므로 먼저 병(丙)화를 취하고, 다음으로 계(癸)수를 택한다. 묘(卯)월은 목(木)이 왕하니 병(丙)화로 설기하고 계(癸)수로 뿌리를 돕는다고 볼 수도 있다. 병(丙)화는 천간에 위치하고 계(癸)수는 지지에 위치하는 등 떨어져 있어서 장애가 없어야 한다.

일간 : 을(乙)

출생월 : 진(辰)

乙

3월

귀성 : 계(癸), 병(丙), 무(戊)

이론 : 진(辰)월의 을(乙)목은 갑(甲)목과 달라서 경(庚)금을 쓰지 않는다. 을(乙)목은 유목(柔木)이기 때문이다. 먼저 계(癸)수를 취하고 다음으로 병(丙)화를 택한다. 수(水)가 왕하면 무(戊)토로 다스린다. 기(己)토는 수(水)를 제어하지 못한다.

일간 : 을(乙)

출생월 : 사(巳)

乙

4월

귀성 : 계(癸), 경(庚), 신(辛)

이론 : 사(巳)월은 사(巳) 중 병(丙)화가 왕하니 무엇보다 계(癸)수가 필요하다. 하지만 계(癸)수만 있으면 증발될 염려가 있으므로 경신(庚辛)금의 도움이 필요하다. 경(庚)금은 일간 을(乙)목과 떨어져 있어야 자신의 본분을 다한다. 천간에 무(戊)토가 나타나 있으면 계(癸)수가 자신의 본분을 다하지 못한다.

일간 : 을(乙)

출생월 : 오(午)

귀성 : 계(癸), 병(丙), 경(庚), 신(辛)

이론 : 하지에 이르기까지는 양(陽)에 속하므로 계(癸)수의 윤택작용이 필요하고, 하지 이후는 삼복에 한기가 생기므로 계(癸)수와 병(丙)화가 둘 다 필요하다. 어느 때이든지 계(癸)수를 먼저 쓴다. 계(癸)수는 경신(庚辛)금의 도움을 기뻐한다. 만일 사주에 금수(金水)가 많으면 병(丙)화를 먼저 쓴다.

5월

乙

일간 : 을(乙)

출생월 : 미(未)

귀성 : 계(癸), 병(丙), 경(庚), 신(辛)

이론 : 미(未)월은 건조한 때이니 우선 계(癸)수가 필요하다. 계(癸)수는 경신(庚辛)금의 도움을 기뻐한다. 만일 사주에 금수(金水)가 많으면 병(丙)화를 먼저 쓴다. 무기(戊己)토가 계(癸)수의 조후를 방해하면 갑(甲)목이 필요하다. 여름의 을(乙)목은 먼저 계(癸)수를 쓰고 그 다음으로 병(丙)화를 고려한다.

6월

乙

일간 : 을(乙)

출생월 : 신(申)

귀성 : 병(丙), 계(癸), 기(己)

이론 : 신(申)월은 경(庚)금이 강한 때이므로 병(丙)화로 제살(制殺)하는 것이 최

7월

乙

상이고, 계(癸)수로 화살(化殺)하는 것은 그 다음이다. 또한 습토인 기(己)토가 을(乙)목의 뿌리를 배양해주면 좋다. 신(申) 중 임(壬)수가 투간되어 수(水)가 왕하면 무(戊)토로 다스린다.

일간 : 을(乙)

출생월 : 유(酉)

8월

귀성 : 병(丙), 계(癸), 정(丁)

이론 : 병(丙)화로 조후 및 제살(制殺)하고, 계(癸)수로 배양 및 화살(化殺)한다. 추분에 이르기까지는 화기(火氣)가 있으므로 계(癸)수를 먼저 쓰고 병(丙)화를 다음으로 쓰며, 추분 이후에는 조후를 중시하여 병(丙)화를 먼저 쓰고 계(癸)수를 다음으로 쓴다. 지지가 금국(金局)을 이루면 정(丁)화로 다스린다. 유(酉)월의 을(乙)목이 수화(水火)가 없으면 쇠약한 목(木)이 금(金)으로 인해 상처를 입으니 그만큼 고단한 삶을 살게 된다.

일간 : 을(乙)

출생월 : 술(戌)

9월

귀성 : 계(癸), 신(辛), 갑(甲), 병(丙)

이론 : 술(戌)월은 토(土)가 건조한 때이니 우선 계(癸)수가 필요하다. 계(癸)수는 신(辛)금의 도움을 기뻐한다. 토(土)가 왕하니 갑(甲)목으로 다스린다. 서늘한 때이므로 병(丙)화로 따뜻하게 해준다. 임(壬)수가 많으면 을(乙)목을 생하기 어려우니 평범한 명이다.

일간 : 을(乙)

출생월 : 해(亥)

귀성 : 병(丙), 무(戊)

이론 : 해(亥)월은 우선 병(丙)화로 조후한다. 임계(壬癸)수가 천간에 나타나 있으면 무(戊)토로 다스린다. 무(戊)토가 많으면 갑(甲)목으로 다스린다. 해(亥)월에는 임(壬)수가 투간되지 않아야 좋다. 병(丙)화가 있고 임(壬)수가 투간되어 있지 않으면 무(戊)토가 없어도 귀함이 있다. 해(亥)월의 을(乙)목은 병무(丙戊)가 천간으로 나타나 있으면 자연스럽게 발전한다.

일간 : 을(乙)

출생월 : 자(子)

귀성 : 병(丙), 무(戊), 정(丁), 갑(甲)

이론 : 자(子)월은 우선 병(丙)화로 조후한다. 임계(壬癸)수가 천간에 나타나 있으면 무(戊)토로 다스린다. 자(子)월의 을(乙)목은 병(丙)화가 계(癸)수를 만나면 아름답지 못하다. 만일 병(丙)화가 없으면 정(丁)화로 대신하지만, 이 경우에는 갑(甲)목이 정(丁)화를 생해야 한다. 수다(水多)를 무(戊)토로 다스릴 수 있다 해도 병(丙)화가 없으면 부귀를 바랄 수 없다.

일간 : 을(乙)

출생월 : 축(丑)

귀성 : 병(丙), 정(丁), 갑(甲)

이론 : 축(丑)월은 천지가 얼어 있는 때이니 무조건 병(丙)화를 써야 한다. 병(丙)화가 없다면 정(丁)화도 쓸 수 있지만, 이때는 자(子)월과 마찬가지로 갑(甲)목이 있어야 정(丁)화가 살아난다. 축(丑)월의 을(乙)목은 계(癸)수가 투간되면 병(丙)화의 기를 파괴하니 흉명(凶命)이다. 겨울의 병(丙)화는 목기(木氣)를 설하는 게 아니라 오히려 생한다고 본다.

일간 : 병(丙)

출생월 : 인(寅)

丙

1월

귀성 : 임(壬), 경(庚)

이론 : 인(寅)월의 병(丙)화는 화(火)를 생함이 자왕(自旺)하니 임(壬)수를 취하여 화기(火氣)를 견제하고, 경(庚)금으로 임(壬)수를 돕는다. 임(壬)수가 너무 많으면 무(戊)토로 제살(制殺)한다. 화국(火局)이 있으면 임계(壬癸)수가 필요하고 수(水)가 없으면 무(戊)토가 용신이 되지만, 무(戊)토 용신의 경우는 그저 평범한 명이다. 월간이나 시간에 신(辛)금이 있으면 병신(丙辛)합을 이루어 병(丙)화가 본분을 망각할 수 있다. 인(寅)월의 병(丙)화는 인신(寅申)충을 두려워한다.

일간 : 병(丙)

출생월 : 묘(卯)

丙

2월

귀성 : 임(壬), 경(庚), 신(辛)

이론 : 묘(卯)월의 병(丙)화는 양기(陽氣)가 강왕(强旺)하므로 우선 임(壬)수를

쓰고 경(庚)금이나 신(辛)금으로 임(壬)수를 돕는다. 임(壬)수는 정(丁)화가 가까이 있으면 합을 이루어 본분을 망각한다. 임(壬)수가 너무 많으면 무(戊)토로 다스린다. 임(壬)수가 없다면 기(己)토로 화기(火氣)를 설하는 것도 나쁘지는 않다. 목국(木局)은 병(丙)화의 눈을 가리므로 경(庚)금으로 제벌(制伐)해야 한다.

丙
3월

일간 : 병(丙)

출생월 : 진(辰)

귀성 : 임(壬), 갑(甲)

이론 : 진(辰)월은 병(丙)화가 왕해지는 때이므로 우선 임(壬)수를 쓴다. 진(辰)월은 토왕절(土旺節)이기도 하므로 갑(甲)목 또한 필요하다. 임(壬)수와 갑(甲)목이 모두 천간에 있으면 대길하다. 경(庚)금이 갑(甲)목을 극하면 안 된다. 갑(甲)목이 없으면 차선책으로 경(庚)금이 임(壬)수를 생한다.

丙
4월

일간 : 병(丙)

출생월 : 사(巳)

귀성 : 임(壬), 경(庚)

이론 : 사(巳)월은 불꽃이 타오르는 때이므로 우선 임(壬)수로 제화(制火)하고, 경(庚)금으로 임(壬)수를 돕는다. 해(亥) 중 임(壬)수는 사해(巳亥)충이 되어 쓰지 못하지만 신(申) 중 임(壬)수는 귀하게 쓸 수 있다. 임(壬)수를 보지 못하면 계(癸)수라도 차선책으로 쓰는데, 역시 경(庚)금으로 도와야 한다. 수(水)가 너무 많으면 무(戊)토로 다스린다.

일간 : 병(丙)

출생월 : 오(午)

丙

5월

귀성 : 임(壬), 경(庚)

이론 : 오(午)월은 양인(羊刃)월이므로 병(丙)화가 매우 강하다. 임(壬)수와 경(庚)금이 모두 천간에 있으면 아름답다. 특히 임(壬)수는 양인가살격(羊刃架殺格)을 이루어 권세와 위엄을 안겨준다. 그러나 반드시 경(庚)금이 있어야만 양인가살격이 빛을 나타낼 수 있다. 임경(壬庚)이 없어서 무기(戊己)를 쓰면 수(水)운이 와도 토극수(土剋水)가 이루어져 흉하다.

일간 : 병(丙)

출생월 : 미(未)

丙

6월

귀성 : 임(壬), 경(庚)

이론 : 미(未)월은 화염토조(火炎土燥)한 때이므로 임(壬)수와 경(庚)금이 모두 천간에 있으면 아름답다. 임(壬)수가 경(庚)금의 도움을 받지 못하면 큰 부귀는 누릴 수 없다. 이때 무기(戊己)토가 투간(透干)되면 임(壬)수가 극을 받아 탁수(濁水)가 되어 부귀와는 멀어진다.

일간 : 병(丙)

출생월 : 신(申)

丙

7월

귀성 : 갑(甲), 임(壬)

이론 : 신(申)월은 태양이 서쪽으로 기우는 때이므로 화(火)가 약하면 목화(木火)가 필요하다. 목화(木火)가 많으면 금수(金水)가 희용신이다. 임(壬)수가 많으면 무(戊)토로 제살(制殺)한다. 칠살이 제극(制剋)되지 않아도 안 되고 칠살을 너무 제극해도 안 되니 음양오행의 이치가 오묘하다.

일간 : 병(丙)

출생월 : 유(酉)

丙
8월

귀성 : 갑(甲), 임(壬)

이론 : 화(火)가 약하면 목화(木火)가 필요하다. 하지만 목화(木火)가 많으면 금수(金水)가 희용신이다. 병(丙)화가 임(壬)수를 보면 태양이 바다나 호수에 비치듯 아름다운 형상이다. 신강하면 임(壬)수를 쓰는데 재성이 이를 도우니 부귀를 누린다. 무(戊)토가 수기(水氣)를 너무 억제하면 안 된다.

일간 : 병(丙)

출생월 : 술(戌)

丙
9월

귀성 : 갑(甲), 임(壬)

이론 : 술(戌)월은 토(土)가 왕하며 병(丙)화의 설기가 심하니 우선 갑(甲)목으로 제토(制土)하며 생화(生火)한다. 다음으로는 임(壬)수로 병(丙)화의 빛을 반조(反照)해준다. 갑(甲)목과 임(壬)수가 모두 천간에 있으면 대길하다. 이때 경(庚)금이 갑(甲)목을 극하고 무(戊)토가 임(壬)수를 극하면 불리하다.

일간 : 병(丙)

출생월 : 해(亥)

丙

10월

귀성 : 갑(甲), 무(戊), 임(壬)

이론 : 해(亥)월은 태양이 실령(失令)하는 때이니 우선 갑(甲)목으로 살인상생을 시키는 것이 좋다. 또한 해(亥)월은 수(水)가 왕하니 무(戊)토로 제(制)한다. 화(火)가 왕하면 임(壬)수를 쓴다. 목(木)이 많으면 경(庚)금으로 다스리는데 이때 경(庚)금은 정(丁)화로 다듬어야 한다.

일간 : 병(丙)

출생월 : 자(子)

丙

11월

귀성 : 갑(甲), 무(戊), 임(壬)

이론 : 동지에 이르기까지는 해(亥)월과 같아서 우선 갑(甲)목을 쓰고, 무(戊)토로 왕한 수(水)를 다스린다. 동지 이후에는 양(陽)이 생겨 화(火)가 돋우어지니 무(戊)토로 제수(制水)할 수 있다. 기(己)토는 탁수(濁水)를 초래하므로 쓰지 않는다. 화(火)가 왕하면 임(壬)수를 쓴다. 병(丙)화는 임(壬)수의 반조(反照)를 기뻐한다. 자(子)월의 병(丙)화한테는 갑(甲)목과 무(戊)토가 필요하지만, 무(戊)토로 제수(制水)할 때 갑(甲)목이 나타나면 무(戊)토가 공을 이루지 못하여 불리하다.

일간 : 병(丙)

출생월 : 축(丑)

丙

12월

귀성 : 갑(甲), 임(壬)

이론 : 축(丑)월은 춥고 토(土)가 왕하므로 갑(甲)목으로 생화(生火)하고 제토(制土)해야 한다. 다음으로는 임(壬)수를 취한다. 갑(甲)목과 임(壬)수가 모두 천간에 있으면 대길하다. 갑(甲)목이 감추어져 있으면 목화(木火)운이 길하다.

일간 : 정(丁)

출생월 : 인(寅)

1월

귀성 : 경(庚), 임(壬)

이론 : 인(寅) 중에 목화(木火)가 있어서 일간 정(丁)화와 더불어 사주가 너무 뜨거워지므로 중화를 이루지 못한다. 그러므로 재관(財官)인 경임(庚壬)을 쓴다. 갑(甲)목이 힘을 갖고 있는 때이니 모왕(母旺)하므로 먼저 경(庚)금을 용신으로 삼고, 그 다음으로 임(壬)수를 취한다.

일간 : 정(丁)

출생월 : 묘(卯)

2월

귀성 : 경(庚)

이론 : 묘(卯)월은 목(木)이 왕하므로 우선 경(庚)금으로 제목(制木)해야 한다. 경(庚)금은 토(土)의 도움을 기뻐한다. 을(乙)목과 경(庚)금이 모두 천간에 있으면 경(庚)금의 역할이 무력해진다. 갑(甲)목과 경(庚)금이 모두 천간에 있으면 대길하다.

일간 : 정(丁)

출생월 : 진(辰)

귀성 : 갑(甲)

丁

3월

이론 : 진(辰) 중 무(戊)토가 영(令)을 잡은 때이니 정(丁)화가 설기되어 약하다. 갑(甲)목을 용신으로 삼는다. 갑(甲)목은 수(水)의 도움을 기뻐한다. 목국(木局)을 이루면 경(庚)금을 용신으로 삼는다. 경(庚)금은 토(土)의 도움을 기뻐한다. 수국(水局)을 이루면 무(戊)토를 용신으로 삼는다. 무(戊)토는 화(火)의 도움을 기뻐한다. 진(辰)월의 정(丁)화에게 갑(甲)목이 용신이면 상관패인격(傷官佩印格)이다. 갑(甲)목은 왕한 토(土)를 다스리고 정(丁)화의 기세를 돋운다.

일간 : 정(丁)

출생월 : 사(巳)

귀성 : 갑(甲)

丁

4월

이론 : 정(丁)화는 음유하기 때문에 왕지(旺地)에 있어도 기가 바르지 못하다. 사(巳)월에 사(巳) 중 무(戊)토는 정(丁)화의 기를 설하고, 병(丙)화는 정(丁)화의 빛을 빼앗으므로 정(丁)화가 약하다. 따라서 갑(甲)목을 용신으로 삼는다. 갑(甲)목은 수(水)의 도움을 기뻐한다. 갑(甲)목이 많으면 경(庚)금이 용신이다. 경(庚)금은 토(土)의 도움을 기뻐한다. 사(巳)월의 정(丁)화에 갑병(甲丙)이 모두 있으면 갑(甲)목이 정(丁)화를 생하고, 병(丙)화가 합세하여 양(陽)으로 바뀌니 재관(財官)을 취한다. 정(丁)화는 병(丙)화가 빛을 빼앗는 것을 꺼린다. 병(丙)화가 빛을 빼앗을 때는 임계(壬癸)수로 병(丙)화를 극한다.

일간 : 정(丁)

출생월 : 오(午)

5월

귀성 : 임(壬), 계(癸), 경(庚)

이론 : 오(午)월의 정(丁)화는 정(丁)화가 영(令)을 잡고, 화(火)가 왕하며, 건록지에 있기 때문에 함부로 갑(甲)목을 취하면 안 된다. 오(午)월의 정(丁)화는 임계(壬癸)수를 용신으로 삼는 것이 정법(正法)이다. 수(水)는 금(金)의 도움을 기뻐한다. 임계(壬癸)수가 태왕하면 갑(甲)목을 취하는 경우도 있다. 해묘미(亥卯未)가 모두 있어 목생화(木生火)하면 평범한 명이다. 인성이 수기(水氣)를 설하여 화(火)를 생하면 해염(解炎), 즉 더위를 식혀 중화를 이루지 못하기 때문이다. 정(丁)화는 병(丙)화가 없으면 염상(炎上)이 되지 않는다. 그러므로 수(水)가 해염해야 한다.

일간 : 정(丁)

출생월 : 미(未)

6월

귀성 : 갑(甲), 임(壬), 경(庚)

이론 : 미(未)월의 정(丁)화는 토(土)가 왕하고 삼복생한(三伏生寒)의 때에 있어서 매우 약하다. 따라서 갑(甲)목을 용신으로 삼는다. 갑(甲)목은 임(壬)수가 도와주어야 메마르지 않는다. 목(木)이 투간되고 수(水)는 감춰지는 것이 좋다. 갑(甲)목과 임(壬)수가 함께 투간되면 습목이 되어 생화(生火)에 지장이 있기 때문이다. 미(未)월의 기(己)토는 임(壬)수를 탁하게 만든다. 따라서 미(未)월의 정(丁)화는 경(庚)금을 기뻐한다.

일간 : 정(丁)

출생월 : 신(申)

丁
7월

귀성 : 갑(甲), 병(丙), 을(乙)

이론 : 신(申)월은 경(庚)금과 임(壬)수의 기가 강하므로 우선 갑(甲)목을 쓴다. 이때 병(丙)화가 투간되어 갑(甲)목을 말리고 따뜻함을 안겨주면 좋다. 갑(甲)목이 없다면 을(乙)목을 쓰는데, 습목이므로 병(丙)화로 말려서 쓴다. 금(金)이 많으면 화(火)로 다스리고, 수(水)가 많으면 토(土)로 다스린다.

일간 : 정(丁)

출생월 : 유(酉)

丁
8월

귀성 : 병(丙), 갑(甲), 을(乙)

이론 : 유(酉)월은 금기(金氣)가 강왕하므로 화(火)로 다스린다. 이때 갑을(甲乙)목이 있어서 화(火)를 생하면 기쁘다. 임계(壬癸)수의 관살이 투간되면 재관살(財官殺)이 왕하여 흉하다. 이때는 무기(戊己)토로 제수(制水)하며 목화(木火)의 기를 만나야 한다. 병(丙)화가 너무 빛나면 정(丁)화가 빛을 잃는다.

일간 : 정(丁)

출생월 : 술(戌)

丁
9월

귀성 : 갑(甲)

이론 : 술(戌)월은 토(土)가 왕하여 정(丁)화의 기를 설하므로 갑(甲)목으로 제토생화(制土生火)해야 한다. 을(乙)목은 술(戌)월에는 힘이 약하므로 쓰지 않는다.

병(丙)화 또한 건토절(乾土節)인 술(戌)월에는 쓰지 않는다.

일간 : 정(丁)

출생월 : 해(亥)

10월

귀성 : 갑(甲), 무(戊)

이론 : 해(亥)월은 한기(寒氣)가 시작되며 수기(水氣)가 왕해지는 때이므로 정(丁)화가 갑(甲)목에 의지할 수밖에 없다. 임계(壬癸)수가 투간되면 무(戊)토로 다스려서 정(丁)화를 보호하지만, 갑(甲)목을 쓰는 것만 못하다. 갑(甲)목으로 생화(生火)할 때 기(己)토가 와서 갑기(甲己)합을 이루면 갑(甲)목이 용신의 역할을 다하지 못한다.

일간 : 정(丁)

출생월 : 자(子)

11월

귀성 : 갑(甲), 무(戊), 병(丙)

이론 : 자(子)월은 한기(寒氣)와 수기(水氣)가 매우 돋우어진 때이므로 우선 갑(甲)목으로 생화(生火)하고 무(戊)토로 제수(制水)한다. 살인상생(殺印相生)이 우선이고 상관제살(傷官制殺)은 그 다음이다. 병(丙)화는 조후로서 좋은 역할을 하지만 정(丁)화의 빛을 가릴 수 있다.

일간 : 정(丁)

출생월 : 축(丑)

12월

귀성 : 갑(甲), 무(戊), 병(丙)

이론 : 축(丑)월은 추위가 극심하고 토(土)가 왕한 때이므로 우선 갑(甲)목으로 생화(生火)하고 제토(制土)한다. 수다(水多)하면 무(戊)토로 다스릴 수 있다. 병(丙)화는 조후로서 좋은 역할을 하지만 정(丁)화의 빛을 가릴 수 있다.

일간 : 무(戊)

출생월 : 인(寅)

戊
1월

귀성 : 병(丙), 갑(甲), 계(癸)

이론 : 인(寅)월의 무(戊)토한테는 태양인 병(丙)화와 수목인 갑(甲)목, 그리고 봄비인 계(癸)수가 필요하다. 우선 병(丙)화가 따스한 기로 신(身)을 돋우고, 재관(財官)인 계(癸)수와 갑(甲)목이 뒤따르면 좋다. 갑(甲)목이 너무 많으면 병(丙)화로 살인상생을 하든가 아니면 경(庚)금으로 제살(制殺)한다.

일간 : 무(戊)

출생월 : 묘(卯)

戊
2월

귀성 : 병(丙), 갑(甲), 계(癸)

이론 : 묘(卯)월은 목왕절(木旺節)이지만 을(乙)목으로 무(戊)토를 다스리기 어려우므로 갑(甲)목이 필요하다. 이때 병(丙)화가 살인상생을 만들어주면 좋다. 계(癸)수로 무(戊)토를 윤택하게 한다. 을(乙)목과 갑(甲)목이 같이 투간되고 경(庚)금이 있다면, 경(庚)금은 을(乙)목과 합하느라 제살(制殺)의 역할을 망각한다.

일간 : 무(戊)

출생월 : 진(辰)

$戊$

3월

귀성 : 갑(甲), 계(癸), 병(丙)

이론 : 진(辰)월은 무(戊)토가 자왕(自旺)하므로 우선 갑(甲)목으로 제토(制土)한다. 다음으로 계(癸)수와 병(丙)화를 취한다. 목(木)이 너무 많으면 경(庚)금으로 다스린다. 경(庚)금이 없으면 화(火)를 써서 살인상생을 만들어주면 좋다.

일간 : 무(戊)

출생월 : 사(巳)

$戊$

4월

귀성 : 갑(甲), 계(癸), 병(丙)

이론 : 사(巳)월은 무(戊)토가 왕하므로 우선 갑(甲)목으로 제토(制土)한다. 그다음으로 계(癸)수와 병(丙)화를 취한다. 갑(甲)목과 병(丙)화가 투간되어 살인상생이 되고, 계(癸)수는 지지에 감추어져 있으면 대길하다. 계(癸)수는 조후로서 좋은 역할을 한다.

일간 : 무(戊)

출생월 : 오(午)

$戊$

5월

귀성 : 임(壬), 계(癸), 갑(甲), 병(丙)

이론 : 오(午)월은 양인(羊刃)월이며 중하(仲夏)라서 화(火)가 성하니 먼저 임(壬)수를 쓰고 계(癸)수로 돕든지, 아니면 수원(水源)을 마련한다. 그 다음에는 갑

(甲)목으로 제토(制土)한다. 임(壬)수가 없다면 갑(甲)목은 오히려 분목(焚木)이 될 수 있다. 아무리 오(午)월의 화염이 이글거리는 때이지만 태양인 병(丙)화는 빼놓을 수 없다.

일간 : 무(戊)

출생월 : 미(未)

귀성 : 계(癸), 병(丙), 갑(甲)

이론 : 미(未)월은 화염토조(火炎土燥)하여 조후가 시급하니 먼저 계(癸)수를 쓴다. 계(癸)수가 없다면 차선책으로 임(壬)수를 쓸 수밖에 없다. 다음에는 병(丙)화로 미(未)월의 습함을 제거하고, 갑(甲)목으로 왕한 토(土)를 다스린다. 계(癸)수가 없으면 병(丙)화와 갑(甲)목은 있으나마나한 존재가 된다.

戊

6월

일간 : 무(戊)

출생월 : 신(申)

귀성 : 병(丙), 계(癸), 갑(甲)

이론 : 신(申)월은 한기(寒氣)가 들어오는 때이므로 먼저 병(丙)화로 따뜻하게 한다. 다음에 계(癸)수로 윤택하게 하고, 갑(甲)목으로 산의 아름다움을 더한다.

戊

7월

일간 : 무(戊)

출생월 : 유(酉)

戊

8월

귀성 : 병(丙), 계(癸)

이론 : 유(酉)월은 금(金)이 왕하여 무(戊)토의 설기가 심하며 한랭하므로 우선 병(丙)화로 무(戊)토를 도우며 따뜻하게 한다. 그 다음으로는 계(癸)수로 윤택하게 한다. 갑(甲)목은 병(丙)화가 무력할 때 계(癸)수의 생함을 받아 도울 수 있지만, 유(酉)월의 무(戊)토한테 갑(甲)목이 반드시 필요한 존재는 아니다. 병(丙)화가 일간 무(戊)토를 도와서 신강한 때에 유(酉)금이 계(癸)수를 생하면 식상생재격(食傷生財格)을 이룬다. 금다(金多)가 생수(生水)로 이어지지만, 무(戊)토 일간이 신약하면 식상생재(食傷生財)가 아니고 병정(丙丁)화가 패인(佩印)을 이룬다.

일간 : 무(戊)

출생월 : 술(戌)

戊
9월

귀성 : 갑(甲), 계(癸), 병(丙)

이론 : 술(戌)월은 무(戊)토가 자왕(自旺)하니 우선 갑(甲)목으로 제토(制土)한다. 다음에 계(癸)수로 무(戊)토와 갑(甲)목을 윤택하게 하고 병(丙)화로 따뜻하게 한다. 계(癸)수는 무(戊)토와 합을 이루면 재성으로서의 본분을 망각한다. 만일 금(金)의 기가 성하다면 갑(甲)목을 쓰지 않고 계(癸)수로 금기(金氣)를 설함과 동시에 병(丙)화로써 생토(生土)하면 대부(大富)의 상이라고 할 수 있다.

일간 : 무(戊)

출생월 : 해(亥)

戊
10월

귀성 : 갑(甲), 병(丙)

이론 : 해(亥)월은 양기(陽氣)가 생하는 때이므로 갑(甲)목이 천간에 나타나 산

에 영기(靈氣)를 심어줄 필요가 있다. 또한 해(亥)월은 추운 때이므로 병(丙)화가 천간으로 솟아올라 산에 따뜻함을 안겨줄 필요가 있다. 갑(甲)목은 해(亥) 중에 암장되어 있고, 병(丙)화만 투간되어도 귀함을 누린다. 이때는 지지의 사해(巳亥) 충이 두렵다. 해(亥)월의 무(戊)토는 갑(甲)목과 병(丙)화가 모두 천간에 있으면 대길하다. 갑(甲)목이 강한 경(庚)금의 공격을 받으면 정(丁)화로 경(庚)금을 다스린다. 병(丙)화가 강한 임(壬)수의 공격을 받으면 무(戊)토로 임(壬)수를 다스린다. 갑(甲)과 병(丙)이 모두 지지에 있어도 운이 인출(引出)하면 길하다.

일간 : 무(戊)

출생월 : 자(子)

戊
11월

귀성 : 병(丙), 갑(甲)

이론 : 자(子)월은 한랭한 때이므로 조후가 급하기 때문에 우선 병(丙)화를 쓴다. 다음에는 갑(甲)목으로 병(丙)화를 돕는다. 병(丙)화와 갑(甲)목이 모두 천간에 있으면 대길하다. 자(子) 중 계(癸)수가 투간되고 비견 무(戊)토 또한 투간되어 쟁합을 이루는 경우에는 갑(甲)목으로 비견인 무(戊)토를 제(制)하고 병(丙)화로 조후하면 부귀를 누릴 수 있다.

일간 : 무(戊)

출생월 : 축(丑)

戊
12월

귀성 : 병(丙), 갑(甲)

이론 : 축(丑)월은 천지가 한랭한 때이므로 조후가 급하다. 따라서 우선 병(丙)화를 쓴다. 다음에는 갑(甲)목으로 병(丙)화를 돕는다. 병(丙)화와 갑(甲)목이 모

두 천간에 있으면 대길하다. 갑(甲)목이 없으면 중격(中格)은 되지만 병(丙)화가 없으면 하격(下格)이 된다.

일간 : 기(己)

출생월 : 인(寅)

1월

귀성 : 병(丙), 갑(甲)

이론 : 인(寅)월은 아직 논밭이 풀리지 않은 때이므로 우선 병(丙)화로 해동시키고, 그 다음으로는 갑(甲)목으로 병(丙)화를 돕는다. 계(癸)수는 병정(丙丁)화가 많을 때에나 쓴다. 임(壬)수는 해가 되므로 임(壬)수가 있으면 무(戊)토로 다스려야 한다. 갑(甲)목이 많으면 경(庚)금으로 다스리는데 경(庚)금이 없으면 정(丁)화로 설한다. 토(土)가 많으면 갑(甲)목으로 다스리는데 을(乙)목만 많이 있으면 소인(小人)이다.

일간 : 기(己)

출생월 : 묘(卯)

2월

귀성 : 병(丙), 갑(甲), 계(癸)

이론 : 묘(卯)월은 목(木)이 왕한 때이므로 우선 병(丙)화로 생토(生土)한다. 다음에는 갑(甲)목으로 병(丙)화를 도우며 계(癸)수로 윤택하게 한다. 투간된 갑(甲)목이 다른 기(己)토와 합이 되면 관(官)이 빛을 발하지 못한다. 목(木)이 많으면 경(庚)금으로 다스리는데 이때 경(庚)금이 을(乙)목과 합이 되면 불리하다. 정(丁)화가 왕한 목(木)을 설하며 생토(生土)하면 경(庚)금이 필요 없고 정(丁)화로 용신한다.

일간 : 기(己)

출생월 : 진(辰)

己

3월

귀성 : 병(丙), 계(癸), 갑(甲)

이론 : 진(辰)월은 논밭에 곡식을 심고 가꾸는 때이므로 우선 태양인 병(丙)화가 필요하다. 다음에 계(癸)수로 윤택하게 한다. 토왕절(土旺節)이니 갑(甲)목으로 중화를 이룬다. 병(丙)화, 계(癸)수, 갑(甲)목이 투간되면 대길하다. 진(辰)월이 수국(水局)을 이루면 논밭이 유실될 우려가 있으므로 무(戊)토의 도움이 필요해진다.

일간 : 기(己)

출생월 : 사(巳)

己

4월

귀성 : 계(癸), 경(庚), 신(辛), 병(丙)

이론 : 사(巳)월은 화토(火土)가 성(盛)해지는 때이므로 우선 계(癸)수가 필요하다. 다음에 경신(庚辛)금으로 계(癸)수를 돕는다. 여름이 시작되는 사(巳)월이라고 해도 농작물의 성장 등을 위해 병(丙)화가 있어야 한다. 기(己)토는 습토이지만 병(丙)화가 너무 강하면 수분이 말라버릴 수 있기 때문에 수기(水氣)와 화기(火氣)의 적절한 조화가 필요하다.

일간 : 기(己)

출생월 : 오(午)

己

5월

귀성 : 계(癸), 경(庚), 신(辛), 병(丙)

이론 : 오(午)월은 더위와 건조함이 심하므로 우선 계(癸)수로 조후한다. 다음에

경신(庚辛)금으로 계(癸)수를 돕는다. 이로써 논밭이 윤택해진 후에는 병(丙)화가 있어야 한다. 계(癸)수가 없으면 임(壬)수를 대신 쓸 수 있으나 그만큼 격이 떨어진다.

일간 : 기(己)

출생월 : 미(未)

己

6월

귀성 : 계(癸), 경(庚), 신(辛), 병(丙)

이론 : 미(未)월은 더위와 건조함이 매우 심하므로 우선 계(癸)수로 다스려야 한다. 다음에 경신(庚辛)금으로 계(癸)수를 도우며 왕한 토(土)를 설기시킨다. 대서 이후에 금수(金水)가 많이 보이면 늦여름에 우박과 서리가 내려 피해를 입히는 형상이므로 반드시 병(丙)화가 필요하다.

일간 : 기(己)

출생월 : 신(申)

己

7월

귀성 : 병(丙), 계(癸)

이론 : 신(申)월은 한기를 느끼는 때이므로 우선 병(丙)화로 따뜻하게 한 다음 계(癸)수로 윤택하게 한다. 병(丙)화가 일간을 생조하면서 제금(制金)하고, 계(癸)수가 금(金)을 설하면서 윤택하게 하면 격국이 맑아진다. 병(丙)화와 계(癸)수가 모두 천간에 있으면 대길하다. 지지에 수국(水局)이 이루어지면 기(己)토가 흩어질 우려가 있으므로 이때는 무(戊)토의 도움을 받아야 하며, 또한 병(丙)화가 있어야 가을장마를 수습할 수 있을 것이다.

일간 : 기(己)

출생월 : 유(酉)

己

8월

귀성 : 병(丙), 계(癸), 갑(甲)

이론 : 유(酉)월은 금(金)이 왕하여 기(己)토의 설기가 심하고 한기가 감도는 때이므로 우선 병(丙)화로 제금생토(制金生土)하고 따뜻하게 한다. 다음에 계(癸)수로 기(己)토를 윤택하게 하며, 왕한 금(金)을 설기시켜 갑(甲)목을 생하면 병(丙)화가 약하지 않을 것이다. 지지가 금국(金局)을 이루면 병정(丙丁)화는 물론 계(癸)수 역시 투간되어야 부귀를 누릴 수 있다.

일간 : 기(己)

출생월 : 술(戌)

己

9월

귀성 : 갑(甲), 병(丙), 계(癸)

이론 : 술(戌)월은 토(土)가 왕한 때이므로 우선 갑(甲)목으로 제토(制土)한다. 다음에는 병(丙)화로 늦가을의 한기를 따스하게 하고, 계(癸)수로 건조한 논밭을 윤택하게 한다. 지지가 화국(火局)을 이루고 임계(壬癸)수가 투간되지 않으면 기(己)토를 구할 방법이 없으니 나쁜 무리와 어울릴까 두렵다.

일간 : 기(己)

출생월 : 해(亥)

己

10월

귀성 : 병(丙), 갑(甲), 무(戊)

이론 : 해(亥)월은 겨울이고 수(水)가 왕한 때이므로 우선 병(丙)화로 따스하게

하고, 다음에 갑(甲)목으로 설수생화(洩水生火)하며 무(戊)토로 제수(制水)한다. 인(寅) 중 병(丙)화를 쓰면 인신(寅申)충이 두렵고, 사(巳) 중 병(丙)화를 쓰면 사해(巳亥)충이 두렵다.

己
11월

일간 : 기(己)

출생월 : 자(子)

귀성 : 병(丙), 갑(甲), 무(戊)

이론 : 자(子)월은 겨울이므로 우선 병(丙)화로 추위를 다스리고, 다음에 갑(甲)목으로 병(丙)화를 돕는다. 수왕절(水旺節)이므로 재다신약(財多身弱)한 명국이 되니, 무(戊)토가 있어서 왕한 재(財)를 다스릴 수 있다면 금상첨화이다.

己
12월

일간 : 기(己)

출생월 : 축(丑)

귀성 : 병(丙), 갑(甲), 무(戊)

이론 : 축(丑)월은 하늘은 차고 땅은 얼어붙은 때이므로 시급히 병(丙)화를 취한다. 축(丑)월은 토절(土節)이므로 갑(甲)목이 없을 수 없는데, 갑(甲)목은 제토생화(制土生火)의 공을 이룬다. 축(丑)월은 수(水)가 왕하기 때문에 겁재 무(戊)토로 제수(制水)한다.

庚
1월

일간 : 경(庚)

출생월 : 인(寅)

귀성 : 병(丙), 무(戊)

이론 : 인(寅)월은 아직 한기가 가시지 않은 때이므로 우선 병(丙)화로 조후한다. 다음에 무(戊)토로 생금(生金)하여 인(寅)월의 왕한 목(木)을 다스린다. 병(丙)화 는 조후로서 필요할 뿐만 아니라 무토생금(戊土生金)을 위해서도 필요하다. 왜냐 하면 인(寅)월은 목(木)이 토(土)를 극하여 토생금(土生金)이 어려운 때인데 이때 병(丙)화가 나타나면 목생화(木生火), 화생토(火生土)로 이어져 무토생금(戊土生 金)이 이루어지기 때문이다. 토(土)가 왕하면 갑(甲)목으로 다스린다. 비겁이 많 아서 재성을 상하게 하면 병정(丙丁)의 화(火)로 다스린다. 지지가 화국(火局)을 이루면 임(壬)수와 경(庚)금이 필요하다.

일간 : 경(庚)

출생월 : 묘(卯)   庚

2월

귀성 : 무(戊), 경(庚), 정(丁), 갑(甲)

이론 : 묘(卯)월은 목(木)이 매우 왕한 때이므로 일간이 약하니 우선 인비겁(印比 劫)으로 생조한다. 일간이 강하면 정(丁)화, 갑(甲)목으로 다룬다. 경(庚)금을 다 룰 때에는 병(丙)화보다 정(丁)화를 쓴다. 일간 경(庚)금이 토다금매(土多金埋)이 면 갑(甲)목으로 제토(制土)하여 살려낸다.

일간 : 경(庚)

출생월 : 진(辰)   庚

3월

귀성 : 갑(甲), 정(丁)

이론 : 진(辰)월은 토(土)가 왕한 때이므로 우선 갑(甲)목으로 제토(制土)한다. 다

음에 정(丁)화로 경(庚)금을 다룬다. 토(土)가 왕한데 갑(甲)목은 없고 을(乙)목만 있으면 제토(制土)가 어렵다.

일간 : 경(庚)

출생월 : 사(巳)

귀성 : 임(壬), 무(戊), 정(丁)

이론 : 사(巳)월은 사(巳) 중 무(戊)토가 화(火)를 설하며 경(庚)금을 생하지만 경(庚)금이 허약한 때이다. 그러므로 임(壬)수로 조후하면서 무(戊)토로 일간을 돕는다. 임(壬)수가 없다면 무(戊)토가 너무 조열하여 경(庚)금이 생기를 잃는다. 사(巳)월에는 임(壬)수가 약하므로 사(巳)월의 임(壬)수는 뿌리가 있어야 좋다. 금국(金局)을 이루면 정(丁)화로 다스린다.

일간 : 경(庚)

출생월 : 오(午)

귀성 : 임(壬), 계(癸), 경(庚), 신(辛), 무(戊), 기(己)

이론 : 오(午)월은 경(庚)금이 녹을 정도로 더울 때이므로 시급히 임계(壬癸)수로 조후한다. 오(午)월은 금수(金水)가 다 약하므로 경신(庚辛)의 비겁으로 생수(生水)하면 좋다. 이때 무기(戊己)토가 임계(壬癸)수를 제극(制剋)하면 흉하다. 만일 임계(壬癸)수가 없고 무기(戊己)토만 있으면 관인상생(官印相生)이 되어 곤궁함은 면하겠지만 수(水)가 없어 귀격을 이루지는 못한다. 화국(火局)이 되고 수(水)가 없으면 피곤한 인생인데, 폐나 대장에 이상이 있고 심하면 정신까지 놓치게 된다.

일간 : 경(庚)

출생월 : 미(未)

귀성 : 임(壬), 계(癸), 정(丁), 갑(甲)

이론 : 대서에 이르기까지는 오(午)월과 마찬가지로 임계(壬癸)수로 조후하고 경신(庚辛)금으로 이를 돕는다. 그러나 대서 이후에는 음기(陰氣)가 들기 시작하니 정(丁)화로 제련하고, 갑(甲)목으로 제토생화(制土生火)한다. 이때 계(癸)수가 정(丁)화를 상하게 하면 안 된다. 토국(土局)을 이루면 갑(甲)목으로 제토(制土)한 후 정(丁)화로 경(庚)금을 다룬다.

일간 : 경(庚)

출생월 : 신(申)

귀성 : 정(丁), 갑(甲)

이론 : 신(申)월의 경(庚)금은 매우 강하므로 정(丁)화로 다스리고 갑(甲)목으로 정(丁)화를 돕는다. 갑(甲)목은 없고 정(丁)화만 있으면 중격은 되지만, 정(丁)화는 없고 갑(甲)목만 있으면 군겁쟁재(群劫爭財)의 위험이 있다. 지지에 수국(水局)이 형성되어 있는데 정(丁)화가 투간되었다면 갑(甲)목이 있어야 수생목(水生木), 목생화(木生火)로 이끌 수 있다.

일간 : 경(庚)

출생월 : 유(酉)

귀성 : 정(丁), 병(丙), 갑(甲)

이론 : 유(酉)월은 양인(羊刃)월이고 한기(寒氣)가 감도는 때이므로 강한 금(金)을 다루는 정(丁)화와, 한기를 제거하는 병(丙)화를 함께 쓴다. 유(酉)월의 경(庚)금은 관살혼잡(官殺混雜)을 허용한다. 관살을 함께 쓰되 갑(甲)목을 빼놓을 수 없다. 정병갑(丁丙甲)이 모두 투간되면 대길하다. 갑(甲)목만 있고 정병(丁丙)화가 없으면 불씨는 못 구하고 땔감만 분주히 구해다 놓는 것과 같아서 실속 없이 바쁘기만 한 형국이다. 이때 수(水)가 있어 생재(生財)해주면 상업인으로서 의식(衣食)은 마련할 수 있다.

일간 : 경(庚)

출생월 : 술(戌)

庚
9월

귀성 : 갑(甲), 임(壬), 정(丁)

이론 : 술(戌)월은 건토(乾土)가 왕한 때이므로 우선 갑(甲)목으로 제토(制土)하며 임(壬)수로 흙을 씻어낸다. 다음에는 정(丁)화로 제련한다. 토(土)가 왕한데 갑(甲)목이 없으면 부(富)를 얻었다 해도 오래가지 못한다. 무기(戊己)토가 임(壬)수를 막거나 탁하게 하면 불리하다.

일간 : 경(庚)

출생월 : 해(亥)

庚
10월

귀성 : 병(丙), 정(丁), 갑(甲), 무(戊)

이론 : 해(亥)월은 한랭해지는 때이므로 병(丙)화로 따뜻하게 한 후 정(丁)화로 단련한다. 또한 갑(甲)목이 있어 생화(生火)해주어야 한다. 일간 경(庚)금이 약

하지 않을 때 병정갑(丙丁甲)이 있으면 대길하다. 지지에 수국(水局)이 있어 병정(丙丁)화를 위협하면 무(戊)토로 다스린다.

庚
11월

일간 : 경(庚)

출생월 : 자(子)

귀성 : 병(丙), 정(丁), 갑(甲), 무(戊)

이론 : 자(子)월의 경(庚)금은 금수(金水)의 진상관(眞傷官)이다. 한랭하므로 병정갑(丙丁甲)을 떠날 수 없다. 수(水)가 왕하면 무(戊)토로 다스린다. 병(丙)화가 없으면 조후가 곤란하고, 정(丁)화가 없으면 경(庚)금을 다루지 못한다. 병정(丙丁)화는 병오(丙午), 병인(丙寅), 정묘(丁卯)처럼 지지의 도움을 얻어야 좋다. 갑(甲)목이 있어도 병정(丙丁)화가 없으면 뜻을 이루기가 힘들다.

庚
12월

일간 : 경(庚)

출생월 : 축(丑)

귀성 : 병(丙), 정(丁), 갑(甲)

이론 : 축(丑)월은 천지가 얼어붙어 만물을 생하지 못하는 때이므로 우선 병(丙)화로 따뜻하게 한다. 다음에 정(丁)화로 단련하고 갑(甲)목으로 생화(生火)한다. 지지가 금국(金局)을 이루고 화(火)가 없으면 빈천할 수밖에 없다.

辛
1월

일간 : 신(辛)

출생월 : 인(寅)

귀성 : 기(己), 임(壬), 경(庚)

이론 : 인(寅)월은 신(辛)금이 약한 때이므로 우선 기(己)토로 도운 다음 임(壬)수로 신(辛)금을 씻어준다. 기(己)토가 갑(甲)목과 합을 이루면 경(庚)금으로 갑(甲)목을 극한다. 기(己)토와 임(壬)수는 떨어져 있어야 임(壬)수가 탁해지지 않는다. 지지에 화국(火局)이 있다면 임(壬)수는 물론 있어야 하며 경(庚)금 또한 필요하다. 신왕한데 임(壬)수가 없으면 병(丙)화를 대신 쓴다.

일간 : 신(辛)

출생월 : 묘(卯)

辛
2월

귀성 : 기(己), 경(庚), 임(壬), 갑(甲), 무(戊)

이론 : 묘(卯)월은 목(木)이 왕한 때이므로 우선 인비겁(印比劫)으로 신(辛)금을 도운 다음 임(壬)수로 신(辛)금을 씻어준다. 무기(戊己)토가 너무 많으면 갑(甲)목으로 다스린다. 그러나 임(壬)수가 너무 많으면 무(戊)토가 있는 것이 길하다. 지지에 목국(木局)이 있으면 금(金)으로 다스린다.

일간 : 신(辛)

출생월 : 진(辰)

辛
3월

귀성 : 갑(甲), 임(壬)

이론 : 진(辰)월은 토(土)가 왕한 때이므로 우선 갑(甲)목으로 제토(制土)한 다음 임(壬)수를 쓴다. 일간 신(辛)금이 병(丙)화와 합을 이루어 자신을 빛나게 해줄 임(壬)수를 저버리면 계(癸)수로 병(丙)화를 극하여 합을 깨뜨린다.

일간 : 신(辛)

辛

4월

출생월 : 사(巳)

귀성 : 임(壬), 경(庚), 신(辛), 갑(甲)

이론 : 사(巳)월은 병(丙)화와 무(戊)토가 왕하여 건조한 때이므로 우선 임(壬)수를 써서 건조함을 다스리며 신(辛)금을 씻어준다. 사(巳)월은 임(壬)수가 약한 때이므로 경신(庚辛)금으로 임(壬)수를 돕는다. 무(戊)토가 임(壬)수를 위협하면 갑(甲)목으로 무(戊)토를 다스린다. 지지가 화국(火局)을 이루면 수(水)로 다스린다. 이때 수(水)가 없으면 다음으로 기(己)토를 쓰지만 생금(生金)이 쉽지 않을 것이다.

일간 : 신(辛)

辛

5월

출생월 : 오(午)

귀성 : 기(己), 임(壬), 계(癸), 경(庚)

이론 : 오(午)월은 관살인 화(火)가 왕한 때이므로 우선 기(己)토를 써서 신약함을 면하고, 다음으로 임(壬)수를 쓴다. 임(壬)수는 기(己)토를 적셔 기(己)토가 생금(生金)을 잘하도록 해주면서 신(辛)금을 빛나게 해준다. 오(午)월의 신(辛)금한테는 지지에 진축(辰丑)의 토(土)가 있으면 좋다. 오(午)월의 신(辛)금한테 임(壬)수가 없고 계(癸)수만 있다면 경(庚)금으로 약한 계(癸)수를 도와주어야 한다. 오(午)월의 신(辛)금은 기(己)토와 임(壬)수를 떠날 수 없지만, 기(己)토와 임(壬)수는 떨어져 있어야 한다. 오(午)월의 신(辛)금은 무(戊)토를 두려워한다.

일간 : 신(辛)

출생월 : 미(未)

6월

귀성 : 임(壬), 경(庚), 갑(甲)

이론 : 미(未)월은 덥고 토(土)가 왕한 때이므로 우선 (壬)수를 써서 더위를 식히며 금(金)을 씻어내고, 다음에 경(庚)금으로 토기(土氣)를 설하며 임(壬)수를 생한다. 미(未)월의 신(辛)금은 지지에 진축(辰丑)의 토(土)가 있으면 좋다. 무(戊)토가 임(壬)수를 위협하면 갑(甲)목으로 무(戊)토를 다스린다. 지지에 목국(木局)이 있어 임(壬)수의 설기가 심하면 경(庚)금으로 제목생수(制木生水)한다.

일간 : 신(辛)

출생월 : 신(申)

7월

귀성 : 임(壬), 무(戊), 갑(甲)

이론 : 신(申)월은 금(金)이 왕한 때이므로 임(壬)수로 금(金)의 기를 설하며 신(辛)금을 빛나게 해준다. 임(壬)수가 너무 많으면 무(戊)토로 임(壬)수를 다스린다. 무(戊)토가 너무 많으면 갑(甲)목으로 무(戊)토를 다스린다. 신(辛)금한테 계(癸)수를 쓰면 보석을 얼룩지게 하는 형상이다. 천간에 임(壬)수가 없어 지지에 있는 해(亥) 중 임(壬)수를 쓰려고 하는데 해묘미(亥卯未)의 목국(木局)으로 가버리면 천격(賤格)으로 전락한다.

일간 : 신(辛)

출생월 : 유(酉)

8월

귀성 : 임(壬), 정(丁), 갑(甲)

이론 : 유(酉)월은 금기(金氣)가 가장 왕한 때이므로 임(壬)수로 설기시키며 신(辛)금을 빛나게 해준다. 임(壬)수가 없으면 정(丁)화로 제금(制金)한다. 이때 갑(甲)목이 정(丁)화를 생해주면 좋다. 만일 갑(甲)목이 뿌리가 많고 튼튼하면 비록 월령이 건록(建祿)이라고 해도 경(庚)금이 있어야 왕한 재(財)를 다스릴 수 있을 것이다.

일간 : 신(辛)

출생월 : 술(戌)

辛
9월

귀성 : 임(壬), 갑(甲)

이론 : 술(戌)월은 건조하고 토(土)가 왕한 때이므로 임(壬)수로 신(辛)금을 씻어주며 갑(甲)목으로 제토(制土)한다. 임(壬)수 대신 계(癸)수를 쓰면 격이 낮아진다. 임(壬)수와 무(戊)토가 나란히 투간되면 임(壬)수가 힘을 못 쓴다. 기(己)토는 임계(壬癸)수를 탁하게 만든다.

일간 : 신(辛)

출생월 : 해(亥)

辛
10월

귀성 : 임(壬), 병(丙), 무(戊)

이론 : 해(亥)월의 신(辛)금은 우선 임(壬)수를 쓰고 다음에 병(丙)화를 쓴다. 임(壬)수는 금백수청(金白水淸)의 작용을 하고, 병(丙)화는 수난금온(水暖金溫)의 작용을 한다. 임(壬)수와 병(丙)화가 투간되면 대길하다. 수(水)가 너무 많으면 무(戊)토로 다스린다.

일간 : 신(辛)

출생월 : 자(子)

귀성 : 병(丙), 갑(甲), 임(壬), 무(戊)

이론 : 자(子)월은 신(辛)금을 얼어붙게 할 수 있는 때이므로 우선 병(丙)화로 조후한다. 병(丙)화가 약한 때이니 갑(甲)목으로 병(丙)화를 생해주면 좋다. 다음에 임(壬)수로 신(辛)금을 씻어준다. 수다(水多)한 때이므로 무(戊)토로 제수(制水)한다. 지지가 수국(水局)을 이루고 계(癸)수가 투간되면 하나의 무(戊)토로는 제수(制水)하기 어렵고 2개의 무(戊)토가 있어야 균형을 이룰 수 있다. 병(丙)화로 조후하는데 계(癸)수가 나타나면 태양빛을 비가 가리는 형상이다.

일간 : 신(辛)

출생월 : 축(丑)

귀성 : 병(丙), 갑(甲), 임(壬), 무(戊)

이론 : 축(丑)월은 한기(寒氣)가 극에 달한 때이므로 병(丙)화로 시급히 조후한다. 병(丙)화가 매우 약한 때이니 갑(甲)목으로 병(丙)화를 생해줄 필요가 있다. 다음에 임(壬)수로 신(辛)금을 씻어준다. 수다(水多)하면 무(戊)토를 쓰는데 이때는 병정(丙丁)의 화(火)가 필요하다. 축(丑)월의 신(辛)금은 병(丙)화와 임(壬)수가 투간되어 있으면 크게 기뻐하지만, 병(丙)화가 없으면 해동(解凍)을 못 하니 임(壬)수보다 병(丙)화를 먼저 필요로 한다. 계(癸)수는 신(辛)금을 깨끗이 씻어줄 수 없고 오히려 병(丙)화를 가린다.

일간 : 임(壬)

壬

1월

출생월 : 인(寅)

귀성 : 경(庚), 무(戊), 병(丙)

이론 : 인(寅)월의 임(壬)수는 실령(失令)이므로 수(水)의 근원인 경(庚)금으로 돕는다. 아울러 무(戊)토로 생금제수(生金制水)하며 병(丙)화로 조후한다. 인(寅)중 무병(戊丙)이 있으므로 경(庚)금만 투간되면 상격이다. 지지가 화국(火局)이고 병(丙)화가 투간되면 재다신약(財多身弱)이므로 인비겁(印比劫)의 도움을 얻어야 상격이다. 기(己)토는 임(壬)수를 탁하게 만든다.

壬

2월

일간 : 임(壬)

출생월 : 묘(卯)

귀성 : 경(庚), 신(辛), 무(戊), 병(丙)

이론 : 묘(卯)월은 임(壬)수의 설기가 극심한 때이므로 수(水)의 근원인 경신(庚辛)금으로 돕는다. 아울러 무(戊)토로 생금제수(生金制水)하며 병(丙)화로 임(壬)수를 비추어준다. 지지가 목국(木局)을 이루고 경(庚)금이 투간되면 부귀를 누리지만, 경(庚)금이 감추어져 있다면 운에서 뜻을 이룰 수 있다.

壬

3월

일간 : 임(壬)

출생월 : 진(辰)

귀성 : 갑(甲), 경(庚), 무(戊), 병(丙)

이론 : 진(辰)월은 수고(水庫)이지만 무(戊)토가 왕한 때이므로 갑(甲)목으로 제

토(制土)하고, 경(庚)금으로 임(壬)수를 생한다. 이때 갑(甲)과 경(庚)은 떨어져 있어야 한다. 지지가 수국(水局)을 이루었는데 또 경(庚)금이 있다면 무(戊)토로 제수(制水)하고 병(丙)화로 제금(制金)한다.

일간 : 임(壬)

출생월 : 사(巳)

귀성 : 임(壬), 계(癸), 경(庚), 신(辛)

이론 : 사(巳)월은 화(火)가 성하는 때이므로 임계(壬癸)수로 제화(制火)하고, 경신(庚辛)금으로 수(水)를 생한다. 임(壬)수 대신 계(癸)수를 쓸 때 무계(戊癸)합을 이루면 갑(甲)목으로 무(戊)토를 극하여 합을 깨뜨린다. 만일 지지에 신유해자(申酉亥子) 등 금수(金水)가 많아 신약하지 않다면 사(巳) 중 무(戊)토와 병(丙)화가 귀하게 쓰일 수 있다.

일간 : 임(壬)

출생월 : 오(午)

귀성 : 임(壬), 계(癸), 경(庚), 신(辛)

이론 : 오(午)월은 화기(火氣)가 극심한 때이므로 임계(壬癸)수로 화기를 식히고, 경신(庚辛)금으로 수(水)를 돕는다. 임계(壬癸)수만 있고 경신(庚辛)금이 없다면 소나기에 불과하다. 오(午)월의 임(壬)수한테는 정(丁)화가 투간되면 매우 나쁘다. 왜냐하면 비견인 임(壬)수는 정임(丁壬)합이 되어 못 쓰고, 인수인 신(辛)금은 녹아서 못 쓰기 때문이다.

일간 : 임(壬)

출생월 : 미(未)

壬

6월

귀성 : 경(庚), 신(辛), 임(壬), 계(癸), 갑(甲)

이론 : 미(未)월은 화기(火氣)가 남아 있는 때이므로 경신(庚辛)금의 도움을 받아 임계(壬癸)수로 화기를 식힌다. 또한 토(土)가 왕한 때이므로 갑(甲)목으로 제토(制土)함이 필요하다. 그러나 미(未)월은 화기(火氣)가 왕하여 목생화(木生火)의 위험이 있다.

일간 : 임(壬)

출생월 : 신(申)

壬

7월

귀성 : 무(戊), 정(丁)

이론 : 신(申)월은 임(壬)수의 발원지이므로 신(申)월의 임(壬)수는 흐름이 매우 강하다. 무(戊)토로 제방을 쌓지 않으면 범람할 우려가 있다. 따라서 무(戊)토로 제수(制水)한다. 나아가 정(丁)화로 신(申) 중 경(庚)금을 제압하며 무(戊)토를 생한다. 이때 계(癸)수가 투간되면 정(丁)화를 극하고 무(戊)토와 합을 이루므로 나쁘다.

일간 : 임(壬)

출생월 : 유(酉)

壬

8월

귀성 : 갑(甲), 병(丙), 정(丁), 무(戊)

이론 : 유(酉)월은 순금(純金)이라 금(金)이 왕하니 자연 임(壬)수도 왕하다. 왕하

면 설기시킴이 좋으므로 우선 갑(甲)목을 쓴다. 다음에 병정(丙丁)의 화기(火氣)로 온기를 더해준다. 만일 금수(金水)가 너무 많으면 목(木)이 뿌리가 튼튼하지 않는 한 부목(浮木)이 되므로, 이때는 무(戊)토로 제수(制水)하며 화(火)로 생토(生土)해주면 좋다. 유(酉)월의 임(壬)수한테는 갑(甲)목과 경(庚)금이 붙어 있으면 좋지 않다.

일간 : 임(壬)

출생월 : 술(戌)

壬
9월

귀성 : 갑(甲), 병(丙)

이론 : 술(戌)월은 무(戊)토가 왕한 때이므로 임(壬)수가 길게 뻗어 나가지 못한다. 따라서 우선 갑(甲)목으로 제토(制土)한 후, 병(丙)화로 임(壬)수를 빛내준다. 기(己)토는 갑(甲)목을 무력하게 만들고 임(壬)수를 탁하게 만든다. 갑(甲)목이 용신일 때 경(庚)금이 나타나 있으면 정(丁)화로 경(庚)금을 다스린다. 술(戌)월의 임(壬)수한테 갑(甲)목이 없으면 살인상생이 가능하다.

일간 : 임(壬)

출생월 : 해(亥)

壬
10월

귀성 : 무(戊), 병(丙)

이론 : 해(亥)월은 수(水)가 왕한 때이므로 우선 무(戊)토로 제수(制水)한다. 다음에 병(丙)화로 따뜻하게 하며 무(戊)토를 돕는다. 무병(戊丙) 대신 기정(己丁)을 쓰면 귀(貴)는 멀지만 부(富)는 누릴 수 있다. 무(戊)토를 쓸 때 갑(甲)목이 나타나 있으면 경(庚)금으로 갑(甲)목을 다스린다. 명(命)이 금수(金水)로만 이

루어지면 성품은 청아하지만 가난하다. 지지가 목국(木局)을 이루고 갑(甲)목이 투간되어 있다면 설기가 너무 심하기 때문에 경(庚)금으로 패인(佩印)해야 귀격이 된다.

일간 : 임(壬)

출생월 : 자(子)

壬

11월

귀성 : 무(戊), 병(丙)

이론 : 자(子)월은 양인(羊刃)월이므로 수기(水氣)가 사나우니 우선 무(戊)토로 제수(制水)해야 한다. 다음에 병(丙)화로 따뜻하게 하며 무(戊)토를 돕는다. 지지에 미술(未戌)토가 있어서 토화(土火)의 뿌리가 되어주면 좋다. 만일 지지가 화국(火局)을 이루어 신약하면 금수(金水)운으로 흘러야 부를 누릴 수 있다.

일간 : 임(壬)

출생월 : 축(丑)

壬

12월

귀성 : 병(丙), 갑(甲), 정(丁), 무(戊)

이론 : 축(丑)월은 한랭함이 극에 달한 때이므로 시급히 병(丙)화로 조후한다. 다음에 갑(甲)목으로 축(丑)월의 토왕(土旺)함을 다스리며 생화(生火)한다. 병(丙)화 대신 정(丁)화를 쓰려면 갑(甲)목이 있어야 한다. 지지가 금국(金局)이고 신(辛)금이 투간되어 있다면 무척 차가우므로 병(丙)화를 써야 하는데, 병(丙)화는 병신(丙辛)합 때문에 쓰지 못하므로 이때는 정(丁)화를 쓴다. 수(水)가 왕하면 무(戊)토로 다스린다.

일간 : 계(癸)

출생월 : 인(寅)

1월

귀성 : 경(庚), 신(辛), 병(丙)

이론 : 인(寅)월은 계(癸)수의 설기가 심하고 아직 추위가 남아있는 때이므로 경신(庚辛)금으로 계(癸)수를 돕고, 병(丙)화로 따뜻하게 한다. 인(寅)월의 계(癸)수한테는 (丙)화는 없어도 되지만 경신(庚辛)금은 있어야 한다. 신(辛)금과 병(丙)화는 떨어져 있어야 한다. 지지가 화국(火局)이면 신(辛)금은 녹아내려 쓰지 못하므로, 이때는 임(壬)수가 나타나 화기(火氣)를 식히면서 신(辛)금을 구해주면 좋다.

일간 : 계(癸)

출생월 : 묘(卯)

2월

귀성 : 경(庚), 신(辛)

이론 : 묘(卯)월은 목(木)이 왕한 때이므로 계(癸)수의 설기가 심하다. 그러므로 경신(庚辛)의 금(金)으로 계(癸)수를 돕는다. 묘(卯)월은 한기가 남아 있는 때는 아니므로 병(丙)화는 필요하지 않다. 경(庚)금만 있다면 을(乙)목과 서로 합을 이룰 우려가 있으므로 신(辛)금도 같이 쓴다. 경신(庚辛)금이 투간되어 있는데 정(丁)화가 같이 있다면 부귀는 바라기 어렵다.

일간 : 계(癸)

출생월 : 진(辰)

3월

귀성 : 갑(甲), 경(庚), 신(辛)

이론 : 진(辰)월은 토(土)가 왕한 때이므로 우선 갑(甲)목으로 제토(制土)한다. 다음 경신(庚辛)금으로 계(癸)수를 돕는다. 지지가 목국(木局)이면 경신(庚辛)금으로 제목생수(制木生水)를 해야 한다. 지지가 수국(水局)이면 기(己)토로 제수(制水)하고 병(丙)화로 기(己)토를 돕는다. 이때 갑(甲)목이 나타나면 안 된다. 지지에 토(土)가 많은데 이를 다스리는 갑(甲)목이 없다면 경신(庚辛)금이 있어서 살인상생을 한다 해도 크게 부귀를 누릴 수는 없다.

일간 : 계(癸)

출생월 : 사(巳)

癸
4월

귀성 : 신(辛), 경(庚), 임(壬), 계(癸)

이론 : 사(巳)월은 계(癸)수가 약한 때이므로 우선 신(辛)금으로 계(癸)수를 돕는다. 신(辛)금이 없다면 경(庚)금도 쓸 수 있다. 정(丁)화가 금(金)을 극하면 임계(壬癸)수로 정(丁)화를 다스려야 한다. 사(巳)월은 화토(火土)가 왕한 때이므로 경신(庚辛)금에 임계(壬癸)수까지 있어야 부귀를 누릴 수 있다. 만일 천지(天地)가 금수(金水)로 가득하다면 사(巳) 중 병(丙)화와 무(戊)토가 귀하게 쓰일 것이다.

일간 : 계(癸)

출생월 : 오(午)

癸
5월

귀성 : 경(庚), 신(辛), 임(壬), 계(癸)

이론 : 오(午)월은 정(丁)화가 왕한 때이므로 계(癸)수를 보호하려면 경신(庚辛)금뿐만 아니라 임계(壬癸)수까지 있어야 한다. 사오(巳午)월의 계(癸)수는 경신임계(庚辛壬癸)가 살려주지 않으면 시력을 다치거나 요절하는 경우가 많다.

일간 : 계(癸)

출생월 : 미(未)

6월

귀성 : 경(庚), 신(辛), 임(壬), 계(癸)

이론 : 대서에 이르기까지는 경신(庚辛)금이 있어도 임계(壬癸)수가 반드시 필요하다. 대서 이후에는 경신(庚辛)금이 있다면 임계(壬癸)수의 필요성은 크게 느끼지 않는다. 그러나 일반적으로 경신(庚辛)금과 임계(壬癸)수가 모두 있으면 부귀의 명이다. 여름의 계(癸)수한테는 축진(丑辰)의 습토가 있으면 좋다. 수(水)가 심하게 고갈되지는 않기 때문이다.

일간 : 계(癸)

출생월 : 신(申)

7월

귀성 : 정(丁), 갑(甲)

이론 : 신(申)월은 경(庚)금이 왕한 때이므로 정(丁)화로 제금(制金)하고 갑(甲)목으로 정(丁)화를 돕는다. 정(丁)화는 있는데 갑(甲)목이 없다면 임계(壬癸)수가 투간되지 말아야 조금의 부귀라도 누릴 수 있다.

일간 : 계(癸)

출생월 : 유(酉)

8월

귀성 : 병(丙)

이론 : 유(酉)월은 순금(純金)이 왕한 때이므로 계(癸)수 또한 왕해진다. 더 이상의 생조(生助)는 필요 없다. 그러나 너무 차갑고 습하기 때문에 병(丙)화로 금

(金)과 수(水)를 따뜻하게 해준다. 정(丁)화를 쓰면 신(辛)금이 녹으므로 병(丙)화를 쓴다. 만일 천지(天地)에 임계(壬癸)수가 많다면 무(戊)토를 쓰는데, 계(癸)수는 임(壬)수가 투간되지 않으면 웬만해서는 무(戊)토를 쓰지 않는다.

일간 : 계(癸)

출생월 : 술(戌)

9월

귀성 : 갑(甲), 신(辛), 계(癸)

이론 : 술(戌)월은 토(土)가 왕한 때이므로 자칫 계(癸)수가 막혀 절수(絶水)될까 두렵다. 갑(甲)목으로 제토(制土)하고 신(辛)금으로 생수(生水)한다. 이때 지지에서 수기(水氣)가 갑(甲)목을 돕거나 계(癸)수가 투간되면 좋다. 갑(甲)목은 있고 계(癸)수와 신(辛)금이 모두 없으면 평범한 명이다. 지지가 화국(火局)이면 비겁으로 다스려 부(富)를 누릴 수 있다.

일간 : 계(癸)

출생월 : 해(亥)

10월

귀성 : 무(戊), 경(庚), 신(辛), 정(丁), 병(丙)

이론 : 해(亥)월은 월지 해(亥) 중에 갑(甲)목이 있어서 일간 계(癸)수가 강중약(强中弱)이다. 수(水)가 왕한데 임(壬)수까지 투간되면 무(戊)토로 제수(制水)한다. 지지가 목국(木局)이면 경신(庚辛)금으로 다스리며 계(癸)수를 생한다. 이때 정(丁)화가 경신(庚辛)금을 위협하면 계(癸)수로 정(丁)화를 극한다. 천지(天地)에 금(金)이 많아 계(癸)수가 생왕(生旺)하면 한습(寒濕)이 매우 심하다. 따라서 정(丁)화로 제금(制金)하고 병(丙)화로 조후한다. 이때는 편재와 정재를 모두 기뻐한다.

일간 : 계(癸)

출생월 : 자(子)

귀성 : 병(丙), 무(戊)

이론 : 자(子)월은 한랭한 때이므로 병(丙)화로 따뜻하게 해준다. 병(丙)화는 통근(通根)이 필요하다. 병(丙)화를 쓰는데 임계(壬癸)수가 나타나면 안 된다. 천지(天地)에 수(水)가 왕하여 무(戊)토로 다스릴 때에도 병(丙)화가 없으면 큰 인물이 될 수 없다.

11월

일간 : 계(癸)

출생월 : 축(丑)

귀성 : 병(丙), 갑(甲), 정(丁)

이론 : 축(丑)월은 천지가 얼어붙고 계(癸)수가 스스로 흐름을 멈추는 때이므로 우선 병(丙)화로 해동시킨 다음, 갑(甲)목으로 동토(凍土)를 제압하며 병(丙)화를 돕는다. 병(丙)화는 뿌리가 튼튼해야 한다. 지지가 금국(金局)을 이루면 정(丁)화로 제금(制金)하고 병(丙)화로 조후하여, 이른바 금온수난(金溫水暖)의 아름다운 격(格)을 만든다. 축(丑)월에 병(丙)화로 조후하는데 계(癸)수가 나타나면 안 된다. 또한 신(辛)금이 나타나 병신(丙辛)합을 이루어도 안 된다. 병신(丙辛)합을 이루면 정(丁)화로 신(辛)금을 극한다.

12월

03 사주 풀이

시 일 월 연
己 乙 丁 丁
卯 亥 未 亥

己 庚 辛 壬 癸 甲 乙 丙
亥 子 丑 寅 卯 辰 巳 午

◈ 청나라 임철초는 이 사주를 다음과 같이 풀이했다.

• 용신 : 일지의 해(亥)수이다.

• 이론 전개

을(乙)목이 휴수(休囚)되는 미(未)월에 태어나고 연월에 두 정(丁)화가 투출하여 설기가 너무 지나치다. 그러나 을(乙)목이 녹지인 묘(卯)목에 뿌리를 내려서 가장 기쁘고 여기에다 두 해(亥)수가 목(木)을 생하고 토(土)를 윤택하게 하여 기쁘다. 다시 지지의 목국(木局)이 일간을 도우니 금상첨화이다.

• 길흉 판단

갑진(甲辰)대운에 이르러 호방의 우두머리가 되고 과거에 급제하여 벼슬이 연이어 올라갔다. 그러니 이 사주는 상관용인격(傷官用印格)이다.

◈ 위의 사주 풀이에 대하여 다음과 같은 의견을 덧붙일 수 있다.

이 사주는 을(乙)목이 해묘미(亥卯未)를 만나 신왕하므로 월간의 정(丁)화가 용신이라고 오판할 수 있다. 그 가장 큰 원인은 해묘미(亥卯未)가 제대로 목국(木局)을 이룬다고 보기 때문일 것이다. 그러나 월지가 묘(卯)가 아니면 제대로 목국(木局)을 이루지 못한다. 참고로 여름철에 태어난 갑을(甲乙) 일간은 별로 약하지 않음에도 불구하고 조후의 관점에서 인성인 수(水)를 용신으로 삼는 것이 좋다. 미(未)월의 을(木)에게는 계(癸)수는 물론이고 임(壬)수도 귀성이다.

📖 사주 풀이❷

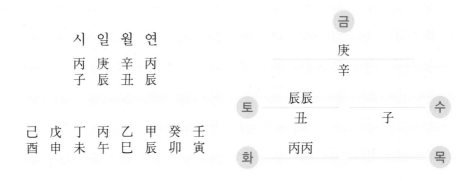

시	일	월	연
丙	庚	辛	丙
子	辰	丑	辰

己	戊	丁	丙	乙	甲	癸	壬
酉	申	未	午	巳	辰	卯	寅

◈ 청나라 임철초는 이 사주를 다음과 같이 풀이했다.

• 용신 : 시지의 자(子)수이다.

• 이론 전개

일반적으로 이 사주를 놓고 금(金)이 차가워서 화(火)가 필요하다고 보아 시간의 병(丙)화를 돕는 목화(木火)운이 명리(名利)를 안겨 주겠다고 할 것이다. 그러나 그렇지가 않다. 왜냐하면 지지에는 습토가 중중(重重)하고 연간의 병(丙)화는 월간의 신(辛)금과 합해서 수(水)로 화(化)하며 시간의 병(丙)화는 무근(無根)해서 이 사주는 오로지 한습을 따르고 나아가서 생발(生發)을 추구하지 않기 때문이다. 이 사주는 수(水)를 용신으로 삼아야 하고 화(火)를 용신으로 삼으면 안 된다.

• 길흉 판단

- 임인(壬寅)대운과 계묘(癸卯)대운에는 목극토로 수(水)를 보호하여 의식(衣食)이 자못 넉넉했다.

- 병오(丙午)대운과 정미(丁未)대운에는 아내와 자식이 모두 죽고 가업은 완전히 깨어져 자신은 머리를 깎고 중이 되었다.

◈ 위의 사주 풀이에 대하여 다음과 같은 의견을 덧붙일 수 있다.

이 사주의 주인공은 북극곰[Polar Bear]과 같은 인물이다. 북극곰은 곰과의 포유류로서 북극권에 분포하며 섬 또는 대륙의 해안이나 툰드라에 서식한다. 북극곰은 영하 40도의 추위와 시속 120km의 강풍을 견뎌야 하지만 뛰어난 생존 적응력을 지니고 있어서 지구에서 가장 추운 환경에서도 번성할 수 있다. 북극곰은 유전적으로 형성된 외투를 겹겹이 껴입고 있다. 열 효과를 지닌 지방층이 10cm나 된다. 지방층은 두꺼운 피부로 덮여 있는데 흰색 털 아래 피부는 흰색이 아닌 검정색이라서 햇빛을 흡수하며 열을 생성한다. 피부 위에는 길이 5cm의 짧은 털이 촘촘하게 나 있어서 두꺼운 스웨터(sweater)처럼 열기를 간직하고 체온을 유지시켜 준다. 북극곰이 추울 거라고 생각해 불을 찾는 것은 위험한 발상이므로 그냥 추위를 따르게 해야 한다.

조화

01 총설

사주학은 '조화(調和)'를 추구하는 학문이다. 그래서 사주마다 조화를 이루는 것을 기뻐한다. 추우면 따뜻함이 필요하고 더우면 서늘함이 필요하다. 건조하면 윤택함이 필요하고 습하면 밝음이 필요하다. 하늘에는 병(丙)·정(丁)·사(巳)·오(午)의 해와 달이 빛나고, 땅에는 임(壬)·계(癸)·해(亥)·자(子)의 물이 있으며, 오행이 주류(周流)하고, 각 별들이 서로 귀성(貴星)으로 이루어져 멋진 한 폭의 산수화를 이루면 좋다.

사주의 주인공은 대인 관계(interpersonal relation)에서도 조화를 이루어야 한다. 사회적 동물인 인간은 성장 과정에 따라서 가족 관계·동료 관계·이성 관계 등 다양하면서도 무수한 대인관계를 맺는다. 관포지교(管鮑之交)란 관중과 포숙의 사귐이란 뜻으로, 우정이 아주 돈독한 친구 관계를 이르는 말이다. 서로 알고 지내는 사람이 천하에 가득하지만 두 사람이 조화를 이루어서 손발이 척척 맞는 짝꿍이 과연 몇이나 되겠는가.

02 궁합

대인 관계는 인간과 인간 사이의 관계인데 특히 부부간은 조화를 이루어야 한다. 그래서 남녀간의 조화 가능성을 '궁합(宮合)'이라고 하여 특별하게 다룬다. 종래의 궁합법에는 여러 가지가 있다.

1) 이른바 해중금(海中金) 등을 거론하는 생년납음오행법(生年納音五行法)이 있다. 그러나 이는 이론적인 근거가 뚜렷하지 않을 뿐만 아니라, 내용 또한 'ㅇ띠 남성과 ㅇ띠 여성의 포괄적인 관계'를 다루는 것이어서 구체적이지 않다.

2) 고신이나 과숙 그리고 원진이나 도화 등 신살적용법이 있다. 그러나 이는 근거가 뚜렷하지 않을 뿐만 아니라 내용 또한 매우 단편적이다.

3) 일주로 판단하거나 일주에다 다른 것을 곁들여서 판단하는 궁합법이 있다. 예를 들어 남성이 병신(丙申) 일주이면 외방득자(外房得子), 즉 부인 이외의 여성한테서 자식을 얻으니 신랑감으로서는 문제가 있고, 여성이 을사(乙巳)·신사(辛巳)·계사(癸巳)·정해(丁亥)·기해(己亥) 일주이면서 사주에 정관이나 편관이 나타나 있으면 아이를 낳고 살다가도 가출하는 사주이니 부인감으로서 마땅하지 않다는 것이다. 왜 이러한 설명이 가능한가? 남성이 병신(丙申) 일주이면 배우자궁에 신(申)금이 자리 잡고 있는 경우인데 이 신(申)금은 외방(外房)인 역마이면서 정재가 아닌 편재이고, 또한 관(官)인 임(壬)수를 지니고 있기 때문이다. 여성이 앞서 나열한 을사(乙巳) 등의 일주이면 모두가 일간이 지지에 숨어 있는 관(官)과 암합하여 자신의 정부(情夫)와 남모르게 만나는 형상이다. 그러면서 다시 사주에 관(官)이 나타나 있으니 암관(暗官)과 명관(明官)이 명암부집(明暗夫集)을 이루었다. 나아가 일지인 사(巳)나 해(亥)는 모두 음양이 바뀌는 경우이다. 그래서 이러한 내용들을 종합하여 이 여성은 정통가출(情通家出)할 가능성이 많다고 추리하는 것이다.

4) 사람의 색정과 바람기를 기준으로 판단하는 궁합법이 있다. 이 궁합법은 ① 사주에 수(水)가 많은가, ② 남녀 모두 일간이 강하면서 식상이 왕한가, ③ 남성의 경우 재성이 혼잡되었는가, 여성의 경우 관살이 혼잡되었는가, ④ 사주에 목욕·함지 등이 겹쳐 있는가, ⑤ 사주에 합이 많은가 등을 살핀다.

5) 사람의 이성 관계를 기준으로 판단하는 궁합법이 있다. 이 궁합법은 다음의 예들에서 보는 것처럼 남성의 사주와 여성의 사주를 나누어 살핀다.

📖 예❶　　　　　　　　　　남성의 사주

	①					②		
시	일	월	연		시	일	월	연
○	甲	甲	己		○	甲	○	己
○	○	○	○		○	○	○	卯

①은 연간의 재성이 월간의 비겁과 천간합이다. 연간의 기(己)는 일간의 여성이 아니다.

②는 연간의 재성이 연지의 비겁과 동주(同柱)이다. 연간의 기(己)는 일간의 여성이 아니다.

	③					④		
시	일	월	연		시	일	월	연
○	甲	○	○		○	甲	甲	○
卯	戌	○	○		○	○	戌	○

③은 일지의 재성이 시지의 비겁과 지지합이다. 일지의 술(戌)은 일간의 여성이 아니다.

④는 월지의 재성이 월간의 비겁과 동주이다. 월지의 술(戌)은 일간의 여성이 아니다.

		⑤					⑥		
시	일	월	연		시	일	월	연	
○	甲	乙	己		○	甲	○	○	
○	○	○	○		○	○	寅	未	

⑤는 연간의 재성 바로 옆에 월간의 비겁이 있다. 연간의 기(己)는 일간의 여성이 아니다.

⑥은 연지의 재성 바로 옆에 월지의 비겁이 있다. 연지의 미(未)는 일간의 여성이 아니다.

📖 예❷   여성의 사주

		①					②		
시	일	월	연		시	일	월	연	
○	己	己	甲		○	己	○	甲	
○	○	○	○		○	○	○	戌	

①은 연간의 관성이 월간의 비겁과 천간합이다. 연간의 갑(甲)은 일간의 남성이 아니다.

②는 연간의 관성이 연지의 비겁과 동주(同柱)이다. 연간의 갑(甲)은 일간의 남성이 아니다.

	③				④		
시	일	월	연	시	일	월	연
○	己	○	○	○	己	己	○
戌	卯	○	○	○	○	卯	○

③은 일지의 관성이 시지의 비겁과 지지합이다. 일지의 묘(卯)는 일간의 남성
이 아니다.

④는 월지의 관성이 월간의 비겁과 동주이다. 월지의 묘(卯)는 일간의 남성이
아니다.

	⑤				⑥		
시	일	월	연	시	일	월	연
○	己	戊	甲	○	己	○	○
○	○	○	○	○	○	未	寅

⑤는 연간의 관성 바로 옆에 월간의 비겁이 있다. 연간의 갑(甲)은 일간의 남
성이 아니다.

⑥은 연지의 관성 바로 옆에 월지의 비겁이 있다. 연지의 인(寅)은 일간의 남
성이 아니다.

6) 체용론(體用論)에 입각해서 판단하는 궁합법이 있다. '각자의 체(體)를 자세하게 관찰한 후 그에 적절한 용(用)을 필요로 한다'는 것이다. 그래서 남성의 사주에 비겁이 많아 식상이 필요한 경우에는 식상이 많은 여성을 선택해야 하며, 여성의 사주에 식상이 많아 인성이 필요한 경우에는 인성이 많은 남성을 선택해야 한다고 한다.

궁합을 볼 때는 다음 사항을 유의해야 한다.

① 두 사람의 궁합을 보기에 앞서 우선 상대방의 사주 자체를 살핀다. 사주 자체가 나쁜 사람과는 궁합이 아무리 좋아도 결혼하면 문제가 따른다. 배우자궁인 일지가 충을 이루면 그 작용과 운의 흐름을 잘 살펴보아야 한다.
② 각자의 사주가 상대방에게 용신이나 희신이 되는 기(氣)를 적당하게 지니고 있으면 좋다.
③ 일주(日柱)가 남녀 서로 천지덕합(天地德合)이 되면 좋다.
④ 두 사람의 일간이 합을 이루면 좋다.
⑤ 두 사람의 일지가 합을 이루면 좋다.
⑥ 두 사람의 명궁이 같거나 합을 이루면 좋다.
⑦ 두 사람의 공망이 같으면 동고동락할 수 있다.

이상을 종합적으로 판단한다. 100% 완벽한 궁합은 어렵다. 인간은 사랑으로 나쁜 궁합을 극복할 수 있다.

03 인연

　궁합은 '조화'를 의미하므로 단순히 부부간의 관계로 한정시키지 않고 대인관계로 확장해서 적용할 수 있다. 예를 들어 필자는 정유(丁酉)년 병오(丙午)월 정사(丁巳)일 임인(壬寅)시생인 남성과 좋은 인연을 이어오고 있다. 이 사람의 사주는 주로 목화(木火)인지라 너무 뜨겁기 때문에 금수(金水)를 기뻐한다. 반면 필자의 사주는 주로 금수(金水)이기 때문에 너무 차갑다. 그래서 목화(木火)를 기뻐한다. 이렇듯 서로가 서로를 필요로 하기 때문에 인연이 아름다운 것이다. 더구나 우리 두 사람 모두 공망이 자축(子丑)으로 같다. 명궁에서는 같거나 합을 이루지는 않았지만 기유(己酉), 병자(丙子)로 천간과 지지가 모두 상생관계이다. 다만 일주는 정사(丁巳), 계해(癸亥)로서 천극지충(天剋地沖)이다. 일주 위주로 보면 난리다. 그러나 '조화'는 단편적인 것이 아니라 전체적인 것이므로 작은 것은 큰 것에 흡수되어버리고 만다. 세간에서는 일주 위주의 단편적인 판단으로 사랑하는 남녀의 가슴에 못을 박아버리는 경우가 있는데 이는 참으로 두려운 행동이라고 하지 않을 수 없다. 사소취대(捨小就大)란 작은 것에 연연해 대세를 그르치지 말고 큰 것을 이루기 위해 작은 것을 희생할 줄도 알아야 한다는 말이다. 사람은 사소취대를 통해 마찰을 화합으로 바꾸어 보다 나은 생활을 창조할 수 있다. 인연(因緣)이란 결과를 만드는 직접적 원인인 인(因)과, 그 원인과 협동하여 결과를 만드는 간접적 힘이 되는 연줄인 연(緣)을 아울러 가리키는 말이다. 인은 연을 매개로 하여 결과를 맺는다. 모든 사물은 이 인연에 의해 생멸한다. 그 결과 인간사(人間事)도 이 인연을 따라 변화한다.